智能城市规划

智能城市

INTELLIGENT CITY

吴志强 主编

上海科学技术出版社

图书在版编目（CIP）数据

智能城市 / 吴志强主编. -- 上海 : 上海科学技术出版社, 2020.9（2024.7重印）
（智能城市规划）
ISBN 978-7-5478-4911-8

Ⅰ. ①智… Ⅱ. ①吴… Ⅲ. ①互联网络—应用—现代化城市—城市建设—研究—中国 Ⅳ. ①C912.81-39

中国版本图书馆CIP数据核字(2020)第072118号

智能城市

吴志强　主编

上海世纪出版（集团）有限公司
上 海 科 学 技 术 出 版 社　出版、发行
（上海市闵行区号景路 159 弄 A 座 9F – 10F）
邮政编码 201101　　www.sstp.cn
上海当纳利印刷有限公司印刷
开本 889 × 1194　1/16　印张 12.25
字数：290 千字
2020 年 9 月第 1 版　2024 年 7 月第 3 次印刷
ISBN 978–7–5478–4911–8/TU · 293
定价：98.00 元

内容提要

Synopsis

本书是“智能城市规划”丛书的第一本，汇集了长三角城市群智能规划协同创新中心诸多院士和专家学者近年来在智能城市研究领域的 17 篇重要文献，探讨了我国智能城镇化和智慧城市发展的路径选择、理论创新和评价体系，分析了智慧能源、智慧养老、交互设计等智能系统，以及基于深度学习的智能技术，同时引介了欧洲和世界其他国家的智慧城市理论与实践案例。

全书由“战略思想”“理论探索”“智能评价”“智能系统”“智能技术”“他山之玉”六个篇章构成，可作为智能城市理论研究和实践探索的重要参考资料，供从事智能城市研究与实践的相关专业人员和在校学生借鉴与参考。

本书编辑委员会

Editorial board

序 Preface

我国《新一代人工智能发展规划》指出，到 2020 年，我国人工智能总体技术和应用与世界先进水平同步；到 2025 年，人工智能基础理论实现重大突破；到 2030 年，人工智能理论、技术与应用总体达到世界领跑水平的“三步走”目标。与其他国家人工智能发展规划的最大区别在于，将人工智能本身理论的突破与我国城镇化的历史进程进行结合，“以人工智能的发展推动我国城市规划、设计、建设全过程的智能化”，形成以智能化提升我国“智力城镇化”的高品质发展，以城镇化场景运用牵引新一代人工智能理论研究突破的方向。我国在人工智能科学理论和技术上的崛起与我国城乡建设的智能化双向驱动之间的结合，是实现中华民族伟大复兴的必经之路和特色所在。

未来城镇化是“智力城镇化”。“智力城镇化”体现在“城市智化”“规划设计智化”“建设组织智化”。人工智能将使城市在环境中具有自我学习、自我感知、自我迭代的能力，人类从未创造过具有自我进化能力的设备和环境；规划的智化，成为生产、生活、生态环境中具有革命性、颠覆性、自发性及应对根本任务的新型设计定义；建设、组织的智化，将全球最专业的人才纳入网络。

8 000 年的城市历史是从城市的物质世界开始的，在这个物质世界上支撑的是人类社会世界的不断发展，物质世界与社会世界的交互成就了城市的发育、不断迭代和进步。今天，我们的城市开始有了自己的第三元世界：城市的赛博世界（Cyber）。

正是因为城市的赛博世界的诞生，才有了“城市智化”的可能。“城市智化”不是一蹴而就的，而是一天一天不断进步的。2010 年上海世博会时就大规模使用了全场景数据感知和动态采集，后被称为“大数据方法”；在整个园区场馆规划设计中，研发并运用了大量的多场景推演，后被称为“虚拟现实”。2012 年，中国工程院以此为基础，以智能城市立项进行研究，“中国新型城镇化的智能建设战略研究”项目在 2014 年之前主要聚焦大数据研究，之后进入人工智能研究阶段。从 2014 年至今，我们的团队一直在人工智能技术应用于城市规划和研究方面投入大量时间和精力。

“智能城市规划”丛书——《智能城市》《智能规划》《智能建设》，正是未来三大智化趋势的知识和理论的积累，汇聚了国内外几十位院士和顶级专家的智慧和思想，反映了当今世界关于智能城市最前沿的研究和实践成果，指出了未来新一代智能城市的发展方向。

本丛书可以为城乡规划决策、城乡建设管理、城乡运营治理等方面的领导、学者，尤其是从事城市和社区智能化建设的企、事业领导提供参考思路和事业发展顶层设计的思想理论依据，同时也可以作为城市规划、建筑学、环境设计、道路交通、市政建设、土木工程、软件信息、公共管理、金融投资、风险管理等专业的教师和学生专业研读的前沿参考文献。

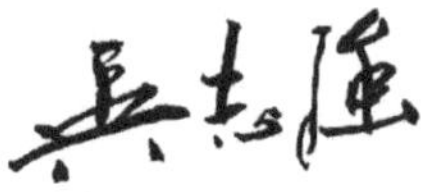

2020 年 8 月

目录
Contents

第一章　战略思想

CHAPTER 1 STRATEGIC THOUGHT

智力城镇化还是体力城镇化
——对中国城镇化的战略思考

Intelligent Urbanization or Labor Urbanization—Strategic Thinking on Urbanization Path of China

吴志强　杨秀　刘伟

摘　要　基于对2012年世界各国或地区人均GDP和城镇化率关系研究，揭示城镇化率超过50%的国家或地区在走向稳定城镇化过程中，逐渐出现"Y"形道路分化趋势——"Stand"道路和"Lay"道路，即依靠智力创新的"智力城镇化"道路和依靠资源环境、廉价劳动力的"体力城镇化"道路，并构建了智力城镇化和体力城镇化区别的理论架构。研究指出城镇化率65%左右是决定城镇化道路向"智力"还是"体力"发展的关键点。随后通过对G20国家1960—2012年以后的城镇化率与国家智力产出、智力投入、智力主体要素的发展变化研究，实证了智力城镇化和体力城镇化道路的主要区别。最后，结合中国发展状况，指出智力城镇化道路是未来中国的必然选择。

关键词　分化；智力城镇化；体力城镇化；区别

根据中国统计局资料显示，1978—2013年，中国常住人口城镇化率从17.9%提升到53.7%，年均提高约1个百分点。中国用约30年的时间，在一代人成长的时间中，从一个以农业为主的社会，跨越到以非农业生产为主的社会。传统乡村文明和现代都市文明在快速城镇化进程中产生了激烈碰撞，各种城镇化发展带来的问题尖锐呈现，包括环境持续污染、城乡矛盾加剧、资源耗费严重等诸多风险，稍有不慎，可能落入"中等收入陷阱"，进而影响现代化进程。李克强总理在2013年中国城镇化工作会议上指出，"城镇化是现代化的必由之路"。中国改革开放30年以来，取得了经济社会发展的巨大成就，但却是以大量消耗资源能源、依托廉价劳动力为基础换取的成果。中国未来30年如何走上一条区别于传统城镇化的可持续发展道路，是横亘在人们面前的一道世纪难题。

1　研究背景

从本质上说，城镇化是一种人类社会随着生产力不断发展的经济和社会现象，是随着社会化大分工而带来人类聚居地不断向城镇集聚的主要结果。城镇化现象伴随着城镇的出现而产生，并随着城镇的发展而发展。在工业革命之前，城镇化的进程非常缓慢，相关资料显示，1800年全世界城镇化率仅为3.1%。工业革命开始后，欧洲地区城镇快速发展，引领着世界

原载于《城市规划学刊》2015年第1期。

城镇化格局发展，随后 19 世纪开始在北美等地区快速扩张。而在 20 世纪初之前，全球除欧洲和北美之外，其他地方的城镇化水平发展缓慢，所以经过百年发展，到 1900 年全球城镇化水平仅为 13.6%。

20 世纪是全球城镇化快速发展的时期，拉美、北非、亚洲、北欧地区的城镇化终于快速发展起来，截至 2000 年，全球城镇化水平已经剧增到 46.6%。这段时期全球城镇人口年均增速在 2%，1950 年达到顶峰至 3.1%（图 1）。根据 2014 年联合国人口统计数据库资料显示，世界城镇化水平 2007 年已经达到 50.1%，城镇人口首次超过农村人口，标志着全球正式进入城市时代。截至 2013 年，世界城镇人口有 38.02 亿人，城镇化率达到 53.1%。2014 年版《世界城镇化展望》揭示，全球城镇化还将持续推进，预计到 2050 年全球城镇化率将达到 66.4%。

目前，全球城镇化存在区域发展不平衡、城镇化进程快慢不同、人口越发集聚在大城市等发展特征，各国所走的城镇化道路也不同，但是存在一些共性发展特征。对城镇化道路的研究文章颇多，主要从人口向城市聚集程度、经济发展方式、城镇空间扩展、城镇化动力等方面出发，针对不同国家或地区不同阶段的城镇化现象特征进行分析归纳，主要提出了“逆城镇化”、“反城镇化”、“超前城镇化”及“后城镇化”（城乡融合论、后工业化的城镇化、全球化时代的城镇化）、“乡村城镇化”、“就地城镇化”、麦基（McGee）的“Desa-kota”、Qadeer（2000）的乡村都市带（ru-ralopolises）等不同的城镇化发展模式（王建军，2009），同步城市化、过度城市化、滞后城市化（简新华，2003）。2010 年仇保兴从可持续发展的角度，提出了城镇化发展“A”模式、“B”模式和“C”模式道路（仇保兴，2010）。这些文章都主要从城镇化的初期、中期和成熟期全过程来进行研究，而针对城镇化率 50% 后的国家城镇化发展道路的研究较为缺乏。

2　50% 城镇化阶段后世界城镇化“Y”形道路分化

2.1　50% 城镇化率后国家的城镇化发展水平分类

根据世界银行数据库关于城镇化率的数据分析，2012 年世界国家或地区城镇化率超过 50% 的国家有 118 个，其中有 8 个国家是没有人均 GDP 数值统计的，所以不纳入研究范

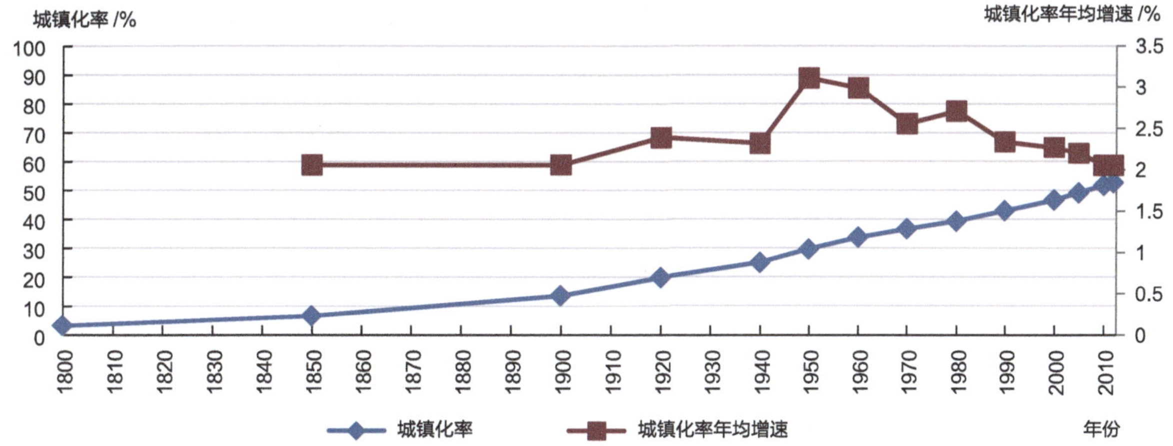

图 1　世界城镇化进程图（1800—2012 年）
Fig.1 World urbanization process（1800–2012）

数据来源：1950 年以前数据根据四川人民出版社《世界各国人口手册》整理；1950 年以后数据，根据联合国人口统计数据库的 urbanization 数据整理。

围。城镇化率达到 50% 后，不同国家或地区的城镇化发展差异很大。以 2012 年的数据计算，32 个国家或地区人均 GDP 的水平达到 25 000 美元以上，基本都属于发达国家行列；12 个国家人均 GDP 水平在 15 000~25 000 美元，处在发展的过渡阶段，除韩国经济发展形势良好之外，希腊、葡萄牙等为代表的国家也面临着转型危机。此外 67 个国家或地区的人均 GDP 在 15 000 美元以下，主要集中在亚洲、南美洲等欠发达地区（表 1）。

城镇化率在 50%~65% 的国家或地区有 37 个，城镇化发展水平还未进入成熟发展状态。其中只有爱尔兰（62.5%）、希腊（61.7%）、葡萄牙（61.6%）、斯洛伐克（54.7%）四个国家人均 GDP 达到 15 000 美元以上，且都是欧洲国家；其他国家或地区的人均 GDP 都小于 15 000 美元，正处于城镇化发展的关键时期。

2.2 中国面临世界城镇化“Y”形道路的选择

从 2012 年世界主要国家或地区城镇化率水平与人均 GDP 的增长关系可见，城镇化率水平达到 50% 之后，各国由于发展条件差异，发展道路开始分化，城镇化率 70% 以后，主要是两类道路（图 2）。

第一条道路是城镇化率与人均 GDP 同时提升的健康之路，国家发展稳定，人民生活较为富裕，本研究称为“Stand”道路。城镇化率超过 70% 以后人均 GDP 超过 15 000 美元的国家或地区共有 37 个（含中国的香港和澳门），主要代表国家有美国、澳大利亚、法国、英国、日本等发达国家。

第二条道路则是城镇化率不断提升，人民生活质量和经济能力却没有得到同样速度的提升，国家发展面临巨大的危机，本研究称为“Lay”道路。城镇化率超过 70% 以后人均 GDP 低于

表 1　2012 年城镇化率超过 50% 的国家或地区的统计表
Table 1 Countries or regions at urbanization ratio over 50% in 2012

人均 GDP（美元）	城镇化率 ≥ 70% 的国家和地区	城镇化率 65%~70%	城镇化率 50%~65%
< 15 000 美元	阿根廷，保加利亚，白俄罗斯，巴西，哥伦比亚，多米尼加共和国，阿尔及利亚，加蓬，约旦，黎巴嫩，墨西哥，马来西亚，巴拿马，秘鲁，帕劳，苏里南，俄罗斯，土耳其，乌拉圭，委内瑞拉	玻利维亚，哥斯达黎加，多米尼克，厄瓜多尔，匈牙利，伊朗，伊拉克，立陶宛，拉脱维亚，蒙古，萨尔瓦多，突尼斯，乌克兰	安哥拉，阿尔巴尼亚，亚美尼亚，阿塞拜疆，博茨瓦纳，中国，科特迪瓦，喀麦隆，刚果，佛得角，加纳，斐济，冈比亚，格鲁吉亚，洪都拉斯，克罗地亚，危地马拉，海地，牙买加，印度尼西亚，哈萨克斯坦，摩洛哥，马其顿，黑山，尼日利亚，前南斯拉夫，尼加拉瓜，波兰，巴拉圭，罗马尼亚，塞尔维亚，圣多美和普林西比，塞舌尔，图瓦卢
15 000~25 000 美元	巴林，巴哈马，智利，塞浦路斯，捷克，韩国，马耳他，阿曼	爱沙尼亚	希腊，葡萄牙，斯洛伐克
≥ 25 000 美元	阿联酋，澳大利亚，比利时，百慕大群岛，文莱，加拿大，瑞士，德国，丹麦，西班牙，芬兰，法国，英国，冰岛，以色列，日本，科威特，卢森堡，挪威，荷兰，新西兰，波多黎各，卡塔尔，沙特阿拉伯，新加坡，瑞典，美国，以及中国香港和澳门	奥地利，意大利	爱尔兰

数据来源：2014 年世界银行数据库。

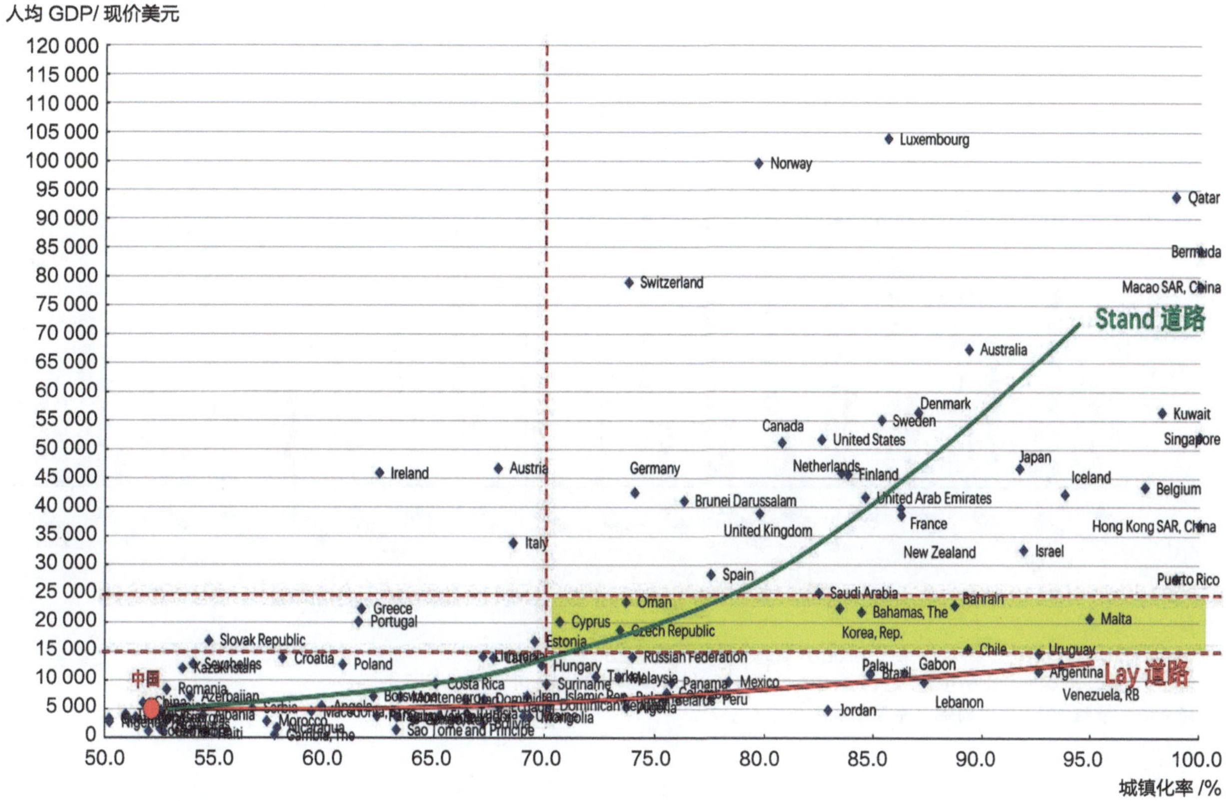

图 2　2012 年超过 50% 城镇化率国家（地区）的城镇化率与人均 GDP 散点图

Fig.2 The scatter plot of urbanization ratio and GDP per capita of countries (regiones) at urbanization ratio over 50% in 2012

注：2012 年城镇化率超过 50% 且有人均 GDP 统计数字的 110 个国家（地区）进行统计分析。

数据来源：2014 年世界银行数据库。

15 000 美元的国家共有 20 个，主要代表国家有阿根廷、墨西哥、巴西、匈牙利、俄罗斯、土耳其等，以南美洲和东欧剧变国家为主。

需要注意的是，国家城镇化率大于 50% 且人均 GDP 高于 25 000 美元，才达到一个真正发展的良性路径，步上了发达国家的城镇化道路。而人均 GDP 在 15 000~25 000 美元的区域国家，城镇化发展道路还存在发展的不确定性，稍有不慎则会进入不可持续的发展路径，代表国家有捷克、巴哈马、巴林、智利、塞浦路斯等。

对中国而言，目前刚跨越城镇化率 50% 的门槛，面临着一条“Y”形道路的选择：要么走向城镇化与经济同步发展的健康绿色“Stand”道路；要么走向经济发展滞后于城镇化发展的动荡红色“Lay”道路。

3　智力城镇化道路及含义

3.1　“Stand”道路与“Lay”道路区别

以二十国集团（G20）为例，2010 年第三产业从业人员比例分析，当城镇化率超过 65% 之后，各国第三产业从业人员比例都超过了 50%，但是进入城镇化“Stand”道路国家的第三产业从业人口比例普遍高于“Lay”道路国家（阿根廷除外）（图 3）。“Lay”道路国家代表墨西哥、阿根廷、巴西、俄罗斯和土耳其等第三产业主要是低端的服务业为主，主要包括个人消费服务、批发和物流等的低端生产性服务等。而“Stand”道路国家日本、韩国、美国、英国等，第三产业从业人员比例非常高，且多以智力化和资本化的第三产业为主，包括科技、教育、总部经济、金融、创意设计、流

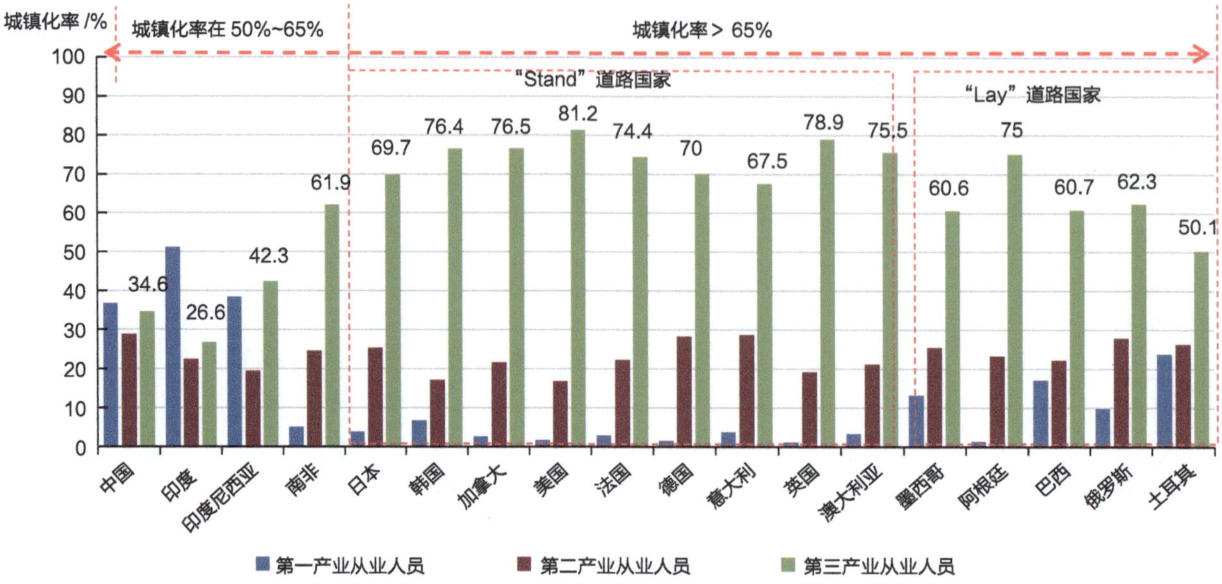

图 3　2010 年 G20 主要国家第三产业从业人员比例分析图
Fig.3 Proportion of employment in the tertiary sector of major countries of G20 in 2010
数据来源：根据 2013 年中国统计年鉴数据进行分析整理。

通等行业。比如同样是汽车行业，在德国主要是以汽车制造标准、发动机核心技术和金融资本支持为主，以核心科技力提供了高附加值的智力型工作岗位；而在墨西哥和土耳其的汽车制造业，虽然从产值来看非常繁荣，并且努力打造自主核心品牌，但是主要以代工、加工和仿制国外的主要品牌汽车，并不掌握核心汽车研发能力和创新设计能力。

如表 2 分析所示，以 G20 的主要国家为例，"Stand" 道路代表国家中除了沙特阿拉伯以矿产资源石油为主要支柱产业之外，英国、美国、澳大利亚、加拿大虽然本身具有良好的矿产资源，城镇化过程中经历了依靠能源矿产发展的重要阶段，但是城镇化率 65% 之后主要以服务业为主导产业，不断提升产业的智力创新能级。

3.2　智力城镇化道路含义

"Stand" 道路和 "Lay" 道路的根本区别在于，"Stand" 道路国家经济增长主要靠智力化、资本化的产业为支撑，走创新、科技的高附加值经济发展道路，在全球化经济网络中占据中心或关键节点位置；而 "Lay" 道路国家经济增长则是依靠能源、资源、廉价劳动力为主的产业，其劳动附加值低，在全球化经济网络发展中处于劣势地位。所以笔者认为，"Stand" 道路实际上是 "智力城镇化" 道路，而 "Lay" 道路则是 "体力城镇化" 道路，其理论架构见图 4。

本研究定义智力城镇化道路是依靠智力化

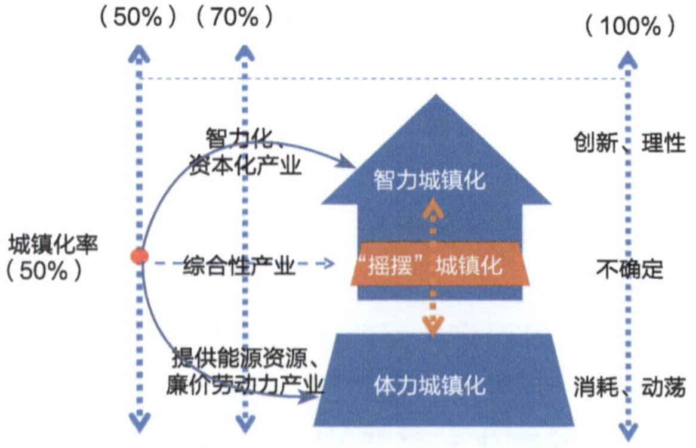

图 4　智力城镇化与体力城镇化的理论架构
Fig.4 The theoretical framework of intelligent urbanization and labor urbanization

表 2　两条道路国家的主要产业类型比较

Table 2 Comparison of major industry types of countries by different paths of urbanization

国家		国家经济主要产业概述
“Lay”道路国家	阿根廷	世界粮食和肉类的主要生产和出口国，工业门类齐全，农牧业发达
	巴西	农业、采掘业、制造业和服务业较为发达，劳动力充足，但严重的收入不均是巴西主要问题
	墨西哥	拥有现代化的农业和工业，汽车制造业是墨西哥的支柱产业，但人均收入不平衡、政局动荡、具有外债危机
	俄罗斯	十分依赖天然资源的出口。目前是全球最大的天然气出口国及石油输出国组织以外最大的原油输出国
	土耳其	土耳其在生产农产品、纺织品、汽车、船只及其他运输工具，建筑材料和家用电子产品方面具有一定领导地位
“Stand”道路国家	英国	服务业非常发达，特别是银行业、金融业、航运业、保险业，以及商业服务业占 GDP 比重最大且处于世界领导地位，能源生产占总 GDP 的 10%（发达国家中最高）
	德国	工业基础坚固，拥有高技术的工业、庞大的股本，具有高创新能力，2011 年服务业约占德国国民生产总值的 71%
	法国	经合组织中第二大接收外国直接投资国家，主导产业依然是工业，特别是钢铁、汽车和建筑方面，是八大工业国中生产力最高的国家，拥有先进的工业技术，法国是最富有的欧洲国家
	美国	服务业，尤其是金融业、航运业、保险业及商业服务业占 GDP 比重最大，全国 3/4 的劳动力从事服务业
	韩国	是外向型经济，国际贸易在韩国 GDP 中占有很大比重，是世界第 7 大出口国和进口国
	意大利	国际贸易与出口金额位居世界领先地位，创新的商业、创意农业、创意及高品质汽车与电气工业及服装设计闻名世界
	澳大利亚	十大农产品出口国、六大矿产资源出口国，金融业、商业和服务业极为发达
	加拿大	全球十大贸易国，经济高度国际化并以服务业为主，约有 3/4 的劳动力从事该行业，有能源可出口
	日本	第三产业，特别是银行业、金融业、航运业、保险业及商业服务业对 GDP 贡献最大，占全国 GDP 逾 70%
	沙特阿拉伯	以石油为支柱，全球最大的石油出口国（探明石油总量是世界的 24%）

数据来源：对各国经济的总结，主要参考维基百科对各国的经济介绍进行归纳。

产业为基础的城镇化发展道路，整体表现出创新性，国家走上理性的发展道路，其主要显性表征为城镇化率超过 70% 后，人均 GDP 大于 15 000 美元；体力城镇化道路则是依靠出卖资源能源、提供廉价劳动力产业为基础的城镇化发展道路，整体表现依托消耗大量资源能耗发展，国家容易陷入动荡的发展局势，其主要显性表征为城镇化率超过 70% 以后，人均 GDP 小于 15 000 美元[①]。

城镇化率超过 70% 后，人均 GDP 介于 15 000~25 000 美元的国家则会再次分化，有的成为发展稳定的智力城镇化国家如韩国，有的容易掉入体力城镇化国家的泥沼成为动荡的国家如塞浦路斯、捷克。在这个区间的城镇化道路，可以称之为“摇摆”城镇化区间。2012 年希腊的城镇化率为 61.7%，人均 GDP 为 22 442 美元，面临严峻的外债危机，若无法创新发展，则容易进入体力城镇化国家行列。

城镇化的道路是体力城镇化还是智力城镇

①本文人均 GDP 的美元单位，是指 2012 年世界银行计算后的现价美元。

化，不是从城镇化一开始就决定的，是在城镇化进程中经济积累和智力积累到一定程度的产物，在城镇化率 65% 以后表现最为明显。智力城镇化道路代表了城镇化率 50% 后世界城镇化道路一种智力水平高、科学技术发达、可持续健康发展的趋势，是分析城镇化道路如何选择的重要路径之一。

4 决定两种道路的城镇化水平关键点

为了便于分析城镇化道路的特征，笔者以经济发展具有代表性的 G20 为主要研究对象，其中欧盟在进行国家为单位的分析研究中不纳入。根据 2012 年城镇化率与人均 GDP 的划分统计可知，G20 中唯有印度的城镇化率小于 50%，仅为 31.66%；中国、南非和印度尼西亚刚跨入 50% 城镇化率，城镇化道路正处于关键时期。智力城镇化道路的国家或地区有英国、法国、德国、日本、澳大利亚、加拿大、沙特阿拉伯、美国、韩国和欧盟；体力城镇化道路的国家有阿根廷、巴西、墨西哥、俄罗斯和土耳其。而城镇化率没有达到 70% 的中国、印度尼西亚、南非和印度，无论从主导产业还是从人均 GDP 的水平来看，目前都还属于“体力城镇化”国家的行列，而意大利则开始表现出“智力城镇化”道路的趋势。

对智力城镇化和体力城镇化的划分，依据诺瑟姆的“S”形曲线，主要是看进入城镇化率 70% 之后的发展状态，但是决定两条道路的城镇化关键点则是在 65% 左右（图 5）。英国、法国、德国、日本等发达国家代表的智能城镇化道路，在城镇化率 65% 左右跳跃发展，经济增长迅速，进入创新型国家的发展路径。这些国家在城镇化率从 65% 提升到 75% 之间，人均 GDP 可以翻 3~5 倍，达到人均 25 000~50 000 美元。在这期间，各国的高等教育人数激增，创新能力爆发，社会全面法治，环保体系进入成熟阶段。而对巴西等为代表的体力城镇化国家而言，在城镇化率 65% 阶段没有智力和资本支持，缺乏创新能力，则社会

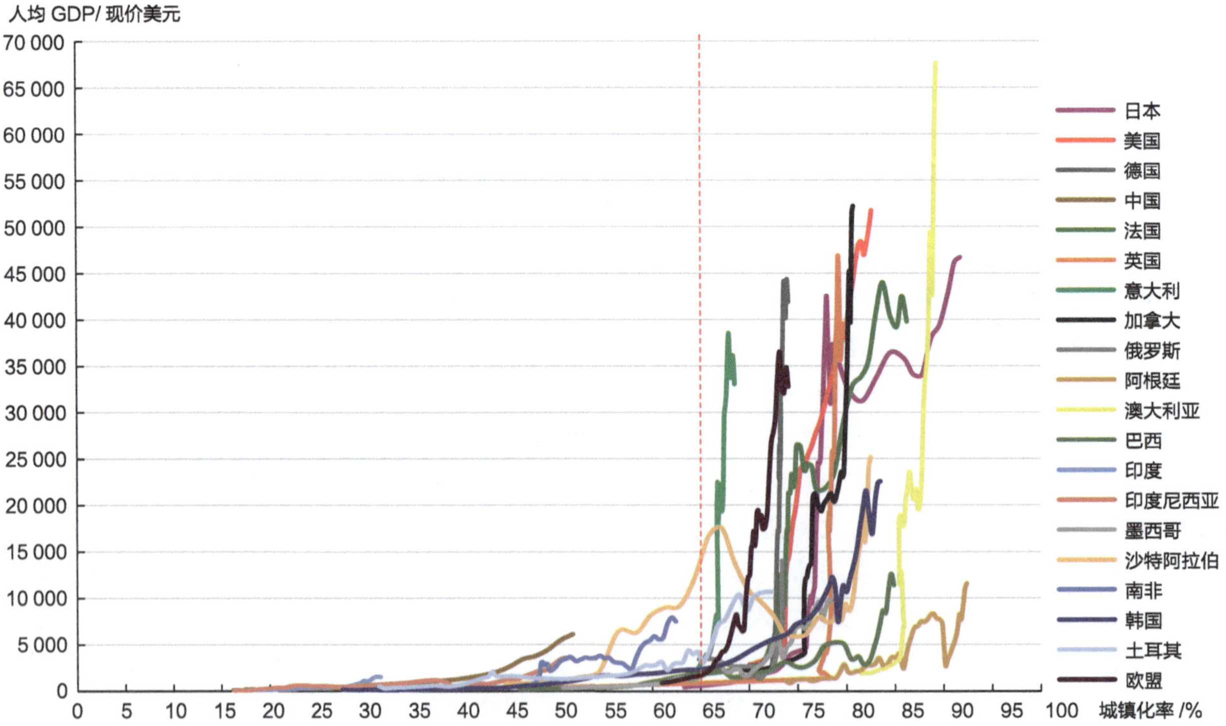

图 5 G20 城镇化率路径图

Fig.5 The urbanization ratio change track of G20 countries

数据来源：2014 年世界银行数据库。（胥星静等绘制）

将徘徊在模仿与复制之间，城市社会出现大量失业，国家政治体系动荡，环境处于慢性病状，生产技术缺乏原创，人均专利徘徊在低水平，人均 GDP 徘徊在 5 000~20 000 美元（具体分析见 5 小节）。

5 G20 智力城镇化与体力城镇化道路的区别实证研究①

智力城镇化道路的主要特征集中表现在“智力化”，与科技、资本、精英人群等智力发展要素息息相关。笔者拟从国家或地区城镇化发展过程中智力投入、智力主体和智力产出三方面进行两者区别的实证研究。根据数据可获取性，智力投入选择科研投入量占 GDP 比例、公共教育支出占 GDP 比例、公共教育支出占政府支出比例三个指标进行研究；智力主体主要选择高等院校入学率、每百万人中技术人员数、每百万人中研究人员数进行研究；智力产出则从人均高科技出口额（现价美元）、本国居民和外国居民的专利申请量、科技期刊文章发表数进行研究。

从 G20 1960—2012 年数据分析可知，智力发展要素的各项指标值主要随着城镇化进程的不断推进而提升，但是智力城镇化国家在这些指标方面的提升速度明显高于体力城镇化国家，并且在绝对值方面普遍高于体力城镇化国家。

5.1 智力投入区别

智力投入的大小决定着城镇化能否创新发展的基础储备，是城镇化发展能否智能化发展的重要推动因素。

科研投入量占 GDP 比例方面，以美国、韩国、日本、德国、英国为代表的智力城镇化国家，在城镇化率超过 70% 之后，依然快速持续增加科研投入量，以推进掌握高附加值产业技术力量，推动国家创新智力发展。由图 7 可见，智力城镇化国家科研投入量占 GDP 比例普遍高于 1%，而体力城镇化国家的科研投入量随着城镇化率提升呈不稳定发展或缓慢提升，并且除中国之外，普遍低于 1%（图 6）。

公共教育支出占 GDP 比例分析可见，两条道路差异的区别体现在随着城镇化水平的推进，公共教育支出占 GDP 比例由增加到减少的城镇化率区间。智力城镇化国家分析，在城镇化率 65%~75% 期间仍然在快速加大公共教育投资量，直到城镇化率 75% 以后，基本完成了适应城市现代生活的国民教育，才逐渐降低其所占 GDP 的比重，随后稳定维持在 4.5%~6.5% 区间。体力城镇化国家，其国家公共教育支出占 GDP 的变化趋势主要呈滞后性，往往城镇化率水平达到 80% 左右才是投入的高峰期，导致国民教育水平的提升速度远远跟不上城镇化率的发展速度。比如阿根廷、巴西公共教育支出占 GDP 比例目前还没有投资下降的趋势，主要是用于弥补人口城镇化快于产业城镇化所带来的人口质量提升的欠账（图 7）。

公共教育支出占政府支出比例方面，与公共教育支出占 GDP 比例所反映出来的智力城镇化与体力城镇化的特征基本一致。智力城镇化国家虽然公共教育支出占政府支出比例从城镇化率 70% 后，都从高峰点趋于降低，比例维持在 10%~15%；巴西、阿根廷、墨西哥等国家在城镇化率 70% 以后仍然在持续加大投入比重。智力城镇化国家，其公共教育支出占政府支出比例并不高，但是其大学入学率很高（见高等院校适龄入学率分析），充分说明了智力城镇化国家教育不仅仅是靠国家投入，也靠引入了民间资本进行，普遍低于体力城镇化国家的投入比例（图 8）。

① 本小结图表的主要数据都来自 2014 年世界银行数据库的关于智力投入、智力主体和智力产出相关指标的统计数据。年限缺失的数据，利用 SPSS 采用线性插值的方法获取。

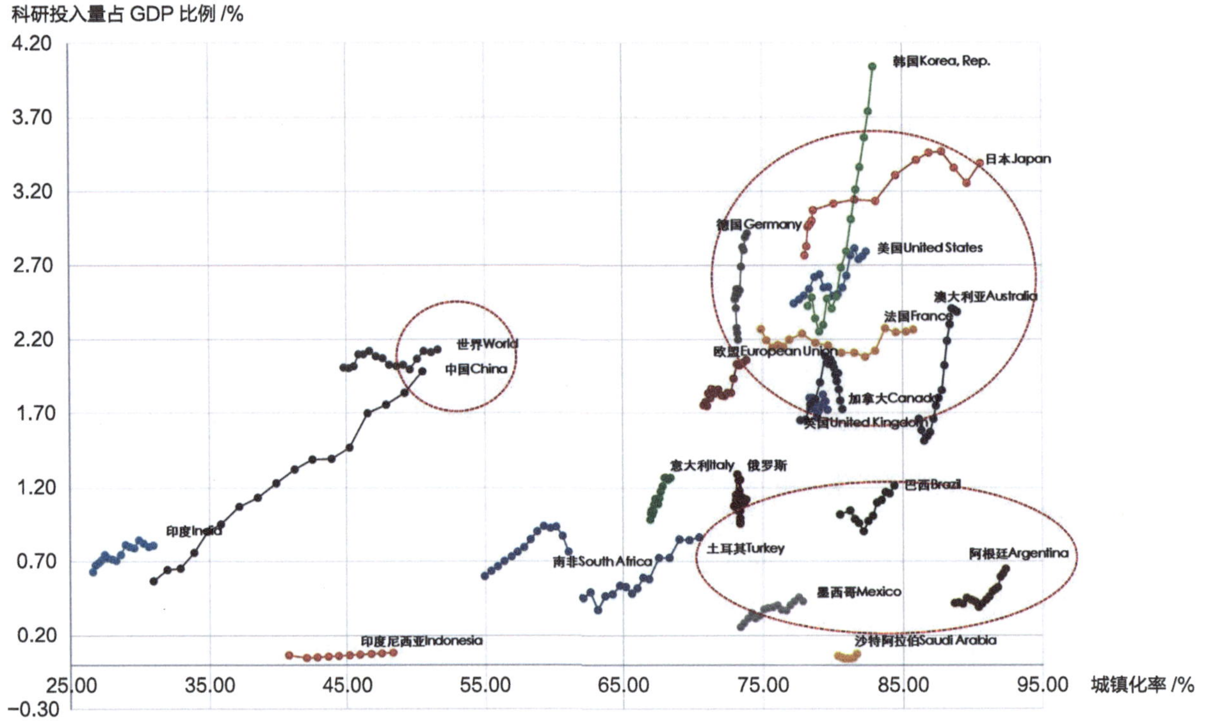

图 6　城镇化率与科研投入量占 GDP 比例的关系图
Fig.6 The relation between urbanization ratio (%) and research and development expenditure (% of GDP)
数据来源：2014 年世界银行数据库。

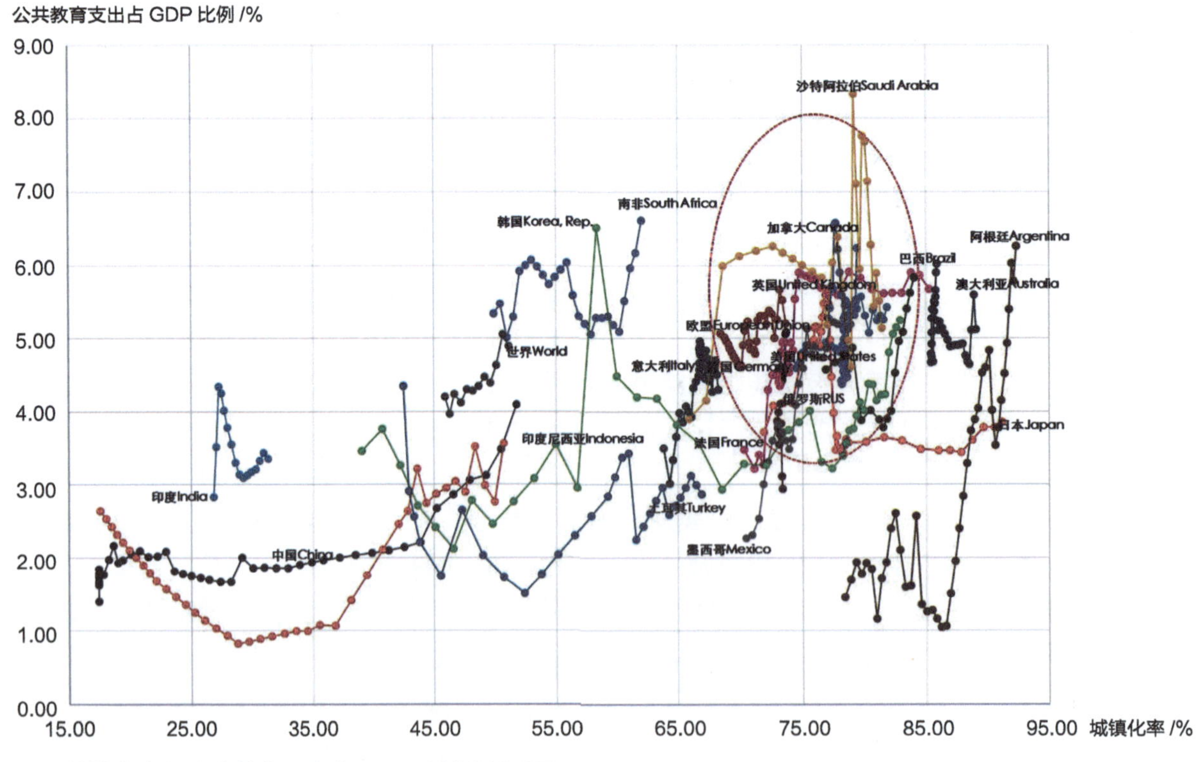

图 7　城镇化率与公共教育支出占 GDP 比例的关系图
Fig.7 The relation between urbanization ratio (%) and public education spending (% of GDP)
数据来源：2014 年世界银行数据库。

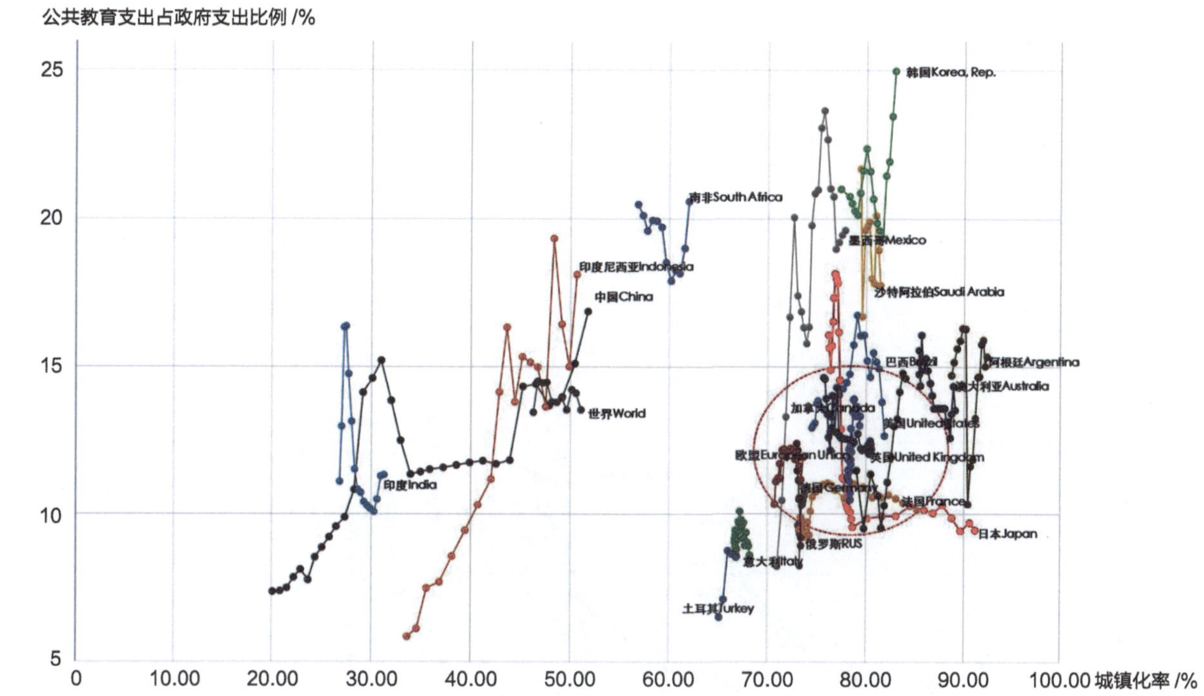

图 8　城镇化率与公共教育支出占政府支出比例的关系图
Fig.8 The relation between urbanization ratio (%) and public education spending / government expenditure (%)
数据来源：2014 年世界银行数据库。

5.2　智力主体区别

人的品质是城镇化能否智能发展的关键要素，智力主体的量越大，能够走上智能城镇化道路的概率越大。

高等院校入学率方面分析，智力城镇化国家，以美国、英国、法国、韩国为例，城镇化率达到 70% 以后，高等院校适龄入学率在不断提升中，普遍大于 55%。第一类为韩国、美国、德国、英国、沙特阿拉伯的城镇化水平超过 70% 后，其高等院校入学率总体上一直在迅速增加。第二类为法国、日本城镇化率超过 70% 后，其高等院校入学率趋于平稳增加。第三类为加拿大城镇化率超过 70% 后，原来高等院校入学率不断增加的趋势改变为逐年快速降低，到 2012 年为 60% 左右。体力城镇化国家中，除了阿根廷之外，高等院校入学率都在 50% 之下。其中以巴西最低，城镇化率 78.3% 的时候高等院校入学率仅为 11.8%，所以巴西在城镇化 70% 以后不断提升公共教育支出，以提升其智力主体质量。而俄罗斯和阿根廷，其高等院校入学率均超过 70%，甚至超过法国、德国、英国的水平，但是由于其政局不稳，发挥不出智力人才的效用，以至城镇化发展受到严重阻碍（图 9）。

每百万人中研究人员数方面分析，智力城镇化国家和体力城镇化国家在每百万人技术人员数，在总量和增速方面具有明显的差异区别。城镇化率 65% 之后，法国、美国、韩国、日本等的每百万人中研究人员数量均高于 2 000 人。其中，韩国和日本最高，2012 年的指标均超过 5 000 人。而以墨西哥、阿根廷、巴西为代表的体力城镇化国家，每百万人中研究人员数量均低于 1 000 人。其中俄罗斯虽然具有较高的每百万人中研究人员数，但是近年由于政局动荡，其总量在不断降低，从 4 000 人左右下降到 3 000 人左右。在发展速度方面，智力城镇化国家城镇化率超过 70% 后，在 70%~85% 区间，每百万人中研究人员数从

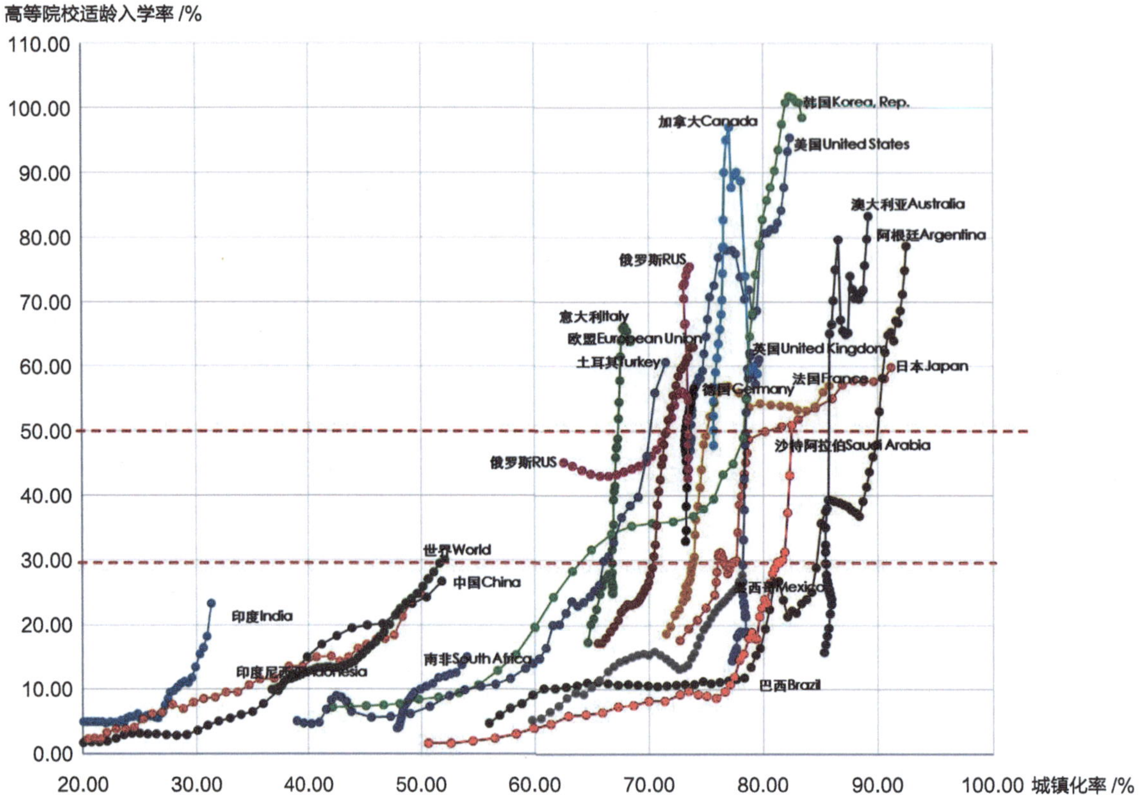

图 9　城镇化率与高等院校入学率关系图

Fig.9 The relation between urbanization ratio (%) and tertiary school enrollment (% gross)

数据来源：2014 年世界银行数据库。

2 000 人迅猛增加到 4 000~5 500 人；而体力城镇化国家则是缓慢增加，城镇化率从 70% 到 85%，仅仅从 200 人增加到 1 000 人左右（图 10）。

每百万人中技术人员数分析，智力城镇化国家和体力城镇化国家每百万人中技术人员数，与每百万人中研究人员数差异表现非常一致。城镇化率 70% 后，智力城镇化国家随着城镇化水平的推进，每百万人中技术人员数在城镇化率 70%~85% 区间快速上升，数量均高于 700 人，其中加拿大、德国、法国最高，在 1 500~1 900 人；体力城镇化国家则随着城镇化率的变化，均不超过 700 人，且个别国家的数量在逐渐降低（俄罗斯）。其中，日本的每百万人中技术人员数，在城镇化率 78%~90% 区间，从 700 人下降到约 570 人，但是日本的每百万人研究人员数很高，填补了科技人员逐步减少带来的危害。但是近 20 年来，日本每百万人研究人员和技术人员的总量还是在减少，对日本未来的智力发展产生一定的影响（图 11）。

5.3　智力产出区别

能否产出有价值的智力产品，促进社会创新和创造经济价值，为国家进一步发展积累创新动力，是衡量城镇化是否可以走上智力化可持续道路的重要标准。

从人均高科技出口额方面分析，智力城镇化国家的值远远高于体力城镇化国家。智力城镇化国家在城镇化率 70%~80% 之后，高科技出口的人均值呈现爆发式增长，这要归功于之前这些国家对于智力投入的不断增加；从智力投入和智力产出拐点产生的时间来看，各个国家智力产出的拐点时间相对于智力投入具有不同程度的滞后性。例如，韩国在 75% 城镇

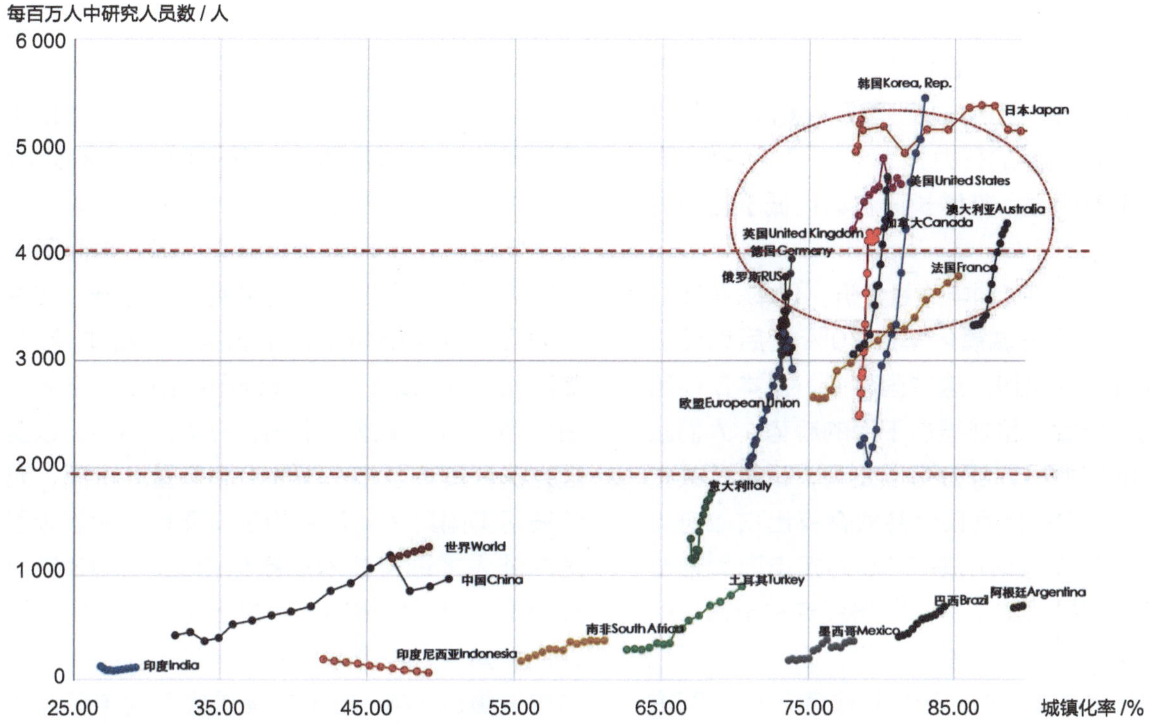

图 10　城镇化率与每百万人中研究人员的数量关系图

Fig.10 The relation between urbanization ratio (%) and researchers in R&D (per million people)

数据来源：2014 年世界银行数据库。

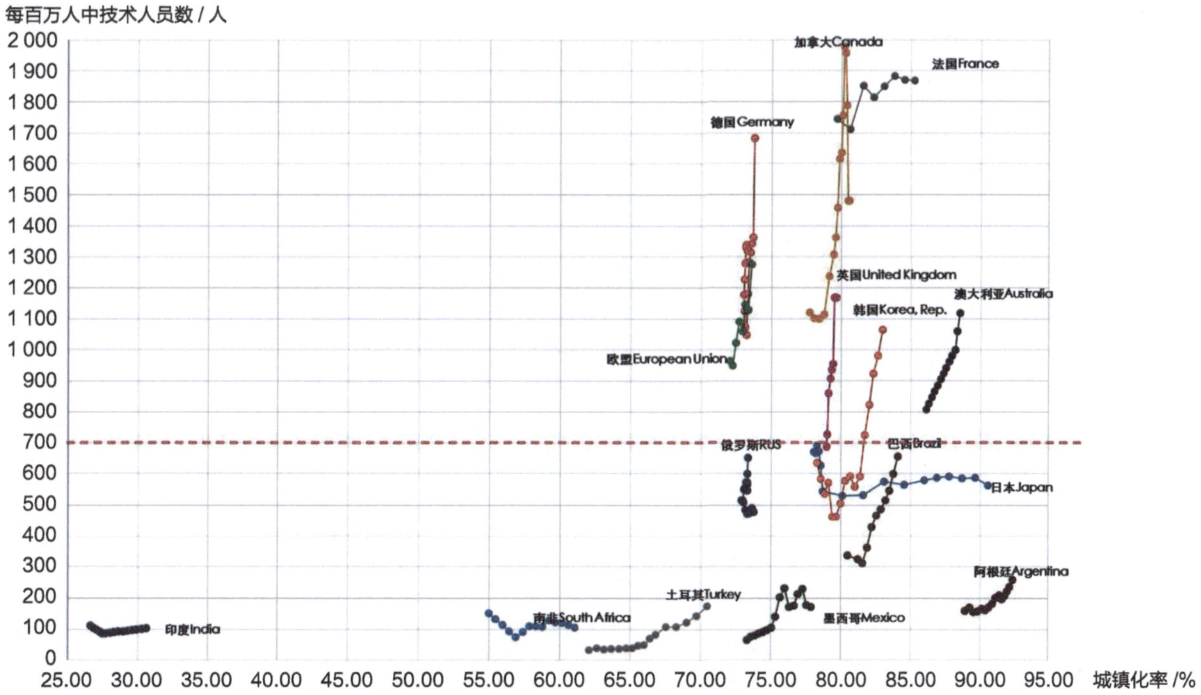

图 11　城镇化率与每百万人中技术人员的数量关系图

Fig.11 The relation between urbanization ratio (%) and technicians in R&D (per million people)

数据来源：2014 年世界银行数据库。

化率之后，加大了公共教育的投入，而其高科技出口的高速增长拐点约出现在城镇化率 80% 之后，约滞后了 10 年（1991—2000 年）。体力城镇化国家，其高科技出口的人均值在城镇化率达到 85%~90% 之后呈现了缓慢的增长，可以看出其前期的智力投入起到了一些作用，但作用不甚明显，其增长速度远远低于智力城镇化国家（图 12）。

从本国居民专利申请量分析，日本、美国、韩国这些国家在城镇化率达 70% 之后均经历了高速增长的阶段。这些国家中，日本在经历了迅速增长后，呈现缓慢下滑的趋势，人们回看日本的智力投入部分可以发现，日本公共教育支出占 GDP 比例和公共教育支出占政府支出比例大约以城镇化率 77% 为拐点而大幅减少，这也间接导致了其本国居民专利申请量的减少，但由于之前的基础较好，因而本国居民专利申请量的减少相对于公共教育支出占 GDP 比例和公共教育支出占政府支出比例具有一定的滞后性。反观体力城镇化的国家，其本国居民专利申请量则一直处于一个低迷的水平。体力城镇化国家和智力城镇化国家本国居民专利申请量的分界点约在 5 000 个。中国由于智力投入的增加，也使得城镇化率在 35% 之后呈现了快速增长的态势（图 13）。

从外国居民专利申请量分析，智力城镇化国家和体力城镇化国家的界限约在 5 000 个，值得注意的是，欧盟以 65% 的城镇化率为拐点，外国居民专利申请量急剧下降，与此同时美国的外国居民专利申请量则急剧上升。在本国居民专利申请量上，中国第一，日本第二，美国和韩国次之；但是在外国居民专利申请上由多到少则是美国、中国、日本、韩国。以美国为例，其本国和外国的专利数量非常高，充分表明美国具有非常强的创新环境，能够吸引国内外人才进行技术革新和创业。2013 年世界知识产权组织发布的年度报告表明，中国已取代美国成为世界最大专利申请国，占了全球总申请量的 1/4；但是外国居民专利申请量不如本国居民专利申请量，则值得中国反思目前创新环境对国内外人才的汇聚能力（图 14）。

从科技期刊文章发表数量分析，智力城

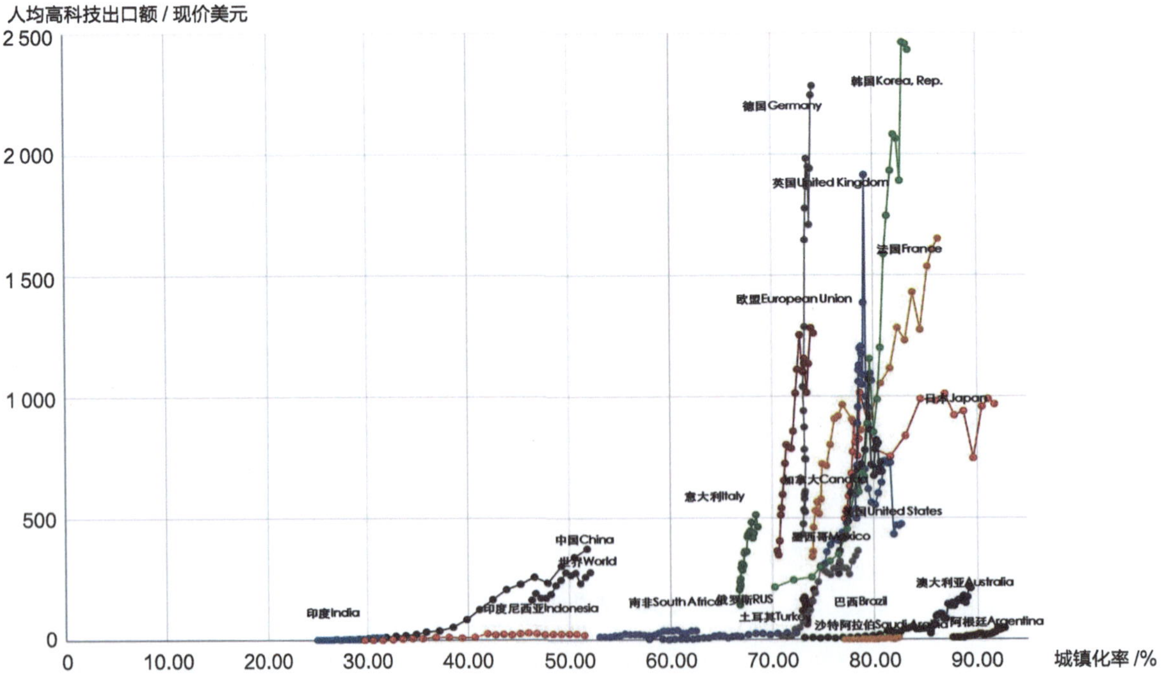

图 12　城镇化率与人均高科技出口额（现价美元）关系图

Fig.12 The relation between urbanization ratio（%）and high tech export per capita（current US dollar）

数据来源：2014 年世界银行数据库。

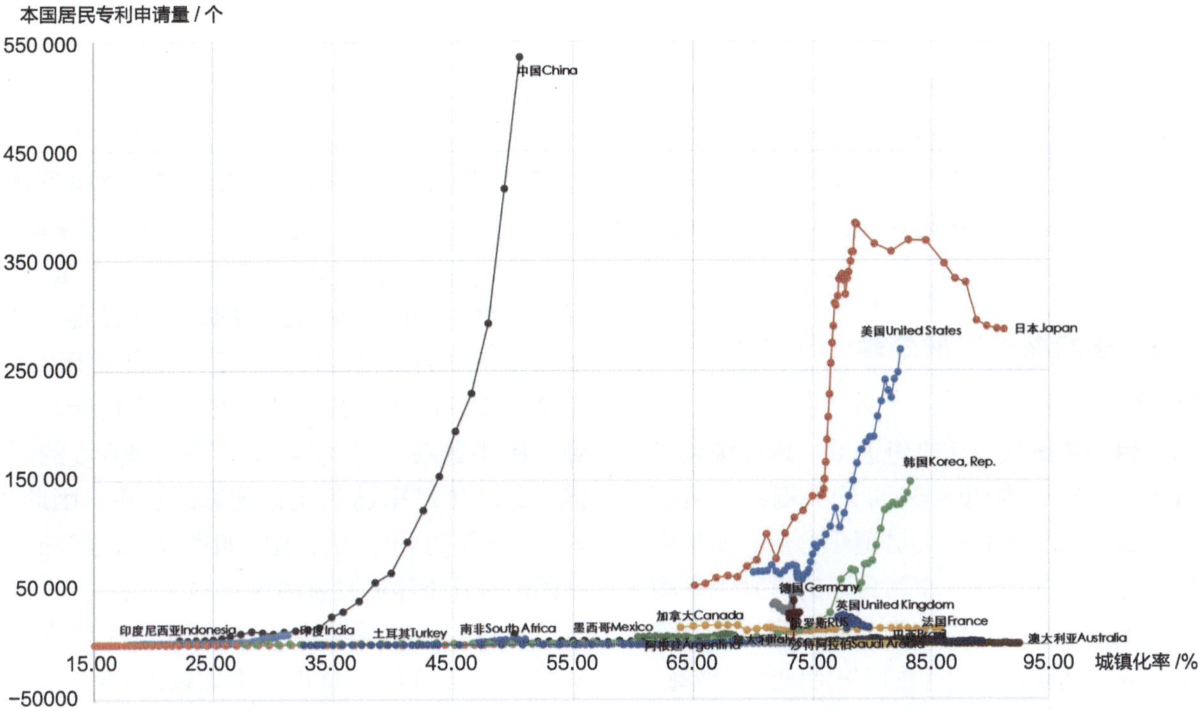

图 13　城镇化率与本国居民专利申请量关系图

Fig.13 The relation between urbanization ratio (%) and patent applications by country's own nationals

数据来源：2014 年世界银行数据库。

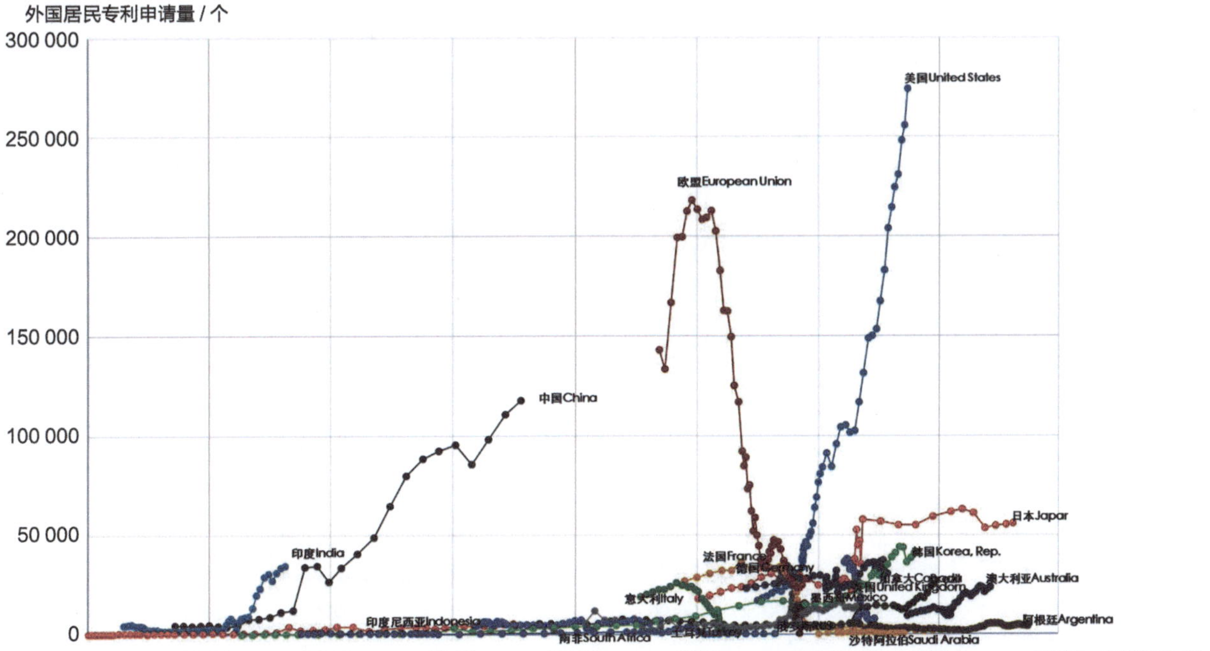

图 14　城镇化率与外国居民专利申请量关系图

Fig.14 The relation between urbanization ratio (%) and patent applications by foreigners

数据来源：2014 年世界银行数据库。

镇化国家与体力城镇化国家的划分界限约在4 000篇。科技期刊文章是学术思想传播和产生专利的基石，从研究方面反映了城镇化发展的智慧度。需要指出的是，中国和印度由于人口基数较大，因而其总量超过了部分智力城镇化国家，但中国的科技期刊文章数增长速度也较快，其走向智力城镇化道路的趋势较好（图15）。

6 智力城镇化道路是未来中国的必然选择

以目前中国城镇化推进速度，其城镇化率将在8~10年之内到达65%的关键点，将面临上述智力城镇化和体力城镇化分化。如果中国城镇化在未来的每一个百分点的提升中不能对中国的劳动生产率做出重大的质量提升，不能主要完成适应城镇现代生产生活的国民教育，中国将走向体力城镇化道路，国家城镇化历史性资源将一次性地消耗完毕。如此发展，当城镇化率达到80%以上，就会形成大量的城市人口负荷，城市的社会冲突和理性智能水平以及社会智力创新贡献都无法使国家走向一个高劳动生产率的城市社会。

因此，中国必须在未来城镇化率从50%~65%区间大量提升城镇化智力发展的投入、主体和产出要素，以保证在65%城镇化率到达之前，为中国走向智力城镇化的道路奠定基础，也就是为上述的智力城镇化做好历史性的准备。只有这样，中国未来30年的城镇化途径，才能让每一个城镇化百分点的提升，直接贡献于整个民族的创造力的提升，进入一个创新型社会，使中国在城镇化率达到75%~80%的时候，劳动生产率达到发达国家的水平。因此，未来10年时间中国城镇化如何发展，将决定中国未来几十年的发展道路。

致谢：感谢胥星静女士在研究过程中对决定两种道路的城镇化水平关键点65%的研究观点贡献，感谢唐晓薇女士对整篇文章英文表达的帮助。

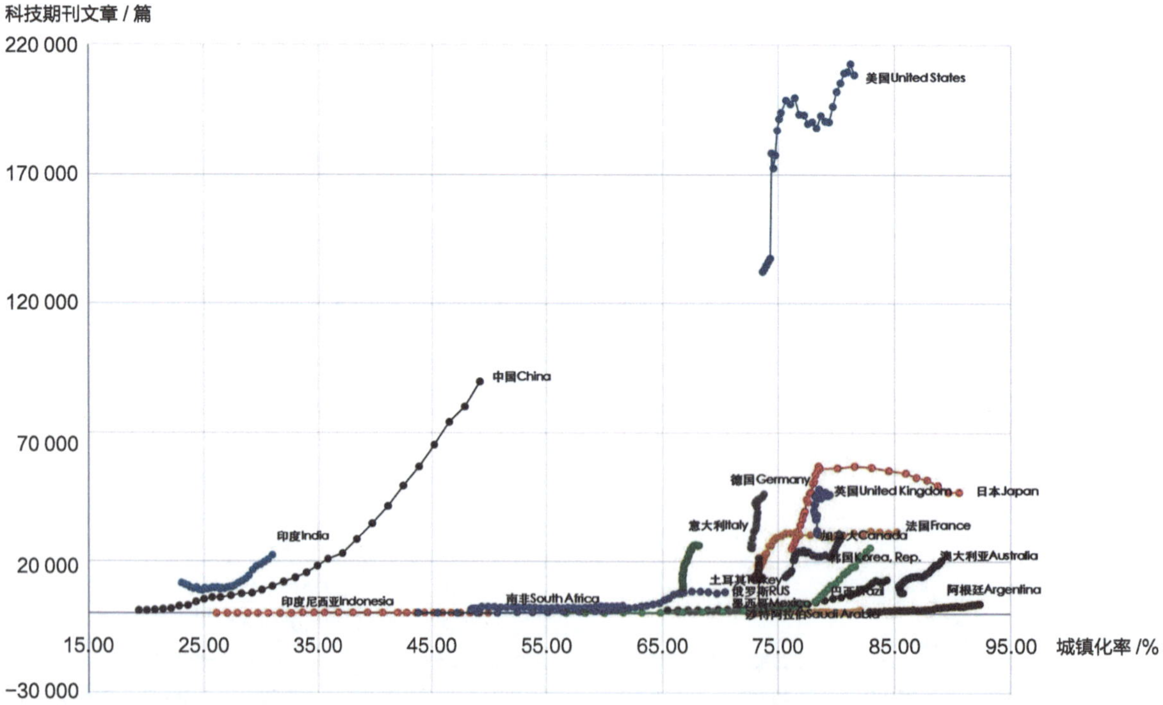

图15 城镇化率与科研期刊文章发表数关系图
Fig.15 The relation between urbanization ratio（%）and paper publication on scientific and technical journals
数据来源：2014年世界银行数据库。

作者简介：**吴志强** 中国工程院院士，同济大学教授、副校长；

杨 秀 同济大学建筑与城市规划学院助理研究员，高级工程师，国家注册城乡规划师；

刘 伟 广州市城市规划勘测设计研究院规划师。

参考文献

[1] 李晓江，尹强，张娟，等.《中国城镇化道路、模式与政策》研究报告综述 [J]. 城市规划学刊，2014(2):1-14.

[2] 范剑勇，莫家伟. 城市化模式与经济发展方式转变——兼论城市化的方向选择 [J]. 复旦学报（社会科学版），2013(3):65-73.

[3] 仇保兴. 中国特色的城镇化模式之辩——"C 模式"：超越"A 模式"的诱惑和"B 模式"的泥淖 [J]. 城市规划，2008(11):9-14.

[4] 简新华. 城市化道路与中国城镇化——中国特色的城镇化道路研究之一 [J]. 学习与实践，2003(10):42-48.

[5] 联合国经济与社会署 .2014 版《世界城镇化展望》之亮点 [R].2014.

[6] 联合国人居署. 城市的发展状态 2012/2013: 城市的繁荣 [M].2014.

[7] 王建军. 城镇化快速发展阶段轨迹特征研究——基于 Logistic 增长模型的跨国分析 [J]. 同济大学博士学位论文，2009:4.

[8] 杨保军，陈鹏. 中国的城市化之路怎么走 [J]. 城市规划学刊，2011(1):1-7.

中国 40 年来城市规划研究热词大数据分析

Urban Planning Hot-Words in China in Four Decades

吴志强　刘晓畅

剖析中国 40 年来城市规划研究热词，对于把握中国 40 年来城市规划研究各阶段的焦点、透视中国 40 年来城市规划不同阶段的问题、揭示中国 40 年来城市规划研究的内在规律、预测中国城市规划研究的未来发展趋势具有重大意义。

对于梳理过去 40 年城市规划研究热词的演进，具有以下四大难点：

- 40 年中城市规划研究热词如何提取；
- 40 年中各子阶段划分的依据如何确定；
- 40 年中各子阶段的热词群落如何聚类；
- 40 年中各子阶段的热词演化如何解释。

本文采用自然语义分析法（natural language processing），对中国知网 CNKI 数据库中 25 517 篇城市规划文献的标题、摘要及关键词进行关键信息分析，共得到 151 930 个研究热词。以此为基础，采用复杂网络（complex network）的分析方法，精准捕捉了中国城市规划研究 7 个子阶段的热词特点，分析了各阶段热词群落的布局规律，以完成中国 40 年来城市规划研究热词的定量化与精准化的演进研究（图 1）。

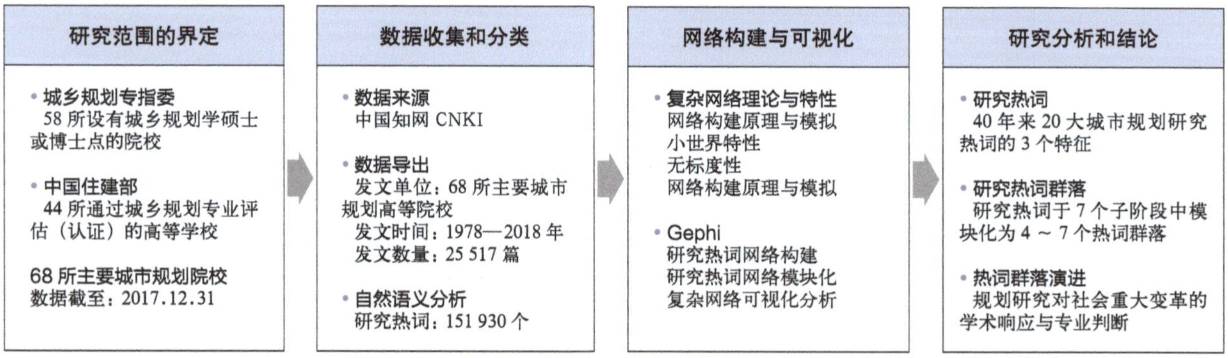

图 1　中国 40 年来城市规划研究热词研究路径（1978—2018 年）

Fig.1 The research path of urban planning study hot-words in China from 1978 to 2018

1　中国 40 年来城市规划研究热词

1.1　前 20 位研究热词

基于各词频次的统计，梳理出 40 年来中国城市规划研究前 20 位的热词（表 1）。

1.2　前 20 位研究热词演进趋势

40 年来，前 20 位研究热词演进趋势，具有三大特征（图 2）：

第一，1978—2000 年，“经济”“区域”“产业”“交通”等研究热词的地位日益凸显。

原载于《城市规划学刊》2018 年第 5 期。

表 1 前 20 位研究热词一览表（1978—2018 年）
Table 1 Top 20 planning hot-words from 1978 to 2018

序号	研究热词	频次
1	空间 /space	4 880
2	区域 /region	3 057
3	景观 /landscape	1 854
4	生态 /ecology	1 798
5	产业 /industry	1 783
6	环境 /environment	1 745
7	经济 /economic	1 711
8	文化 /culture	1 682
9	建筑 /architecture	1 626
10	乡村 /rural	1 562
11	设计 /design	1 413
12	居住 /residence	1 282
13	战略 /strategy	1 263
14	公共 /public	1 259
15	历史 /history	1 223
16	保护 /protection	1 206
17	城镇化 /urbanization	1 200
18	交通 /transportation	1 142
19	社区 /community	1 042
20	用地 /land use	997

第二，2000—2018 年，“空间”研究热词的比重持续飙升，成为第一大研究焦点。我国城市规划学界重新认识城市规划的空间本质。

第三，2000—2018 年，“生态”“环境”“文化”“历史”“保护”“社区”“乡村”等热词所占比重急剧飙升。

2 中国 40 年来城市规划研究热词群落

1978—2018 年，中国城镇化率从 17.9% 提升至 58.5%，中国城市规划研究热词群落演进历程可分为 7 个子阶段（图 3）。

2.1 1978—1984 年城市规划研究热词群落演化特征

1978—1984 年，中国城镇化率从 17.9% 提升至 23.0%，此时的中国城市规划研究（图

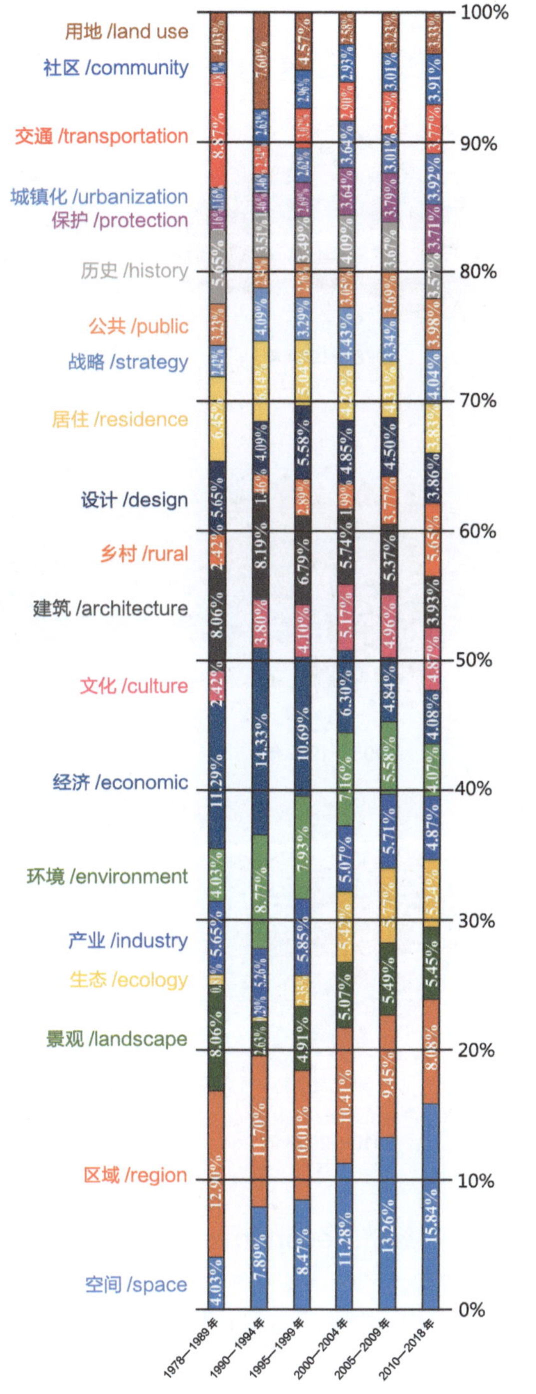

图 2 前 20 位研究热词演进趋势（1978—2018 年）
Fig.2 Dynamic evolution of top 20 planning hot-words in China from 1978 to 2018

4）包含 4 个热词群落，分别为：

①“建筑（architecture）和住区（residence）”热词群落。

②“工程（engineering）和建设（construction）”热词群落。

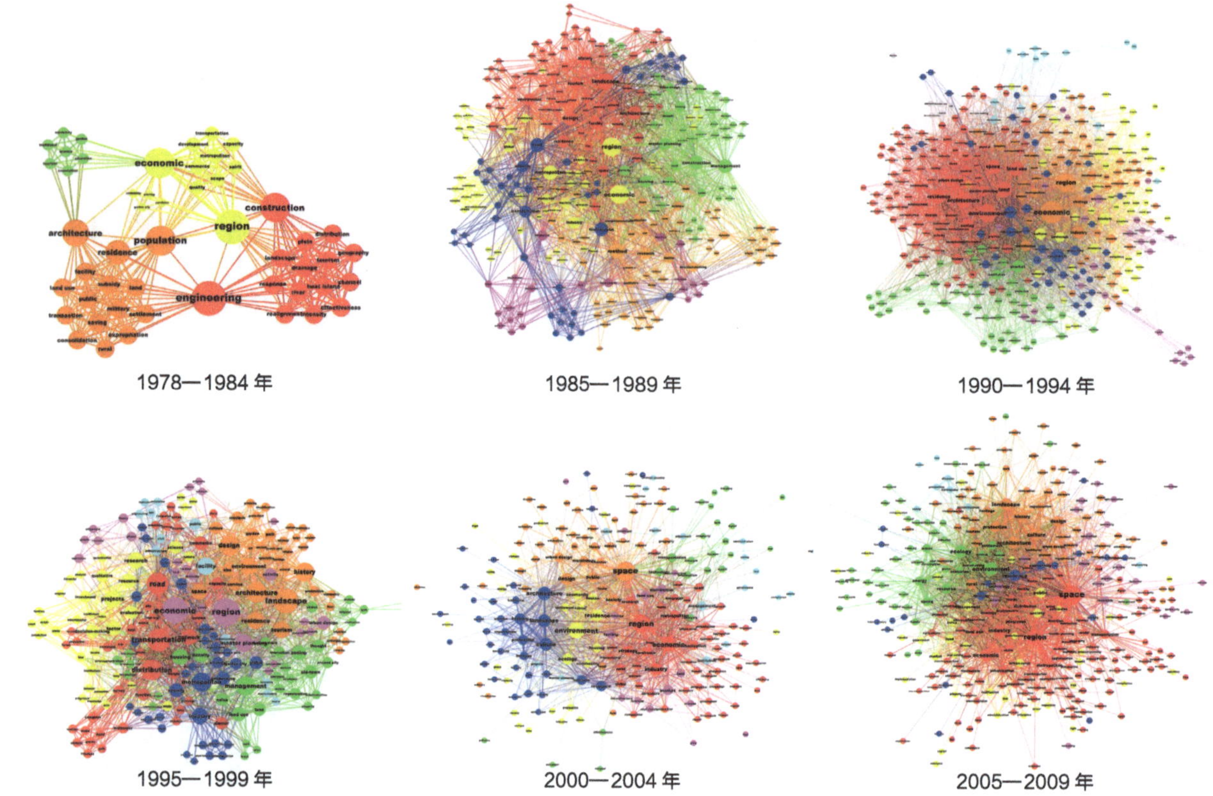

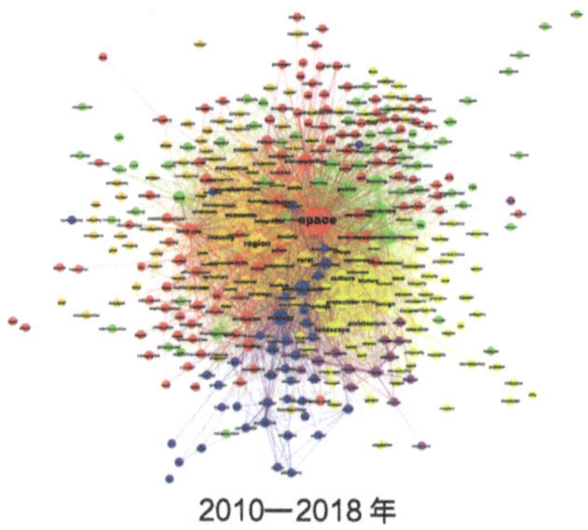

图 3　中国 40 年来城市规划研究热词群落演进历程的 7 个子阶段
Fig.3 Seven sub-period of planning hot-words communities' evolution in the past 40 years

③“经济（economic）和区域（region）”热词群落。

④“大学（university）和科学（science）”热词群落。

2.2　1985—1989 年城市规划研究热词群落演化特征

1985—1989 年，中国城镇化率从 23.7% 提升至 26.2%，此时的中国城市规划研究（图 5）包含 6 个热词群落，分别为：

①“经济（economic）和区域（region）”热词群落位于核心位置。

②“建筑（architecture）和景观（landscape）”热词群落结构均衡，具有较强全网关联度。在随后的发展中，该群落也将持续位于各阶段的核心部分，这与城市规划学科无法动摇的空间属性是不可分割的。

③“管理（management）和建设（construction）”热词群落由上个阶段的“工程和建设”热词群落吸纳“管理（management）”相关研究热词演化而来。

④“思想（ideology）和方法（method）”热词群落首次位于核心边缘。城市规划学科将从单一封闭的走向复合发散的、从最终理想静态走向过程动态、从刚性的走向弹性的、从指

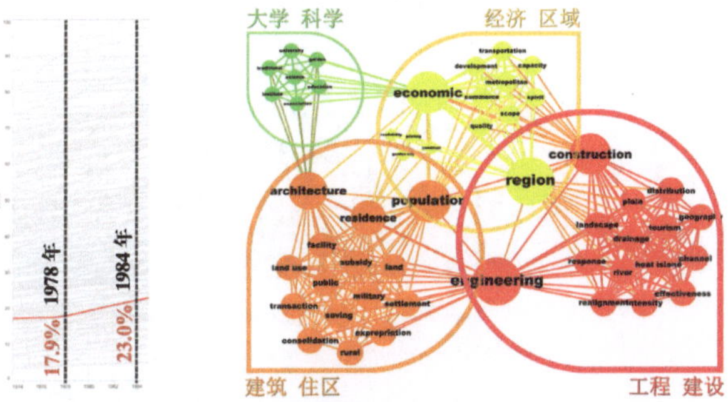

图 4　1978—1984 年中国城市规划研究热词网络
Fig.4　Hot-words network of urban planning in China from 1978 to 1984

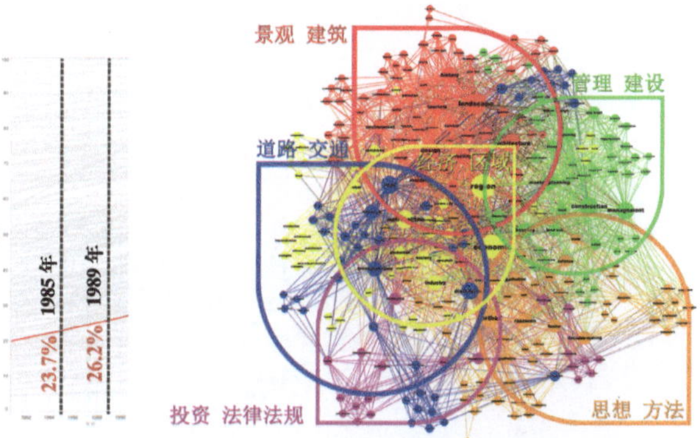

图 5　1985—1989 年中国城市规划研究热词网络
Fig.5　Hot-words network of urban planning in China from 1985 to 1989

令性的走向引导性的思想方法和工作方法变革。

⑤“交通（transportation）和道路（road）”热词群落首次出现在网络中。

⑥“投资（investment）和法律法规（laws and regulations）”热词群落首次出现在网络中。

2.3　1990—1994 年城市规划研究热词群落演化特征

1990—1994 年，中国城镇化率从 28.4% 提升至 30.0%，此时的中国城市规划研究（图 6）包含 7 个热词群落，分别为：

①“经济（economic）和区域（region）”热词群落成为最为重要的组成部分。城市规划中的经济研究在网络中的地位日益凸显，区域规划和发展政策的相关研究走向核心。

②“建筑（architecture）和景观（landscape）”热词群落不断吸纳“土地（land）”“空间（space）”“区划（zoning）”“环境（environment）”等规划学科的“客体”研究热词，形成网络中极其重要的组成部分。

③“市场（market）和制度（institution）”热词群落首次位于核心边缘部分。市场和城市规划的协调成为重要研究议题。

④研究热词“理论（theory）”“方法（methods）”等位于中心位置，形成了“规划理论和方法”的重要热词群落。

⑤“旅游（tourism）和交通（transportation）”热词群落首次位于核心边缘。

⑥“工程（engineering）和管理（management）”热词群落稳步发展，持续位于核心边缘。

⑦“投资（investment）和法律法规（laws and regulations）”热词群落稳步发展，持续位于核心边缘。

2.4　1995—1999 年城市规划研究热词群落演化特征

1995—1999 年，中国城镇化率从 29.0% 提升至 34.8%，此时的中国城市规划研究（图 7）包含 5 个热词群落，分别为：

①“经济（economic）”和“区域（region）”研究热词成为双核心，与“大都市（metropolitan）”和“产业（industry）”等相关研究热词，形成“经济（economic）和区域（region）”热词群落。其中研究热词“区域（region）”取得了与研究热词“经济

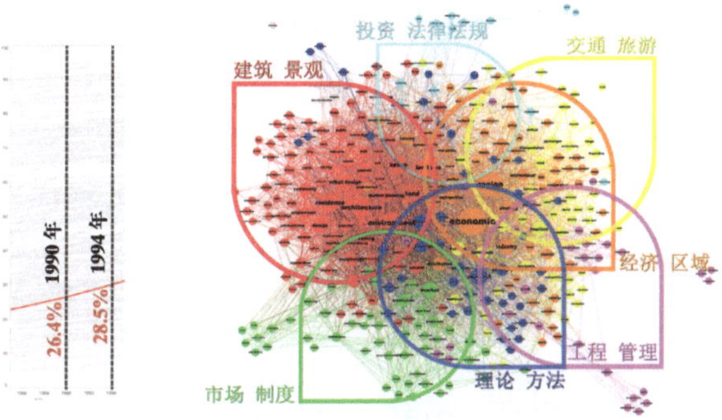

图 6　1990—1994 年中国城市规划研究热词网络
Fig.6　Hot-words network of urban planning in China from 1990 to 1994

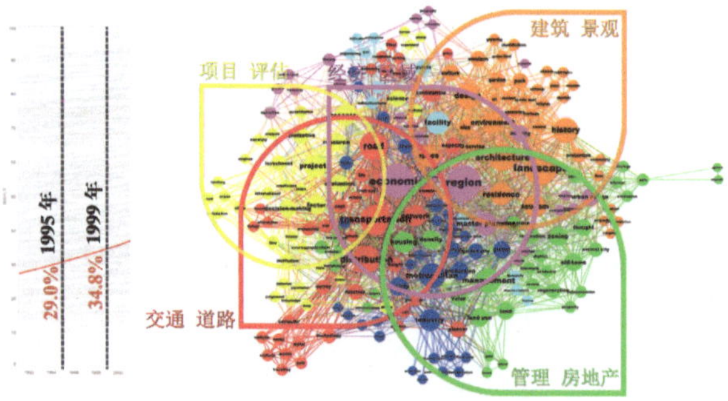

图 7　1995—1999 年中国城市规划研究热词网络
Fig.7　Hot-words network of urban planning in China from 1995 to 1999

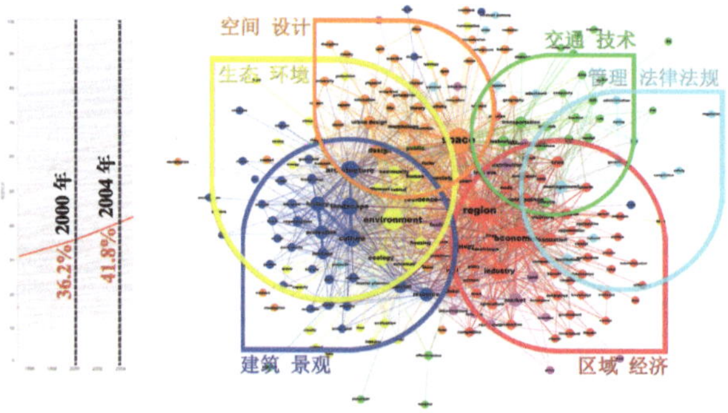

图 8　2000—2004 年中国城市规划研究热词网络
Fig.8　Hot-words network of urban planning in China from 2000 to 2004

（economic）”具有相同主导作用的核心地位。

②“建筑（architecture）和景观（landscape）”热词群落稳步发展，持续位于网络中较为核心的部位。

③“交通（transportation）和道路（road）”热词群落迅猛发展，逐渐趋于核心，这是由于道路交通基础设施的互通互联是社会要素自由流动和社会资源高效配置的重要保障。

④“房地产（real estate）和管理（management）”热词群落首次出现在网络中。该群落是通过 1990—1994 年子阶段的“工程和管理”热词群落大量吸纳“房地产”等相关研究热词演化而来的，“房地产”进入了国家和地方决策层的视野，也成为城市规划研究的新增长点。

⑤“项目（projects）和评估（evaluation）”热词群落作为新兴的研究热词集合位于核心边缘部分，该群落吸纳了“投资（investment）”和“法律法规（laws and regulations）”相关研究热词。“投资建设项目经济评价”（项目可行性研究、项目财务分析、项目效果评估、项目经济评价、项目不确定性分析以及风险评价等）成为城市规划研究的重要议题。

2.5　2000—2004 年城市规划研究热词群落演化特征

2000—2004 年，中国城镇化率从 36.2% 提升至 41.8%，中国城市规划研究井喷式增长，网络中共有约 800 个节点和 20 000 条关联，分别是上个阶段的 4 倍和 15 倍。该阶段的中国城市规划研究热词网络（图 8）包含了 6 个重要的热词群落，分别为：

①“区域（region）和经济（economic）”热词群落以区域为核心，联动经济与产业，成为该阶段最为重要的组成部分。2001 年中国加入 WTO，我国城市融入世界城市网络系统，资本和劳动力全球性流动、产业的全球性迁移、经济活动中心的全球性集聚驱动了“大都市区域全球化发展语境下的产业与经济研究”走向核心。

②“空间（space）和设计（design）”热词群落成为该阶段的第二大主题群落。

③“生态（ecology）和环境（environment）”热词群落首次占据次核心地位。

④“建筑（architecture）和景观（landscape）”热词群落吸纳了“文化（culture）”“历史（history）”“保护（protection）”“遗产（heritage）”等研究热词，持续作为重要的组成部分，位于核心边缘。

⑤“技术”（technology）相关研究热词联动“交通（transportation）”形成“交通（transportation）和技术（technology）”热词群落。

⑥“管理（management）和法律法规（laws and regulations）”热词群落由上个子阶段的“房地产（real estate）和管

理（management）”热词群落以及“项目（projects）”和“评估（evaluation）”热词群落重组而成，形成网络重要的组成部分。

2.6 2005—2009 年城市规划研究热词群落演化特征

2005—2009 年，中国城镇化率从 43.0% 提升至 48.3%，此时的中国城市规划研究（图 9）包含 6 个热词群落，分别为：

①“空间（space）和区域（region）”热词群落成为该阶段第一大热词群落。伴随着全球区域（global regions，GRs）的逐渐形成，规划学界不仅仅关注城市密集的现象和空间形态，更重视其战略地位、形成的动力机制及其所面临的挑战。

②“建筑（architecture）和景观（landscape）”热词群落和“生态（ecology）和环境（environment）”热词群落分别成为该阶段第二大和第三大热词群落。历史文化遗产的毁灭性破坏、自然环境的严重污染、能源的过度消耗、人居环境的持续恶化等诸多问题已唤醒了城市永续核心价值观。

③“社会（society）、公正（equity and justice）”热词群落首次位于中心部分。许多社会问题，例如农民工、留守老人和儿童等问题使得社会学研究成为“显科学”。规划强调城市社会中各社会团体在空间上的和谐，重视城市社会中各位居民在生活上的和谐。

④“方法（methods）和技术（technology）”热词群落首次出现在网络中。先进的科学技术广泛地应用于城市规划方法的改良、城市宏观维度的分析和研究以及指导城市微观物质空间的设计。这也为下一个阶段“大智移云链时代”的规划思想方法变革做铺垫。

⑤“防灾（disaster prevention）和安全（safety）”热词群落首次出现在网络中。2008 年的“5 · 12”汶川大地震为城市规划和城市建设敲响了警钟，尤其在规划选址、房屋建造、防灾规划、灾后救援和重建等方面。

2.7 2010—2018 年城市规划研究热词群落演化特征

从 2010—2018 年，中国城镇化率从 49.5% 提升至 58.5%，此时的中国城市规划研究热词网络（图 10）为“一核、多群落”的结构，包含 6 个热词群落，分别为：

①“一核”是“空间（space）”，该阶段城市规划研究呈现回归“空间”本质的发展趋势。同时，“空间（space）和技术（technology）”“经济（economic）和区域（region）”“社会（society）和社区（community）”“建筑（architecture）和文化（culture）”“生态（ecology）和环境（environment）”“能源（energy）和低碳（low-carbon）”6 个具有相类似规模和内部结构的热词群落围绕“空间”均质化共生，城市规划研究进入了“百花齐放”时代。

②“空间（space）和技术（technology）”

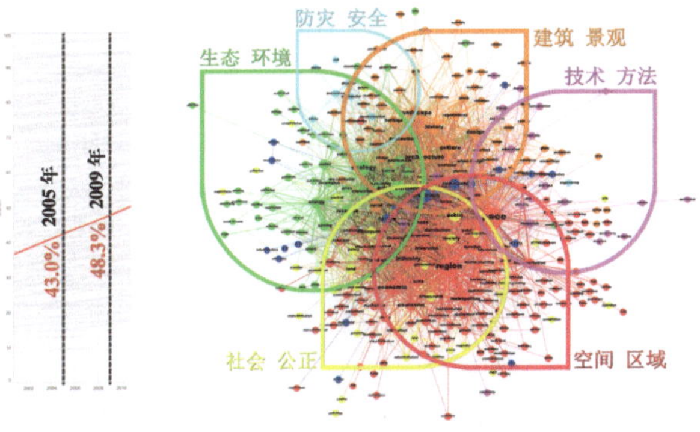

图 9　2005—2009 年中国城市规划研究热词网络
Fig.9 Hot-words network of urban planning in China from 2005 to 2009

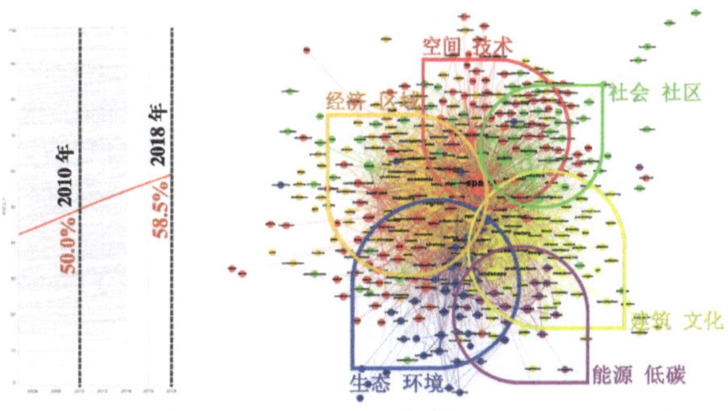

图 10　2010—2018 年中国城市规划研究热词网络
Fig.10 Hot-words network of urban planning in China from 2010 to 2018

热词群落成为该阶段第一大群落。该群落为新兴重组型热词群落，该群落吸纳了“技术(technology)”等相关研究热词。这是由于新时代“大智移云链”技术的发展为城市规划思想方法的变革提供了崭新的思路：依托整体复杂思维和生态理性逻辑，尊重城市生命发展规律，利用人工智能技术大规模感知城市、认知城市、推演城市。

③“空间(space)和技术(technology)”热词群落也吸纳了大量的“交通(transportation)”等相关研究热词，这是由于前几个阶段的城市粗放式发展，城市交通拥堵、空间步行性差、路网结构不合理、可达性差等问题变得十分突出。由此，城市规划不要“鸟瞰”要“人看”，回归“人的尺度”，更加关注人的心理和生理需求。

④值得一提的是，“能源(energy)和低碳(low-carbon)”群落第一次出现在网络中。在此群落中，我们还可以看到环境变化、韧性城市、绿色低碳、节能减排、海绵城市和气候响应等研究热词。

⑤“经济(economic)和区域(region)”热词群落、“建筑(architecture)和文化(culture)”热词群落、“生态(ecology)和环境(environment)”热词群落、“社会(society)和社区(community)”热词群落稳步发展，成为该阶段城市规划研究百花齐放不可缺失的组成部分。

3 结论

中国40年来城市规划研究热词群落的迁移、重组、演进是城市规划学科发展历程中最为重要的一个现象和特征，其本质是规划学科对中国社会重大变革所做出的学术响应和专业判断。这是由于城市规划的变革总是依托社会活动的发展进行的，时代背景是变革的附着物和基础。城市规划学科始终把握城市发展历史中的“重大事件”的发展，通过对其特性的理解，将其纳入规划学科的研究中。

当今，中国城市规划研究站在新的起点：基于空间本质，以生态文明的建构为目标导向，以创新为引领的新发展理念为基本动力，以人工智能引领的大智移云链为技术支撑，尊重城乡发展和城镇化的基本规律，实现城市发展的多元统筹和人类城镇化的可持续发展。

作者简介：**吴志强** 中国工程院院士，同济大学教授、副校长；
刘晓畅 同济大学建筑与城市规划学院博士研究生。

参考文献

[1] 吴志强，于泓．城市规划学科的发展方向[J]. 城市规划学刊，2005(6):2-10.
[2] 吴志强．城市规划思想方法的变革[J]. 城市规划汇刊，1986(5):1-7.
[3] WU Zhiqiang. Globalisierung der Grossstaedte um die Jahrtausendwende [M]. Berlin: ISR, 1994.
[4] 李红卫，吴志强，易晓峰，等．Global-Region：全球化背景下的城市区域现象[J]. 城市规划，2006(8): 31-37.
[5] 吴志强．对规划原理的思考[J]. 城市规划学刊，2007(6):2-10.
[6] 吴志强．百年现代城市规划中不变的精神和责任——纪念霍华德提出“田园城市”概念100周年[J]. 城市规划，1999(1): 27-32.
[7] 吴志强．重大事件对城市规划学科发展的意义及启示[J]. 城市规划学刊，2008(6): 16-19.
[8] 吴志强．人工智能辅助城市规划[J]. 时代建筑，2018(1): 6-11.
[9] 吴志强．城市规划，不要鸟瞰要“人看”[N]. 解放日报，2016-01-22(17).
[10] 吴志强．论新时代城市规划及其生态理性内核[J]. 城市规划学刊，2018(3): 19-23.
[11] 吴志强，刘晓畅．改革开放40年来中国城市规划知识网络演进[J]. 城市规划学刊，2018(5):11-18.

第二章　理论探索

CHAPTER 2 THEORETICAL EXPLORATION

智慧城市要有自主成长性

Autonomous Growth: A Key Element of Smart City

仇保兴

纵观许多智慧城市建设的历程，不少只注重外在成长性，智慧系统的自主成长性严重不足。智慧城市如果失去自主成长性，就有可能偏离建设的目标和轨道，也就等于缺少成长的主心骨。编制科学的智慧城市标准和评价体系就是提供一条轨道，这条轨道能帮助智慧城市自主、健康成长。既然智慧城市必须具有成长性，那么如何做到使智慧城市自主、健康成长?

1 成功的智慧城市离不开四个要点

第一点，智慧城市是技术创新、政府体制变革、城市问题解决、公民觉悟和公民参与的增长等一系列问题相互交织、共同演进的过程。没有任何一个智慧城市是一次性设计成功的，一次性设计成功的不会是智慧城市，只会是愚钝死板的东西。

第二点，智慧城市之所以成长和进步，这与技术设计，与政府管理机构相互之间的合作、协同、整合、创新有着直接相关。所以，智慧城市从来就不是“交钥匙工程”。过去 IT 企业最失败的就是看重工程，我们很多政府的领导也错误地认为，智慧系统的设计建设可以由信息与通信技术（information and communications technology，ICT）包干，最后把钥匙交给我，一启动就可成功运行。实际上，合格的智慧系统永远跟问题、需求、挑战共进化。

第三点，智慧城市是政府首先在提供智慧城市公共品的基础上，再从问题导向，由市场主体无数次叠加更多的智慧商务品。它不可能由政府包办，也不可能由某一个 IT 企业来总承包，它永远是由多方面共同合作、共同抚育成长的新事物。

第四点，智慧城市是从基础级（1.0 版）到专题级（2.0 版）再到综合级（3.0 版）不断升级的过程，从来不可能“毕其功于一役”。

2 智慧城市建设要注意三个层次

任何复杂系统必然具有层次结构，智慧城市至少有三个层次。

第一层次是智慧城市的核心公共品。城市政府工作的目的是什么？是为了提供足量和优质公共品从而使企业更具活力，使居民生活更加美好，这也是经济学的权威定义。由此可见，城市政府要着眼于智慧城市的公共品建设。公共品就如同一个房子的地基，打得越坚固越有利于以后盖高楼大厦。

第二层次是智慧城市的主要公共品。这包括很多企业做不了，或者做起来不合算的众多领域，比如节能减排、城市交通、城市水务、规划建设、食品安全、污染治理、网络安全和减灾防灾等，这些都是影响城市人居环境和竞争力的最主要因素。

第三个层次是智慧城市商务品。以上第一、二层次的公共品可称之为智慧城市的核心和一

原载于《智能城市》2017 年第 7 期。

般公共品。如果这两项公共品能顺利建设的话，政府智慧城市工作就完成了 80%。之后千变万化的商务公共品如电子商务、智慧医疗、智慧教育、智慧旅游、共享单车等，可以由众多的企业来建设，无数次叠加到上述两个层次上，最终形成丰富多彩的智慧城市系统。因而，政府应该放开必须放的，抓住企业不愿建的，不能越俎代庖。公共品智慧系统就是智慧城市自主成长的基础，也是帮助和引导企业叠加商务智慧的渠道。

3 智慧城市基础级（1.0 版）的三个评价指标

先来分析智慧城市的基础级（1.0 版）。《中共中央 国务院关于深入推进城市执法体制改革改进城市管理工作的指导意见》（中发〔2015〕37 号）明确要求，以智慧城市建设为契机，用智慧手段消除“城市病”，推进绿色发展，实现城市精细化管理和服务，形成与经济社会发展相匹配的能力。这个定义有别于过去用大数据、云计算等技术应用的模式来定义智慧城市。《中共中央 国务院关于进一步加强城市规划建设管理工作的若干意见》（中发〔2016〕6 号）再次提出，到 2017 年底，所有市、县都要整合形成数字化管理平台，到 2020 年建成一批特色鲜明的智慧城市。这不仅有紧迫性，而且也具有不确定性。科学的智慧城市评价体系有利于减少不确定性，但当前各种智慧城市的评价标准有三十多个版本，这些智慧城市指标的体系不仅因内容包罗万象，十分复杂，而且也因重点不突出而不可行。最紧迫的指标是分清政府应该干什么。主要的评价指标有三个：

第一，通达的通信网络。中国工程院原副院长、计算机专家邬贺铨院士曾说过，中国网速率为 1.15 M，亚太或全球平均网速率为 4.64 M。中国的网速排名在世界 80 名开外，甚至朝鲜的网速也远超中国，但是中国宽带收入却高过网速第一的韩国 29 倍、越南 3 倍、美国 4 倍。因而我国在智慧城市的核心公共品方面，政府要着力于光纤到户覆盖率、4G 城乡覆盖率、网速和价格、城镇公共场所免费 WIFI 覆盖率等几个方面。在这些指标上，如何推进建设、如何改善，政府要清楚。

第二，活跃双向的政府门户网站。据有关部门报告反映，我国 40% 的城市政府网站是“僵尸网站”，60% 的网站内容是无法用公共搜索引擎寻找的，这对百姓就很不方便。可以关注下列几个指标：①人均访问量，用年访问量除以当地常住人口。②信息的更新速度，每天发布多少新的内容等。③公共服务项目能够在线直接办理的个数和时限。例如，上海浦东从 2017 年开始，70% 的企业服务、居民服务可在网上直接办理，到 2018 年，所有事情都可以网上办理。如果在网上不能享受公共服务，怎么能称为智慧城市？④投诉、反馈以及满意比例。⑤政府重大决策预发布征求市民意见等方面的指标。⑥政务公开和数据开放的程度。这些都是最基础的公共品工程。新加坡是全球第一个以政府门户网站为起点的智慧城市，是很有道理的。

第三，精细化广泛覆盖的数字城管平台。要注意五个方面的内容：一是网格总数及疏密合理度。二是城镇、村覆盖率。三是事件、部件录入完备程度。四是反馈纠正率和平均执行时间。习近平总书记说过，南方人到北京总感觉北京城市管理比较粗糙。同样一堆垃圾堆在公共场所，在杭州一个小时就能发现，第二个小时必须处理，第三个小时肯定反馈，而在北京十多天无人清扫。所以，城市的细节决定城市建设的成败。五是管理平台运行公开的程度，所有记录都应是公开的，最后根据公开的数据来达到奖惩分明。全部政府职能单位，包括物业管理部门都在网络的监督下，不管是正式的公务员，还是临时的员工，为人民服务的忠心程度、效率程度都全部公开；最后是系统运行故障天数，它涉及网络安全的问题。

由此可见，一旦把智慧城市三大核心公共

品建立起来，城市所有的区域就都在精细化平台扫描之下，所有的问题都处在监督之下，每一个城市部件都可以和互联网进行连接。精细化网格监管平台每时每刻都将出现的事件信息按照责任监管部门上报，通过全感知的系统提供反馈，把单子发到每个单位，同时直接报给人事组织部门，实现对政府部门和事件进展的全方位、全过程监管督办。根据政府部门对人民群众服务的效率程度，由专门的部门监督、由老百姓责令、由媒体曝光，各类“市民保姆”怎么能不全心全意地为人民服务？由此可见，全方位监督体系是核心。

4　智慧城市专题级（2.0版）的四类主要指标

三大核心公共品之后，就可建立智慧城市成长的2.0版，也就是专题级的智慧城市，表现在智慧交通、智慧环保、智慧人居、智慧安全防灾等方面。政府应怎么面对这些问题？先行国是怎么解决的？

首先看智慧交通。交通是公共服务的重中之重。我国的城市大多是密集型城市，1万人/km^2，全球平均人口密度最高，也是个人交通工具冲突最激烈的地方。规划师们经常谈到共享单车的成功是城市空间规划的失败，因为我们没有为这些市民满意、带GPS定位随处可停放的共享单车提供足够的空间，而且也造成了日益严重的交通拥堵。将来，应如何通过绿色智慧交通的建设，为各类绿色交通工具和步行留下应有的空间呢？国际上所有著名的大城市都在考虑智慧交通，将定制化的交通信息、智慧交通工具连接起来，如共享无人驾驶汽车、快速绿色通道、共享电动自行车。所以共享自行车的未来就是共享电动自行车，包括共享无人驾驶汽车，我们要适应未来创新技术的大发展。智慧路灯、智慧物流、新型轨道交通等都应该囊括到智慧交通的标准里。而这些标准规则将城市有限的空间科学立体分配，为绿色化、舒适化、多样化的交通工具留足宝贵的空间。

智慧交通一直是城市发展的骨架，轨道交通以及中高速磁悬浮交通的快速发展，被称为城市“毛细血管”的“绿道”，其比例也在减少；土地资源、空间资源的多样化开发，包括地下空间的利用等，越绿色的交通工具越应该优先占用城市空间资源。

其次是智慧环保。我国现在城市化率已逾50%，水污染、空气污染、土壤污染三大污染正值最严重的阶段，怎么用智慧手段应对呢？例如城市电网上可以容纳多少比例再生能源呢？如何用能耗可视化程序来降低能耗？如何利用分布式能源增强能源弹性？聚集性风能、太阳能怎样储存？电动汽车充电的便利度如何？能源消耗数据的公开、基于无线监测的能源消耗以及排位公示等，特别是对于公共建筑能耗、水耗的公开披露。例如我们曾发现上海一个公共建筑的能耗比同类建筑高出十倍，最终查找楼内有某个设备出现了故障。这些指标体系尤为重要，企业做起来不合算，也做不了。

再次是智慧人居。对每个建筑要预见性地进行监测和维护。比如数字化的家居怎样更安全？怎样进行有效的安保监管？怎么实现既万物联网又保护隐私？怎么做到保障居民健康，实现孤寡老人、贫困人口的健康监控？穷人、弱者应该是我们更多关照的。比如人工智慧的应用，日常需求的数字化管理，一键就可以搞定，可以对易耗件进行3D自动打印替换，为百姓生活添加光彩，且更易于获得喜爱、定制的老年病治疗等。

最后是智慧安全防灾。城市安全永远是第一位的，我们如何做到国际水准？如何做到基于数据分析的犯罪预防？如何做到警务预测？如何做到潜在风险的评估？这些问题都应该由无数次的虚拟演练来达到。这样一来，就能把城市安全与城市发展紧密地结合在一起，让安全、弹性、低风险的智慧系统与城市共同生存进化。

5 智慧城市综合级（3.0 版）的三个综合

一般性的智慧公共品奠定基础之后，就可考虑成长为综合性智慧城市，它是基于三个方面的综合。

第一，基于功能性的综合。中发［2015］37 号文件规定，涉及市容市貌的 26 项职能必须统一由新成立的住建部城市管理监督局负责。应该把环境市容监管、市场监管、综合卫生监管等城市表面的监管组合在一起，这种监管就是百姓日常看得见、摸得着的。这些监管不需要高端的技术，而是要数据化、智能化，让一切都可以公开，让一切都可以由民众监管，让一切错误产生了就立即改正。如此一来，就大大有利于政府的管理、服务和监管绩效的成倍提升。一般的公共品或利用 PPP 购买的公共品效用也随之升级。城市越现代化、专业化，合作会越复杂，城市越显示多样性和活力。现代城市永远是复杂多变的，复杂性将不断成长。但是应该把日益增长的复杂性处在有效的监管之下，防止出纰漏，防止形成灾害，要通过智慧系统的全面感知、大数据分析、公开评价，把老百姓感受到的一些服务，在管理层做到广覆盖、勤检查，而不仅是监督简单事件的应对方、实施方。通过大数据分析预测发生各类事件背后的规律、潜在的风险，从而实现对事态的发展进行预警控制。

政府管理职能上最容易出错误的传统思路是认为应该将所有的“专业保姆”都合并成一个“保姆”，这种想法是违反专业化内在的规律，违反世界科学发展的门类化、精细化、专业化、协同化的。现代城市专业化技术日益发展的同时，越来越多的专业间都可以更加协同合作。不管多少“保姆”，我们都可利用精细化管理网格把它们为民服务的成就和缺点“一网打尽”，并同时进行披露和考核。

第二，基于大数据的综合。我们看一下案例，“London Dashboard”是由政府支持，伦敦大学学院（UCL）高级空间分析中心（Center of Advanced Spatial Analysis）制作的基于伦敦市政府开放数据、能够高速体现并提供公众实时公共信息的平台。像这样的数据库就成为另一类被营造的数据环。在这种新的数据形成的过程当中，可以看到城市在大数据的“照妖镜”的照射下，所有问题就会显现出来。比如未来几年甚至更长远的时间，城市空间会有什么样的演变？这些演变对不同阶层生活和生产有什么样的影响？对老年人、弱者的生活质量有什么样的影响？比如许多城市发展致力于城市文化、科学、技术的创新，有利吸引人才在一个平台上聚合，促进城市的公共品类聚服务水平，提升优质智力源泉和创新灵感的涌现，这些都是智慧城市的创新。

第三，基于多维度的多功能融合。基于大数据、物联网和新功能的多重融合。例如芝加哥就建立了一个数据库——“芝加哥 AOT 传感器”项目，这就是基于大数据的新核心公共品。这些大数据公共品能帮助我们整合一切未来的市政管理、危机管理、灾害管理，包括不可预测的“黑天鹅”事件的应对等，都能够透过大数据分析进行综合的判断和预测，及时向市民提示。

雄关漫道真如铁，难在理智的“从头越”。城市若要将各类基础性智慧平台建设成长为无所不包的综合性智慧城市，就要从最基础的工程做起，把现实的世界与虚拟的世界紧密地结合起来、连接起来。在我们的视野中呈现的是真实的未来城市形态，上面的坐标都可以精确到毫米，这就是前景。我们所有的城市事件和应对方案都可以在虚拟城市中先进行模拟。过去常说社会是不可实验的，但是我们创建另一个虚拟的社会是可以通过多次实验改进的。

6 总结

现代城市管理的效率来自于无比复杂的专业化分工与合作，智慧城市是促进协调专业化的新手段。政府仅需将精力集中在“公共品”，应放手让企业提供“准公共品”和商用品；要明确 IT 设计师局限在工程层面上设计系统可行性，所以必须要由“城市问题的专家”来主导城市设计，双方进行长期、密切的合作，才能“有的放矢”。智慧城市顶层设计只能解决“确定性问题”，影响城市运行的 80% 以上是不确定事件。这些不确定的东西每时每刻都在发生和演化，好的智慧城市作为“人－机耦合系统”应具有足够的包容性、自适应性。能够与不确定事件共同演化，那就实现了智慧城市的自成长性，我们的城市才会拥有真正的智慧！

作者简介：**仇保兴**　国务院参事，国务院政府职能转变协调小组专家组副组长，国际水协（IWA）中国委员会主席，中国城市科学研究会理事长，同济大学、中国社会科学研究院兼职教授、博士生导师。

基于智慧城市的可持续城市空间发展模型总体架构*

The Overall Architecture of Sustainable Urban Spatial Development Model Based on the Construction of Smart Cities

曹阳　甄峰

摘　要　在智慧城市建设上升为国家战略的大背景下，以城市人口、经济、资源、环境等历史数据分析为基础的传统城市空间发展模型面临着数据来源与研究框架的革新。本文首先阐述了智慧城市与可持续发展理念产生的时代背景、概念内涵、相互关系，进而在梳理国内外可持续发展视角下的城市模型相关研究基础上，认为智慧城市建设为城市模型研究提供了更为精细、实时、全面的数据来源，拓宽了城市模型研究的时空尺度，并在城市系统运行模拟与仿真方面提供新的技术手段。本文从城市数据监测采集与互联共享、城市系统运行问题梳理与综合分析、城市空间发展模拟仿真与决策评估、城市空间发展规划体系 4 个层面尝试构建基于智慧城市的可持续城市空间发展模型总体架构，对于丰富城市可持续发展研究理论框架、指导智慧城市空间规划与建设实践具有重要意义。

关键词　信息技术；智慧城市；可持续发展；空间发展模型；大数据

城市是一个集约人口、科技、经济、文化的复杂空间地域系统，其特征主要表现在对土地资源的开发利用和对经济效益的集聚作用上，它的集约性、活跃性及先导性决定了可持续发展将是城市发展的重点（沈丽珍，2000）。1987 年，联合国环境与发展委员会在《我们共同的未来》一书中提出了可持续发展的概念（WCED，1987）。此后，学者们从资源角度（Onishi，1994；Walter，1994）、环境角度（Haughton，1994；Tjallingii，1995）、经济角度（Nijkamp，1994）、社会角度（Yiftachel，1993）对其内涵进行了深入的讨论。近年来，国外学者对城市可持续发展的概念已逐步达成共识，即在快速城市化的大背景下（Castells，1972，1982），系统性地统筹考虑城市环境、经济、社会 3 个层面的各项要素，提出一种可行的、粗粒度的空间规划与土地使用政策（Kasioumi，2011），以应对复杂城市问题带来的挑战（Hakkinen et al，2011）。国内学者（马武定，2000；孟峰，2000；张敬淦，2000）在此基础上进一步强调了城市的可持续发展必须是以人为中心，其目标是满足人的基本需要和提高人的生存质量。受制于数据获取与处理能力的不足，早期的可持续发

原载于《地理科学进展》2015 年第 34 卷第 4 期。
* 基金项目：国家自然科学基金项目（40971094）；教育部新世纪优秀人才支持计划项目。

展研究大多依赖静态历史统计数据对单一要素发展情况进行评价分析，缺乏从城市空间发展的角度对各要素发展情况进行实时动态反映与统筹协调。

信息技术的进步加速了知识、技术、人才、资金等的时空交换，改变着区域和城市的空间格局（秦萧 等，2013），也为城市可持续发展研究提供了新的视角。继 2000 年美国提出“精明增长”（smart growth）概念之后，IBM 于 2008 年提出了“智慧城市”这一理念，认为智慧城市意味着更透彻的感知、更全面的互联互通与更深入的智能化，进而引发了智慧城市建设的热潮。智慧城市是城市发展的高级形态，其本质是充分利用新一代信息与通信技术（information and communications technology，ICT）来解决城市出现的各类问题，从而提升城市发展质量（秦萧，2014）。智慧城市的建设是信息化、城市化不断向纵深发展的一个综合性表现，究其本质来说，不管是智慧城市建设还是新型城镇化建设，其最终目标都是为了实现城市的可持续发展。

2014 年，中共中央、国务院印发了《国家新型城镇化规划（2014—2020 年）》，明确强调将智慧城市作为提高城市可持续发展能力的重要手段与途径，需要通过智慧城市的建设从经济、社会、管理、技术、空间等不同角度来实现城市的可持续发展。那么如何理解这一发展理念，笔者认为，一要借助新一代信息与通信技术，通过建设城市地区数据和信息共享平台，保障城市地区数据和信息互联共享，促进城市的可持续协同发展；二要借助城市传感器对城市空间运行状况进行动态监测、预警和管理，提高城市空间运行效率；三要通过智慧城市应急处理平台，对城市突发问题及时分析解决，维护城市系统的健康高效运转；四要通过智慧空间规划实现城市要素的优化配置与城市空间的合理布局，促进土地集约节约使用，提高资源利用效率，实现城市空间的可持续发展。基于上述思考，通过梳理可持续发展视角下传统城市模型的研究现状及问题，找寻智慧城市建设与城市可持续发展研究的契合点，试图梳理出一条基于智慧城市的可持续城市空间发展研究新思路，对于丰富城市可持续发展研究理论框架，指导以可持续发展为最终目标的智慧城市空间规划与建设实践具有重要意义。

1　可持续发展视角下城市模型研究进展

城市模型是在对组成城市整体的各要素（人口、经济、资源、环境等）组织结构与运行机理深度分析的基础上，采用数学建模的方法对城市系统进行抽象与概化，是理解城市空间现象变化、对城市系统进行科学管理和规划的重要工具。有关城市模型的研究主要经历了一般概念模型、数学（或分析）模型和计算机模拟模型等几个阶段（龙瀛 等，2014）。已有的城市模型大多是从解决城市某项具体问题的角度去研究建构，而在可持续发展这一目标下，需要系统地考虑城市问题的综合应对与城市各要素的协调发展（Birkeland，2012），更加注重对城市模型间关系的梳理与有机合成。

1.1　传统城市发展模型研究现状

在城市空间可持续发展模型方面，早期的研究将其归类为复杂的社会经济模型，通过建立数学模型描述各要素之间关系（苏懋康，1991）。近年来，学者们分别基于决策支持系统开发模式（阮建军 等，2000）、耗散结构理论（方创琳，2000）、系统动力学方法（孙希华 等，1996；施国洪 等，2001）以及非线性多目标模型（魏一鸣 等，2002）等新方法对城市可持续模型的构建进行了尝试，模型分析结果用于对城市发展提供模拟预测与政策建议，取得了良好的效果。总的来说，虽然模型的研究方法不断革新，但由于模型数据多采用静态的城市经济、环境、人口等历史统计数据，数据类型不够丰富，难以将更多类型的城市要素统筹纳入到模型中加以考虑；同时，现有数据更新周期较长，难以满足可持续发展对城市运行趋势与空间优化调控效果的实时动态预测的需求。

与可持续发展模型相似，城市空间增长模型作为空间–时间模型（space-time model）中的一类，也用于解释城市空间要素之间内部相互作用规律与外部形态特征，同样强调其对城市空间各要素运行情况的实时分析与动态模拟。（陈睿　等，2007）根据建模所依据的主要空间增长理论以及是否考虑时间因素的作用，将城市空间增长模型划分为：①城市空间增长影响因素分析模型。该类模型分析结果可作为规划决策定性分析的理论支撑（Cheng et al，2003）。②城市空间增长准动态模型。该类模型由于未考虑时间因素，虽然可以对城市未来发展提供一定预测，但并不具有过程模拟的能力（Weber，2003）。③城市空间增长动态模型。该类模型根据其建模方法的不同，可细分为基于系统动力学的城市增长模型（Schweitzer，1998）和基于微观主体作用演变机制的城市增长模型（Wu，1996；周成虎　等，1999）。近年来，在理想模型无法深度解释某些城市具体问题的情况下，随着复杂系统理论的深入研究与应用，基于现代复杂系统科学以及空间经济学理论建立的城市空间增长模型，是对城市空间增长研究的最新探索。

随着信息技术的深入应用，大数据挖掘分析技术的不断革新，空间可视化手段的越发多样，城市空间增长模型的发展也面临着从宏观整体模型（aggregate model）向微观离散模型（dis-aggregate model）、二维静态表达向三维实时动态模拟、简单的城市变化描述向对城市问题深度分析的转变。而上述城市空间增长模型，大多数只考虑了某一类要素运行过程，或者某一种空间尺度（宏观、中观、微观），并且各个模型所约定的假设都并非精确定义（Page et al，2001），使得模型间缺乏整体架构和统一标准，难以相互衔接、组合。针对这种情况，系统分析并对城市空间增长模型的影响因素建立一套统一的指标体系，构建能适应更大范围、更多要素组合分析的空间模型，将是未来城市增长模型发展的一种可行思路。

1.2　智慧城市背景下城市模型的新发展

进入21世纪，随着信息技术的快速发展，互联网和智能手机、无线射频识别（RFID）标签、无线传感器、视频设备等智能终端设备每分每秒都在产生并传播海量的数据（甄峰　等，2015）。这样的“大数据”规模超大，类型丰富多样，通过传感网络（sensor networks）、社会化网络（social networks）、通信网络（communication networks）进行互联传输，并被网络终端设备收集与整理，使得获取大规模、高质量的城市要素运行实时数据成为可能。而这一类城市运行的实时数据又为我们从微观尺度描述与理解城市空间发展提供了一个新的视角，进而对城市发展精细的模拟预测与规划政策的动态评估提供新的手段，并为统筹各发展要素的城市发展模型提供了较大的机遇。主要表现在：大数据对应的个体及其空间位置和移动（如人的活动和移动）是城市模型的核心，能够反映人的活动进而推算其对城市空间的需求，能够覆盖大多数城市活动主体，且具有时间动态性（龙瀛　等，2014）。

智慧城市背景下的城市模型（特别是城市空间发展模型）研究的态势主要反映在以下几方面：①多学科研究方法的交叉与融合。城市可持续发展需要综合考虑人口、经济、资源、环境等多要素的协调统一，而信息技术的快速发展又为城市研究者提供了多源、异构、复杂的数据，这就需要综合计算机、数学、经济学、环境科学、地理信息科学等多学科相关研究方法的交叉和融合。②城市问题研究日趋破碎化。英国伦敦大学学院（UCL）高级空间分析中心（CASA）的巴蒂，在*Environment and Planning B*的Editorial中提及这点（Batty，2012）。由于大数据具有尺度精细、内容聚焦等特点，使得城市研究越发侧重于分析城市运行的具体问题，而如何从这些具体问题出发，基于系统的视角找寻问题导向的城市模型之间的逻辑关系和组织结构，进行综合分析城市发展，是城市可持续发展模型研究持续关注的重点。③城市模型对城市发展的评估、模拟、预测能力大大增强。一方面，信息技术为城市可持续发展模型影响因素的指标体系构建提供了更多维度、更深层次的数据支撑；另一方面，源源不断的城市运行数据应用于城市模型参数的实时拟合与修正，提高了模型分析预测的精度。此外，将虚拟现实技术（VR）以及 GIS 可视化技术与城市实时数据进行深度结合，加上城市可持续发展模型的有力支撑，将其综合应用于对城市运行状况的模拟仿真，以期为城市规划方案的制定与城市重大工程的决策部署提供更为直观有力的依据。

2　基于智慧城市的可持续城市空间发展模型目标、原则及框架

智慧城市建设作为中国推进新型城镇化与可持续发展的有力抓手，在为城市空间研究提供海量数据支撑的同时，也促进了城市空间规划方法体系的变革。从模型构建的目标、原则、架构 3 个方面入手，阐述以城市运行数据整合与分析为基础，以城市问题梳理与解决为导向，以城市要素运行状况模拟与评估为手段，以城市空间发展规划为目标的城市空间发展模型总体架构，以期丰富原有理论框架并为后续研究打下基础。

2.1　模型构建目标

本文提出的基于智慧城市的可持续城市空间发展模型，充分吸收整合了传统城市可持续发展模型、城市空间发展模型以及城市模拟仿真模型等理念，以城市运行数据整合与分析为核心，以解决城市问题为导向，在反映城市形态、结构变化本质的土地空间扩张规律的基础上，通过对城市要素运行数据的动态监测、分析、整合与利用，实现对产业、交通、社区、文化、生态等城市各要素资源运行情况的动态模拟与协同配置。主要实现以下 3 个目标：一是监测与评价城市运行与发展状况；二是优化空间布局与资源配置；三是提供智慧化的城市空间规划方法。重点通过对各要素运行过程中产生的大数据（位置数据、文本数据、图像数据、视频数据等）的挖掘与分析，评价城市空间发展质量与土地利用实际效率，预测未来空间增长趋势和规模，进而对城市空间结构与基础设施进行优化调整与科学布局，以期辅助城市空间的规划、建设与运营全过程。

2.2　模型构建原则

2.2.1　以人为主体统筹考虑影响城市发展的各要素系统

城市的可持续发展关系到资源、经济、社会等方面的协调发展，因而在模型的构建中需要将各城市子系统都纳入进来统筹考虑。与此同时，人作为城市物流、经济流、信息流等要素流动的承载者，在城市可持续发展中起到主体与纽带的作用，因此需要围绕以人为本的发展理念，有机整合城市各要素系统，共同支撑城市可持续发展。

2.2.2　以城市运行数据整合与分析为基础，以解决城市问题为导向

模型构建的目的不仅是对城市未来空间发展趋势的模拟与预测，更重要的是对当前城市发展过程中出现的具体问题进行协同分析与有效应对。智慧城市的建设为我们提供了一个可以全面获取城市运行数据的契机。因此，模型将遵循以城市运行数据的有机整合与深度挖掘为基础，通过模拟预测与分析研判为发现与解决城市问题服务。

2.2.3　遵循可持续发展理念进行城市空间的评价、预测与规划

城市的可持续发展通过对城市系统结构与功能的调整、重组与优化，使城市能量流、物质流与信息流得以永续利用和协调统一。因此，模型的构建需要围绕这一理念构建城市空间发展规划体系，从城市空间发展的战略制定、综

合评价、规模预测、优化布局等方向展开，这既是模型的目标，也是模型构建的落脚点。

2.3 模型总体框架

总体来看，本文所描述的基于智慧城市的可持续城市空间发展模型（图 1），是在对城市空间发展规律进行系统研究和梳理的基础上，通过对城市现状运行数据与历史数据的深度分析，发现、梳理并解决城市运行过程中存在的问题，进而通过可视化手段对城市运行现状与发展趋势进行模拟仿真，为城市空间规划过程中发展战略制定、发展现状评价、发展规模预测与空间协调布局提供辅助决策与政策评估等服务。具体分为以下 4 个层面。

2.3.1 城市数据监测采集与互联共享

城市数据作为整个模型建立的基础，其完备性与精细程度将直接影响模型分析与模拟的效果。以数据分析为核心的智慧城市空间发展模型，一方面充分利用传感器、物联网等信息技术手段，对城市居民行为数据、交通数据、环境气象数据、视频监控数据、能源设施数据、经济统计数据等进行采集、过滤、整合；另一方面通过构建数据互联共享平台，采用共享交换的方式促进各部门、各行业数据的流通，并构建城市专题要素数据库、历史资料数据库与地理信息数据库，对各类数据进行分类组织与有效管理，进而为模型中城市问题分析、城市发展模拟与要素空间布局等功能提供数据支撑。需要注意的是，模型在对城市运行的动态实时数据进行挖掘的同时，也需将包括统计数据在内的静态历史数据与之关联起来加以分析，综合两者的特点与优势，进而更好为空间规划决策服务。

2.3.2 城市运行问题梳理与综合分析

通过建立城市空间要素运行模型库（图 1），对接城市各要素系统运行数据，从城市公共安全、交通运输管理、社区发展、资源承载调控、污染控制、社会资源优化、基础设施调控、经济发展等 8 个方面建立子模型，从而简化模拟各要素系统运行状态。具体来说，首先需要构建一套城市要素运行状况的量化评价标准，通过拆解细分各要素运行过程选择适合的定量分析模型，并予以有机整合；进而通过城市海量运行数据的支撑，充分考虑模型运行过程中各影响因素，通过反复拟合优化模型最终实现对城市系统运行情况的精确反演与精细模拟。与此同时，通过对城市公共服务、运行效率、社会治理、生态环境 4 个方面存在的城市系统运行问题进行深度剖析，将其拆解为各领域的子问题对应到要素运行模型中，进行现象模拟与问题重现，进而采用空间分析、关联分析、专家决策等方法有针对性地提出解决方案，最终通过对问题逻辑的梳理，综合各行业专家意见，将解决方案进行有机整合形成最终的综合方案。城市系统运行过程中存在的问题往往是多要素综合影响的结果，基于智慧城市海量数据的支撑，通过模型模拟与专家决策等方式将问题进行梳理拆解、量化分析、有机整合，从而为解决复杂城市问题提供了一条可行的工作路线。

2.3.3 城市空间发展模拟仿真与决策评估

在对城市运行数据采集、存储和分析的基础上，通过 GIS 空间可视化、虚拟现实等可视化手段，对城市空间要素运行状况进行模拟仿真，并结合城市开发建设规模、强度和人口密度状况对城市要素运行状况进行评估和分析，进而为城市土地、建设工程、能源、食品、技术、社会服务等要素的优化配置提供辅助决策支持。同时，与包括城市人口、社会、经济等在内的各个方面的信息展开交互，从而有效还原城市空间形态，并对城市空间发展趋势进行多方案的模拟和比较，为规划师编制规划以及城市管理者进行规划管理提供信息服务。同时，对不同的城市空间发展政策的实施情况及其空间影响进行仿真模拟，根据模拟结果对城市发展政策的优劣进行评估，并从城市可持续发展的角度对城市内在的运行机制和发展政策实施干预，提升城市协调发展能力，提高城市规划和管理决策的科学性。

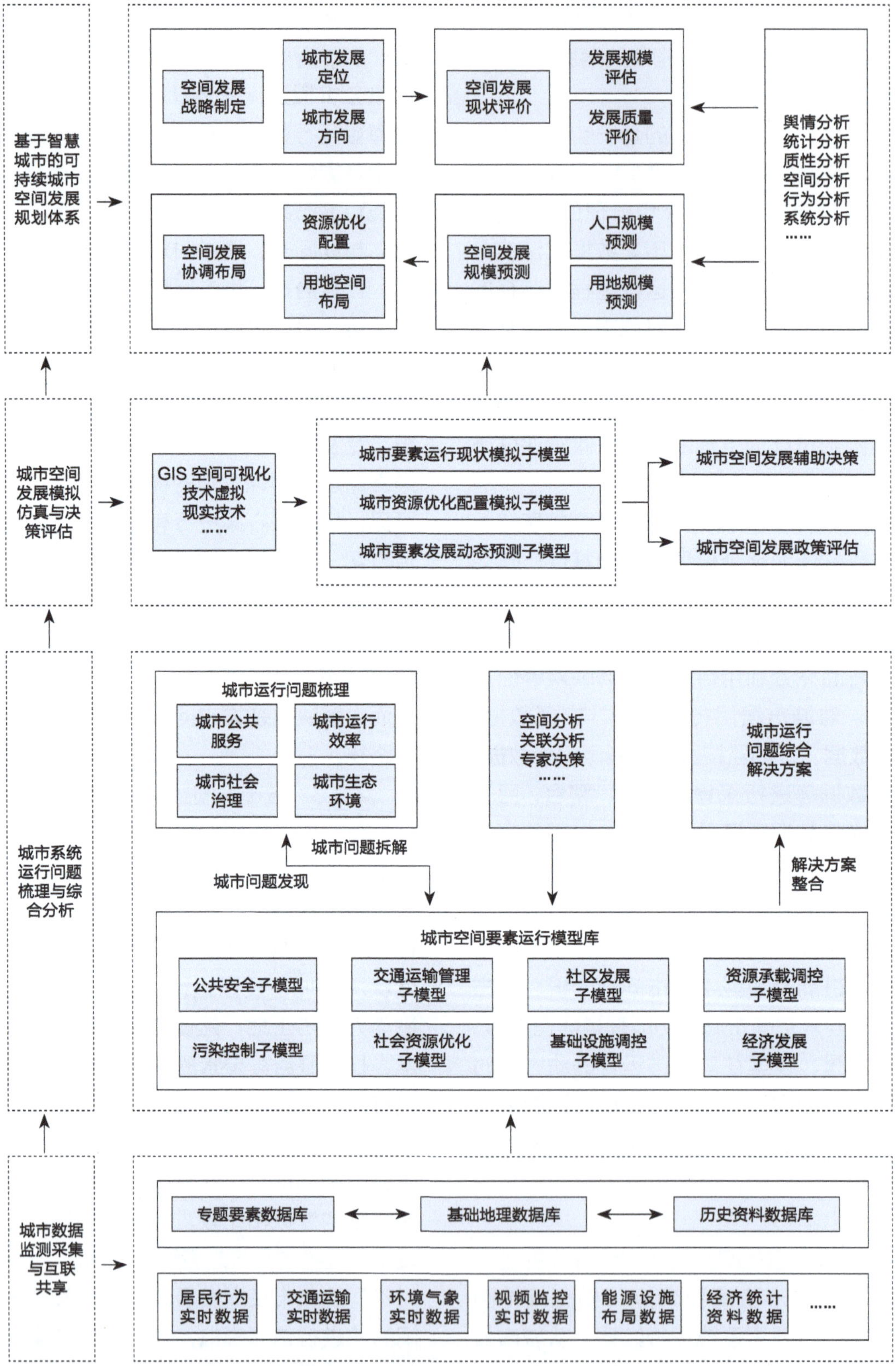

图 1　基于智慧城市的可持续城市空间发展模型总体架构

Fig.1 The overall architecture of sustainable urban spatial development model based on the construction of smart cities

2.3.4　基于智慧城市的可持续城市空间发展规划体系

智慧城市空间规划作为城市可持续发展目标空间落实的核心环节，智慧城市发展的每一个目标最终都需通过对空间资源的分配与布局去实现（甄峰　等，2014）。城市空间发展规划体系的构建目标也是基于对城市经济与社会发展战略目标的构建与落实，通过适度的城市规模、合理的城市布局与良好的城市环境来提升城市质量与居民的幸福感，从而增强城市功能，促进城市社会经济的全面协调发展，这一点与城市可持续发展的理念不谋而合。此外，智慧城市的建设也催生了一大批以海量数据挖掘为基础的城市空间研究方法的出现。传统的以城市人口、经济、环境等历史统计数据分析为基础的城市空间规划也面临着数据来源与研究架构的革新。智慧城市空间规划体系总的来说是在对城市海量运行数据挖掘分析的基础上，通过对城市问题的深度分析与城市空间发展情况的动态模拟，充分利用舆情分析、统计分析、空间分析、系统分析等方法，对城市用地布局进行优化调整，并对城市资源进行动态配置。具体来说：①在空间发展战略制定方面，通过对城市各要素发展状况的实时跟踪和动态预测，推测城市发展的大致方向与总体定位；②在空间发展现状评价方面，通过构建评价指标体系配合对城市空间发展政策的有效评估，从而实现对城市发展质量的动态评价；③在空间发展规模预测方面，通过对城市人口与用地规模数据的及时更新，从而提高城市空间发展规模的预测进度；④在空间发展协调布局方面，通过对不同场景下城市资源配置与用地结构布局可能的情景进行精细模拟，进而为规划编制人员进行决策分析提供有力参考。

3　结论与展望

信息技术的进步及其在社会经济领域的全面应用，推动了数字城市向智慧城市建设的战略转向，进而对区域与城市产业发展转型和绿色、创新性经济发展，以及企业、居民的行为活动产生革命性的影响。同时，信息技术广泛应用于城市基础设施、公共事业领域，有利于优化城市空间组织、提升城市管理与运行效率、降低能源资源消耗、改善生态环境质量，进而促进城市的绿色低碳与可持续发展（Caragliu et al，2011）。如今，新一代信息技术及其应用正成为国家、区域、城市发展与变化的重要推动力，智慧城市也成为国家和地方推进新型城镇化、促进可持续发展的重要战略选择。在这样的背景下，需要重新审视信息技术对城市社会、经济、环境、空间和政策方面可持续发展的作用。因此，需要在地理学综合分析及空间研究的基础上，借鉴并整合相关学科的理论与方法，系统分析信息技术对城市空间影响的要素、过程与机制，发挥并不断增强地理学解决理论创新和实际问题的能力，从而为实现可持续发展这一终极目标服务。

本文在对国内外相关研究梳理的基础上，主要从理论层面探讨了基于智慧城市的可持续城市空间发展模型构建的目标、原则，并构建了指导后期进一步深入研究的框架体系。但是，可持续发展问题是一个协调各类城市要素的大问题，如何在现有架构内深入探究城市各要素子模型之间内在联系机制与组织结构，量化各子模型的评价指标将成为未来智慧城市空间发展模型深入研究的一个方向。同时，如何挖掘信息技术作用下的城市活动、环境和空间的多维度时空特征，借助 GIS 技术进行城市空间模拟分析与可视化表达，也将成为城市模型研究的难点。此外，探索以居民活动空间和流动空间模拟为主的城市空间规划决策支撑系统，构建面向政府、企业和市民的城市信息共享平台，也是今后智慧城市空间发展模型研究与应用的一个重要方向。

作者简介：曹　阳　南京大学建筑与城市规划学院博士研究生；
甄　峰　南京大学建筑与城市规划学院教授、博士生导师。

参考文献

[1] 陈睿，吕斌．城市空间增长模型研究的趋势、类型与方法 [J]. 经济地理，2007, 27(2): 240-244, 260.
[2] 方创琳．区域发展规划的人地系统动力学基础 [J]. 地学前缘，2000, 7(S2): 5- 10.
[3] 龙瀛，茅明睿，毛其智．大数据时代的精细化城市模拟：方法、数据和案例 [J]. 人文地理，2014, 29(3): 7-13.
[4] 马武定．城市化与城市可持续发展的基本问题 [J]. 城市规划汇刊，2000 (2): 30-34.
[5] 孟峰．城市规模与城市可持续发展 [J]. 城市开发，2000 (2): 25-27.
[6] 秦萧，甄峰．大数据时代智慧城市空间规划方法探讨 [J]. 现代城市研究，2014 (10): 18-24.
[7] 秦萧，甄峰，熊丽芳，等．大数据时代城市时空间行为研究方法 [J]. 地理科学进展，2013, 32(9): 1352-1361.
[8] 阮建军，李立辉．广州市可持续发展决策模拟系统总体结构 [J]. 农业技术经济，2000 (2): 6-8.
[9] 沈丽珍．资源短缺下我国城市可持续发展的几点思考 [J]. 武汉城市建设学院学报，2000, 17(3): 49-52.
[10] 施国洪，朱敏．系统动力学方法在环境经济学中的应用 [J]. 系统工程理论与实践，2001(12): 104-110.
[11] 苏懋康．系统动力学原理及应用 [M]. 上海：上海交通大学出版社，1991.
[12] 孙希华，高志强．济南可持续发展对策研究系统动力学模型 [J]. 山东师大学报：自然科学版，1996, 11(1): 65- 69.
[13] 魏一鸣，曾嵘，范英，等．北京市人口、资源、环境与经济协调发展的多目标规划模型 [J]. 系统工程理论与实践，2002, (2): 74- 83.
[14] 张敬淦．北京城市可持续发展 [J]. 北京联合大学学报，2000, 14(1): 13-16.
[15] 甄峰，秦萧．大数据在智慧城市研究与规划中的应用 [J]. 国际城市规划，2014, 29(6): 44-50.
[16] 甄峰，秦萧，席广亮．信息时代的地理学与人文地理学创新 [J]. 地理科学，2015, 35(1): 11- 18.
[17] 周成虎，孙战利，谢一春．地理元胞自动机研究 [M]. 北京：科学出版社，1999.
[18] Batty M. Smart cities, big data[J]. Environment and Planning B, 2012, 39(2): 191-193.
[19] Birkeland J. Design blindness in sustainable development: from closed to open systems design thinking[J]. Journal of Urban Design, 2012, 17(2): 163-187.
[20] Caragliu A, Bo C, Nijkamp P. Smart cities in Europe[J]. Journal of Urban Technology, 2011, 18(2): 65-82.
[21] Castells M. Urban renewal and social conflict in Paris [J]. Social Science Information, 1972, 11(2): 93-124.
[22] Castells M. Planning and social change: introduction[J]. Journal of Planning Education Research, 1982, 2(1): 3-4.
[23] Cheng J Q, Masser I. Urban growth pattern modeling: a case study of Wuhan City, P.R.China[J]. Landscape and Urban Planning, 2003, 62(4): 199-217.
[24] Hakkinen T, Belloni K. Barriers and drivers for sustainable building[J]. Building Research and Information, 2011, 39 (3): 239-255.
[25] Haughton F, Hunter C. Sustainable cities[M]. London: Jessiea Kingley Publishers, 1994.
[26] Kasioumi E. Sustainable Urbanism: vision and planning process through an examination of two model neighborhood developments[J]. Berkeley Planning Journal, 2011, 24: 91-114.
[27] Nijkamp P. Sustainable cites in European: a comparative analysis of Urban energy-environment policies[M]. London: Earthscan, 1994.
[28] Onishi T. A capacity approach for sustainable Urban development: an empirical study[J]. Regional Studies, 1994, 28 (1): 39-51.
[29] Page M, Parisel C, Pumain D, et al. Knowledge-based simulation of settlement systems[J]. Computers, Environment and Urban Systems, 2001, 25(2): 167-193.
[30] Schweitzer F, Steinbrink J. Estimation of megacity growth, simple rules versus complex phenomena[J]. Applied Geography, 1998, 18(1): 69-81.
[31] Tjallingii S P. Ecopolis: strategies for ecologically sound Urban development[M]. Leiden: Backups Publishers, 1995.
[32] Walter B, Arkin L, Crenshaw RW. Sustainable cities: concepts and strategies for eco-city development[M]. Los Angeles: Eco-Home Media Publisher, 1992.

[33] WCED. Our common future: report of the world commission on environment and development[R]. Oxford: Oxford University Press, 1987.

[34] Weber C. Interaction model application for Urban planning[J]. Landscape and Urban Planning, 2003, 63(1): 49-60.

[35] WU F L. A linguistic cellular automata simulation approach for sustainable land development in a fast growing region[J]. Computers, Environment and Urban Systems, 1996, 20(6): 367-387.

[36] Yiftachel O, Hedgcock D. Urban social sustainability: the planning of an Australian city[J]. Cities, 1993, 3(5): 139- 157.

智慧社会下的城市地理学研究
——基于居民活动的视角 *

Urban Geography Research in the E-Society — A Perspective from Human Activity

王波　卢佩莹　甄峰

摘　要　智慧社会下，信息通信技术已经渗透到居民日常生活中各个方面的网络/实体活动经历，这是理解智慧社会发展的核心。同时，虚拟–实体空间关系、网络–实体活动关系及其对城市地域空间重构与演化的影响一直得到城市地理学者的广泛关注。在综述已有居民活动时空研究的基础上，指出智慧社会下居民网络–实体活动的关系已经超越简单的替代–促进二元关系，而承载网络与实体活动的虚拟与实体空间也相互交织影响，挑战对实体空间中地方与移动性的理解，并重构虚拟空间中的秩序和规律，丰富智慧社会下城市地理学的研究问题。超越技术决定论与基于技术决定论的虚实空间二元论的讨论范畴，更能反映城市地理学在智慧社会发展话语体系中的地位。与发达国家不同，中国同时经历着快速的信息化与城镇化，对居民网络/实体活动组织及虚拟–实体空间关系的研究不仅提供了新的案例与理论贡献，而且为城镇化的可持续发展提供实践策略。

关键词　智慧社会；网络活动；实体活动；虚实空间二元论；技术决定论

2000 年，八国集团（Group of Eight，G8）在日本冲绳发布的《全球信息社会冲绳宪章》中指出，信息与通信技术（information and communications technology，ICT）是塑造 21 世纪社会经济发展"最强大"的动力之一。自 20 世纪 90 年代以来，以互联网为代表的 ICT 在全球范围内快速发展。特别是随着以智能手机、Pad 等小型移动通信设备的普及，以及以 3G/4G/5G 网络、WIFI 等信息网络发展，移动信息化（mobile informatization）代表 ICT 发展的新趋势[1]。在这一新趋势下，人们可以随时、随地连接互联网，并促进了网络办公、网络购物、网络金融、网络政务、网络社交等一系列网络活动（e-activities）的普及与应用。与实体活动相对应，网络活动指借助 ICT 在虚拟空间中信息获取/处理的相关活动。当前，ICT 已经融入绝大部分居民日常生活的各个方面，智慧社会（e-society）已经到来并快速发展[2]。作为生活和工作在科技创新中心的城市居民，在智慧社会下，ICT 的发展将进一步深入影响他们的日常生活[3, 4]，并重构城市与区域的空间组织与发展[5–12]。作为以人地关系为核心的地理学研究，不少城市地理学者从城市地域空间结构变化的视角探讨了 ICT 发

原载于《地理研究》2018 年第 37 卷第 10 期。
* 基金项目：国家自然科学基金项目（41571146，416711540）。

展给居民生活带来的影响。但无论是从整体学术研究，还是新闻媒体或政府报告来看，城市地理学者在智慧社会发展及其影响的讨论中仍然处于话语权的边缘地位，缺少对学术研究方向与政府政策制定的足够影响力[8]。

近20年来，城市地理学者一直都在回应“地理的死亡/终结”观点，探讨ICT是促进集聚还是扩散、城市集聚优势是增强还是弱化的问题[13, 14]。这些研究展现了实体地域内制度、文化、社会等要素是如何影响虚拟空间中的物质要素与技术扩散，空间集聚和路径依赖特征，回应了智慧社会发展中地理重要性的怀疑[15, 16]。追根溯源，这一怀疑的根源在于整体学术研究或新闻媒体中，对智慧社会的理解过于局限在技术范畴，并将智慧社会发展等同于ICT的不断突破。在技术决定论的影响下，智慧社会的发展及其影响被认为普遍存在，不因人因地而异，从而导致虚拟空间与实体空间的二元划分体系。在虚实空间二元论中，虚拟空间与实体空间被认为是相互独立的[17, 18]；虚拟空间被抽象得阐述为一个容纳（在实体空间中）“无形”物质要素的空间[7, 8, 17]，与实体空间是相互分离的[17, 18]。因此，对注重有形物质要素空间布局的地理学研究，虚拟空间发展似乎已经超越了地理学的研究范畴。但是，也有部分国内外地理学者通过对互联网基础设施、互联网网站、互联网协议地址以及互联网用户等虚拟空间要素的实体空间布局研究①，探讨实体空间中的距离衰减、集聚/分散、极化/均衡效应是否仍然在虚拟空间中作用[19–28]。值得肯定的是，这些研究反映了地理学者在探讨虚拟空间与实体空间关系上的突破，将虚拟空间中的要素纳入到地理学研究的范畴，呼吁虚拟空间与实体空间是不可分离的。但是，已有研究议题仍大多聚焦在对ICT是否会导致空间集聚与极化效应的消失（或降低），从而带来城市集聚优势的降低–增强这一线性式（非此即彼）的探讨[13, 14]。需要指出的是，随着智慧社会的快速发展，越来越多的居民活动时空间研究发现，现代生活中的网络活动与实体活动已经交织在一起，网络–实体活动的关系较替代–促进更为复杂[1, 2, 29, 30]。而作为承载居民网络与实体活动的虚拟与实体空间之间相互作用，给城市地域空间演化带来更多元的影响，并为城市地理学研究带来了更丰富的研究议题。

基于此，本文首先强调对智慧社会的理解应当超越技术范畴，转而重视ICT对个人和社会的影响。并且，这些影响已经反映在居民日常生活中，包括社会、经济、政务等各个方面的网络/实体活动中。其次，在人本主义思潮下，城市空间的研究视角逐渐从物质、经济要素转向对人的关注[31, 32]，居民的时空间行为研究开始兴起[33–35]。作为虚拟/实体空间的相互关系媒介，居民网络/实体活动经历是智慧社会下城市地理学研究的重要切入点之一[32, 35]。进一步，综述网络活动与实体活动的研究进展，指出智慧社会下，网络活动与实体活动早已超越了简单的替代–促进二元关系，从而导致虚拟空间与实体空间的复杂关系。因此，智慧社会下的城市地理学研究应当超越基于技术决定论的虚实空间二元论讨论范畴，从居民活动的视角更加全面地探讨智慧社会下城市地域空间的重构与演化，进一步凸显城市地理学在智慧社会发展及其影响研究中的价值。选取现代城市生活中的三个主要方面（即：家、工作地、交通），阐述虚拟空间中的网络活动是如何影响到实体空间中的地方与移动性理解，以及这一影响及虚拟空间的实体特征。不同于发达国家，中国当前正在同时经历快速的城镇化与信息化[4]，居民在虚拟/虚拟空间中的网络/实体活动更加复杂与独特。在最后的总结与讨论中，强调智慧社会下的中国城市地理研究无论是在

① 这类研究也被称为信息地理学（Information Geography 或 Cybergeography）。

理论探讨还是城镇化实践上都具有特殊的意义；而当前蓬勃发展的“大数据”与传统的“小数据”也为这类研究提供了数据上的支撑[36, 37]。

1 理解智慧社会：超越技术范畴

智慧社会的快速发展，受到政府、公共组织、商业、科研界的广泛关注。这其中，一个共同的意识是构建一个完整的分析框架去理解和评估地方（国家、区域、城市）的智慧社会发展进程，从而引导政府制定合理的政策，保证智慧社会的发展能够惠及每个人[38]。在国际电信联盟（International Telecommunication Union，ITU）2003 年的日内瓦行动计划与 2005 年的突尼斯议程报告中，都强调要在全球范围内推动各个国家 / 地区智慧社会发展的评估工作，从而为各个国家 / 地区的智慧社会发展提供指引。在这一背景下，ITU 与经济合作与发展组织（Organization for Economic Co-operation and Development，OECD）每年都会发布对全球以及各个国家 / 地区智慧社会发展评估的权威报告②。但从评估指标体系来看，无论 ITU 还是 OECD 的评估报告都仅仅关注 ICT 基础设施及普及度，呈现出浓厚的技术关注与取向。以 ITU 的“Measuring the Information Society”为例，评估指标体系包含以下三大块：① ICT 基础设施与获取，例如每百人固定电话 / 移动电话数、国际固定宽带、家庭电脑数量、家庭网络连接比例等指标；② ICT 使用：互联网用户数、固定 / 移动宽带用户数等指标；③ ICT 使用技巧和能力：成人识字率、高等大专 / 大学录取率等指标[39]。虽然这些指标捕捉了 ICT 技术的进步以及其如何被更广泛的人群使用，但忽视了 ICT 是如何影响到个人和社会的各个方面。

显然，智慧社会的发展并不是一蹴而就，而是一个在多个方面螺旋式共同发展的过程；ICT 的发展仅仅是其中一部分[2]。社会作为人的集合，是人们相互关系的集合。智慧社会最核心的特征是 ICT 在居民日常生活中各个方面的应用以及这些应用如何影响到个人和整体社会的社会、经济、政治发展。总体来看，这些应用恰恰体现在为满足各类社会、经济、政治需求的居民网络 / 实体活动中[4]。随着智慧社会的持续发展，ICT 将逐步融入居民日常生活中的各类活动组织中[29]。因此，对智慧社会的理解应该超越简单的技术范畴，在关注 ICT 发展的同时，侧重 ICT 对个人和社会的影响分析（图 1）。首先，ICT 的发展为个人提供了价格更加合理、使用更加便捷的相关硬件设备和软件服务，促进信息在虚拟空间中获取 / 传递 / 处理的高效性，并赋予社会中不同社会经济属性的个体使用 ICT 的需求和权益，从而

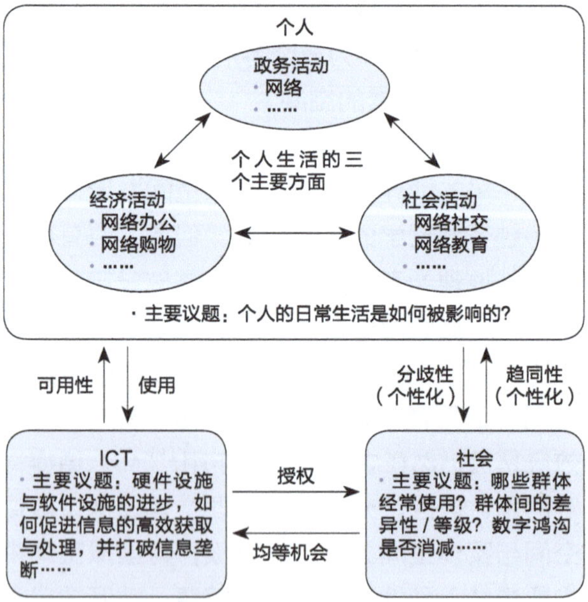

图 1 智慧社会发展的分析框架
Fig.1 The conceptual of the progress of e-development
注：基于 Loo 等[4]修订。

② 自 2009 年开始，ITU 每年发布“Measuring the Information Society”；自 2011 年起，OECD 每年发布“Guide for Measuring the Information Society”。

打破信息垄断。这将逐步影响个人获取/处理信息方式的选择，便利和推动各类网络活动在居民日常生活中的开展。其次，对个人而言，日常生活主要涉及社会、经济、政务三个相互影响的方面。而对于每一个方面，都有相对应的网络活动。例如，在经济方面，有网络办公、网络购物、网络金融等；在社会方面，有网络社交、网络教育、网络医疗等；在政务方面，有网络政务信息公开、咨询与处理等。而随着各类网络活动的流行与普及，又会增进个人对ICT的发展期望。最后，由于个人的差异性（生活方式、社会经济属性、心态的不同），社会中的个人使用ICT以及开展网络活动的具体选择也不尽相同。当前，越来越多的研究或报告表明，社会中的个人在ICT的拥有和使用上并不均等，"数字鸿沟"仍然是当前各个国家/地区智慧社会发展面临的最大挑战之一[40, 41]。而随着网络活动的更加普及对人们日常生活各个方面影响的加大，信息获取及网络活动参与的不平等及将进一步扩大社会中个体的差异，使得智慧社会的发展并没有惠及更多人群[42]。但同时也应该认识到，随着某类网络活动的大规模普及，将促使越来越多的个人选择该类网络活动（例如：微信、滴滴打车），从而推动社会中更多的个体主动/被动地去适应智慧社会的发展。

由此可见，智慧社会绝不仅仅指代ICT，智慧社会的发展也并不等同于ICT的进步及其普及。相反，ICT的发展与个人、社会相互影响。智慧社会的进步反映在ICT、个人与社会三个方面的螺旋式发展过程中[2, 4]。因此，对智慧社会的理解应该超越技术决定论。正如不少反对技术决定论的学者所指出，即使是在相似的技术条件下，由于个人和社会的差异，社会的发展进程也会各不相同[43, 44]。智慧社会下，随着ICT的快速发展，各类网络活动层出不穷，并在居民的日常生活和社会的发展中扮演着更加重要的角色[29, 30, 45]。因此，对居民网络/实体活动的研究，是理解智慧社会及其发展的重要方面。城市地理学研究一直关注居民活动空间规律，特别是近年来网络活动对实体活动及实体空间发展的影响[46–48]。因此，从居民活动的视角来看，城市地理学在智慧社会的发展及其影响研究中理应占据重要的位置。

2 超越虚实空间二元论的智慧社会城市地理学研究：基于居民活动的视角

基于居民活动视角，更加全面地思辨虚拟–实体空间关系，是彰显城市地理学研究在智慧社会发展及其影响研究价值的一个重要方面。本节回顾网络活动与实体活动之间关系的相关研究，指出随着智慧社会的发展，两者的关系已经超越简单的替代–促进二元关系，而是呈现出更加复杂的相互作用关系。此外，承载居民网络与实体活动的虚拟与实体空间也相互交织影响，挑战着我们对实体空间中地方与移动性的理解，并重构虚拟空间中的秩序和规律，丰富智慧社会下城市地理学的研究问题。

2.1 网络活动与实体活动关系的思辨

受基于技术决定论的虚实空间二元论影响，虚拟空间中的网络活动与实体空间中的实体活动也被长期认为是相互独立的，两者的关系被线性式地假设为替代–促进关系[45, 49, 50]。大量的研究关注网络活动能否或多大程度上能够替代实体活动，从而降低城市中心的吸引力和减少相对应的交通出行[51–55]。例如，网络购物是否会替代实体购物，从而减少市中心实体购物场所的需求和相对应的购物出行；网络购物是否会促进更多的实体购物需求，从而增进市中心实体购物场所的吸引力和相对应的购物出行[53–55]。

但是，在智慧社会下，越来越多的近期研究证据表明，网络活动与实体活动的关系相较于简单的替代–促进关系更加复杂[1, 29, 45, 56, 57]。除了替代与促进关系，学者们还归纳出改变与中性等其他两种关系[30, 45]。其中，改变指网络活动的出现对活动顺序、时间和地点的一系列变化；中性则指网络活动的出现对居民日常活动组织几乎没有影响。但从已有研究结论的归纳来看，网络活动与实体活动间长远意义上的相互关系仍然难以定论，特别是随着智慧社会的不断发展（体现在ICT技术的不断进步与对个人和社会影响的加大）[45]。此外，少部分学者跳出对网络活动与实体活动两者线性关系的讨论，开始思考居民网络/实体活动、时间、空间之间的复杂关系。一方面是活动的破碎化，借助ICT，活动被拆分成细小的环节，并按新的次序在不同的时间与地点开展[58–60]；另一方面是多任务，借助ICT，多个活动被允许同时进行[61, 62]。因此，智慧社会下居民的日常生活已经由网络活动与实体活动在时空维度上交织在一起，甚至难以严格区分网络活动与实体活动的时空维度。基于此，虚拟空间与实体空间的关系也不再是简单的相互独立关系，而是呈现在居民的网络活动与实体活动的复杂关系中。

2.2 虚拟空间与实体空间关系的思辨

Kellerman在对互联网的地理学阐述讨论中，特别强调“指令空间”（action space）的概念，指出互联网用户在电脑/手机等界面的操作联系了互联网/虚拟空间与实体空间[9]。甄峰提出“灰空间”的概念，作为虚拟空间与实体空间相互影响与融合形成的过渡性空间[63]。总体来看，两者均强调在虚拟空间与实体空间的相互作用中存在着重要的主体——人（互联网用户）。更进一步看，可以认为互联网用户的网络活动与实体活动是虚拟空间与实体空间相互作用的媒介[9, 63]。智慧社会下居民的日常生活，实体活动与网络活动、时空同步与时空异步相互交织，导致实体空间与虚拟空间的复杂相互作用关系，从而超越实体空间与虚拟空间非此即彼的二元关系，给城市与区域空间组织带来更多元的影响。本节选取现代城市生活中的三个主要方面（即：家、工作地、交通），展示基于居民网络/实体活动的虚拟空间与实体空间的相互作用是如何影响实体空间中的地方与移动性以及这一影响及虚拟空间的实体特征。

2.2.1 实体空间中的地方与移动性

相比较实体空间中的实体活动，虚拟空间中的网络活动面临更小的约束，并不再局限于特定的时间和地点[1]。在互联网的接入下，一系列网络活动几乎可以在任何地方任何时间进行，从而导致活动与活动空间的分离[29]，并挑战了城市地理学对地方与移动性的传统理解。

在地理学研究中，地方的内涵基于其空间范围内的主要活动内容[64]。Harris等指出城市的本质体现在城市土地利用结构及其所对应的活动功能[65]。例如，商业区、工业区、居住区与交通基础设施分别对应了就业、居住与交通活动。基于地方与活动的对应关系，依据活动空间的合理组织来规划土地利用结构也是现代城市规划的基石[66]。但在智慧社会下，虚拟空间中的网络活动正在改变基于静态/固定的地方与活动间的对应关系。如图2所示，由于居民可以随时随地开展网络活动，从活动内容看，地方的内涵可能呈现出综合化的趋势[67]。例如，家在传统的城市地理学研究中一直被理解为维系家庭关系的居住空间[68]。但随着越来越多的家庭装备ICT，家中的一系列网络活动正在改变着居民对家这一空间的利用，从而改变对家的理解[69]。例如，在家网络办公或网络购物使得家有可能成为一个替代性的办公场所或购物场所，甚至发展为一个多功能的地方[69, 70]。同时，由于地方的功能多元化，又可能进一步带来城市内部功能区之间边界的模糊[67]。例如，随着家可能发展为替代性的购物场所（在当前ICT支持下，从查询和比较商品信息—交易支付—取货，整个购物过程都可以在家完成），可能导致居住区和商业区之间功能差异的缩小。因此，可以认为智慧社会下虚拟空间中的网络活动突破了实体空间中基于地方和功能区的静态/固定理解，从而带来城市内空间组织与发展的新问题与挑战。

同时，ICT与交通的快速发展推动了城市网络的形成。当前越来越多的研究表明城市网络中的城市发展越发离不开与其他城市间的联系[25]。城市的外部联系被视为城市的"第二本质"[71]。在智慧社会下，一方面，ICT 为城市间的联系提供了多种"无形"的网络活动方式（如网络搜索、网络金融等），促进了城市网络发展；另一方面，旅行中的一系列网络活动重新定义了旅行时间，并影响到居民在实体空间中的移动性[72, 73]（图 2）。作为资本和信息的携带者，跨城人流在城市网络的形成与发展中具有决定性的作用[74]。在传统城市地理学与交通探究中，旅行时间一直被视为"低效"与"浪费"[75, 76]。因此，在区域空间规划实践中，建设和升级交通基础设施一直是重点任务。但是，近年来对高铁、火车、汽车巴士的旅客交通时间利用调研来看，旅行中的网络活动越来越频繁，乘客的旅行时间利用更加高效[72, 73, 75, 77]。这无疑将进一步影响到居民在城市网络中的移动性及其在城市网络中活动空间的安排（如出行满意度[78, 79]、目的地的选择、居住地、就业地、休憩地的选择[80]）。因此，可以认为智慧社会下虚拟空间中的网络活动一方面促进了城市间的移动性，另一方面又给实体空间中移动性植入了新的内涵与功能，从而带来区域内城市间关系的新问题与挑战。

2.2.2 虚拟–实体空间相互作用及虚拟空间中的实体特征

虽然虚拟空间中的网络活动影响着实体空间中地方与移动性的理解，但考虑到人作为活动主体，其在实体空间中的社会、经济、政治环境也会影响居民在虚拟空间中的活动准则[5, 8, 81, 82]，从而导致虚拟空间与实体空间的相互作用也呈现出实体特征。一方面，居民的网络活动与实体活动因人而异。首先，性别、年龄、教育程度、职业、收入、小汽车拥有量、家庭架构等社会经济属性会影响到居民的网络活动[2, 45]。其次，居民的网络 / 实体活动还受到文化、习惯、（自选择）态度等"主观"生活方式的影响[81]。最后，互联网使用年限与使用频率也会影响到居民在网络活动与相对应实体活动之间的选择[2, 45]。更为重要的是，越来越多的地理学研究表明，与实体活动类似，网络活动也受到实体空间中（距离、时间）可达性、人口密度、用地多样性等地理环境要素的影响[29, 53, 70, 83, 84]。因此，由虚拟空间中网络活动带来实体空间中的地方与移动性的影响，也会呈现出实体特征。例如，家多大程度上能够发展为一个替代性的办公场所与购物场所的综合性功能受到个人社会经济属性、互联网使用、

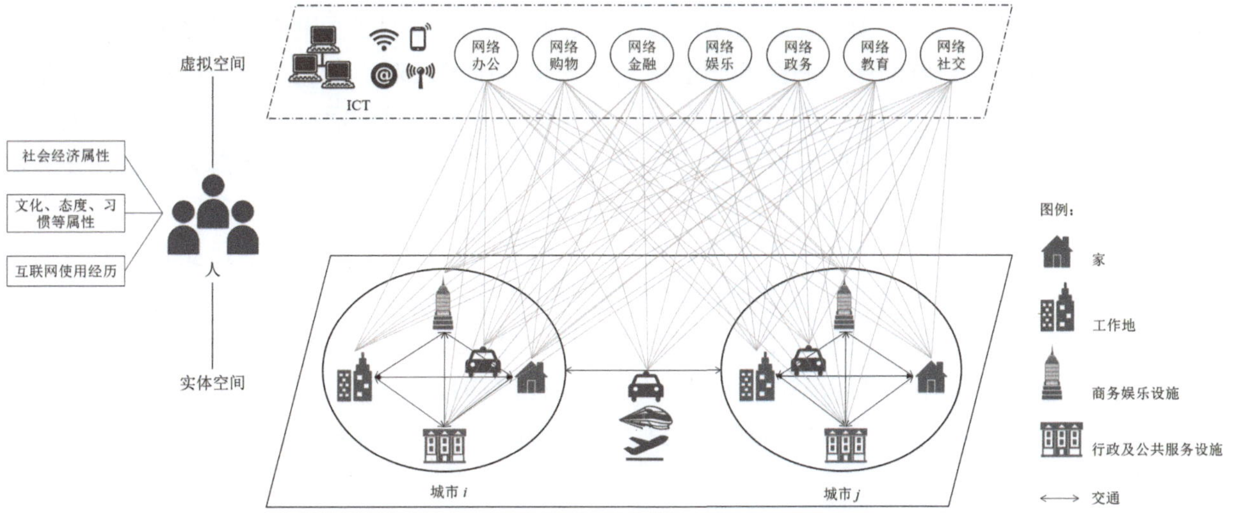

图 2　智慧社会下虚拟空间与实体空间的相互作用关系
Fig.2 The interrelationship between virtual space and physical space in the e-society

主观生活方式与邻里建设环境的影响[70]。同时，在旅途时间利用及其对居民在区域中的移动性影响也受到居民个体差异性及交通环境的影响[76-79]。

更为重要的是，虚拟空间也不是一个抽象的容纳“无形”要素的空间，而是一个连接人与信息，并借助居民的网络活动与实体空间相互作用的空间。作为虚拟空间中网络活动主体的居民，其实体活动经历也会重塑虚拟空间中的秩序和规律[8, 85]。例如，当前智慧社会下借助虚拟空间“众筹众包”的创业项目发展迅速，网络办公已经成为大部分创业者（特别是互联网创业者）的重要工作方式，并对当前的办公空间组织形式带来一定影响[86]。但对集聚互联网创业者的联合办公空间调研发现，创业者的网络办公时间仍然主要集聚在联合办公空间内。联合办公空间的布局也带有明显的区位特征，例如邻近市中心、靠近地铁站与大学校园、靠近风险资本公司等特征[87]。因此，可以认为不论是虚拟–实体空间相互作用给实体空间带来的影响以及虚拟空间本身都带有明显的实体特征。

3 结论与讨论

当前，中国智慧社会正处于快速发展时期[4]。随着中国已经拥有最大的互联网用户规模，中国已经成为全球智慧社会发展的主要代表案例，受到全球瞩目。中国当前的智慧社会发展也呈现出明显的互联网用户消费推动型特征[27]。在这一背景下，一方面，ICT 对居民日常生活的渗透快速加深，进一步影响居民的网络/实体活动经历，从而带来虚拟空间与实体空间的复杂作用及其对实体空间中地方与移动性的影响；另外，与信息化同步的是快速的城镇化建设和发展，地理环境发生着变化，并具有可塑性。由于实体空间中地理环境对居民网络/实体活动的影响，虚拟–实体空间相互作用及其对地方与移动性的影响也受到地理环境的影响。因此，与发达国家先城镇化后信息化发展路径的不同，得益于早期实体空间中商业/公共服务设施布局的不合理（例如，城市郊区商业/公共服务设施的可达性低），以网络购物为代表的网络活动得到快速发展与普及③，这无疑将影响居民的生活方式，从而呈现出与发达国家不同的背景，为智慧社会发展及其对实体空间地方与移动性的影响提供了新的研究案例。近年来，空间概念及其相关术语（例如：空间/地方、距离等）已经成为各个学科（特别是社会科学）的重要分析视角[88]。从居民网络/实体活动经历视角的研究，更加全面地分析和阐述虚拟空间与实体空间的相互关系，有助于更好理解智慧社会发展的地理特征，增加城市地理学者在智慧社会的理论和实践层面讨论的话语权[8]。

同时，对虚拟空间与实体空间相互关系的研究也为中国当前的城镇化规划和建设实践提供了科学依据。在新型城镇化背景下，城镇化发展的重点从经济增长转型到对居民生活的关注。这其中，居民的网络/实体活动及其活动空间是其中重要的内容之一。一方面，虚拟空间与实体空间相互关系的研究有助于进一步了解实体空间中活动空间（包括静态/固定的地方/场所以及移动）的变化，更新智慧社会下居民网络/实体活动与活动空间的关系；另一方面，虚拟–实体空间相互作用的实体特征，也为实践中通过对土地利用、基础设施规划布局和建设来影响居民活动空间，提升城市运营效率提供了相关依据。从城市总体来看，在满足不同居民的多样化活动需求的同时又能减少不必要的（机动车）出行应当是实践中的重要准则。例如，研究表明，公共交通与商业/休憩服务设施的高可达性会促进居民在家办公而减少在家购物的选择[70]。但由于缺乏足够的证据说明在家办公与在家购物对居民活动空间乃

③ 马云：打败实体门店的不是我们，是新消费习惯。

至整个城市活动空间影响的正面或负面影响比较，因此仍然不能给予明确的政策建议。当前也已经有对智慧社会下居民活动空间理想状态的讨论和实践。例如，公共交通沿线的工作地提倡部分天在家办公（part-day home-based e-working），保证职员可以提前 / 延迟上下班时间，从而在时间维度上延伸上下班高峰时期的交通流量，并被视为便利居民家庭–工作生活安排与缓解城市交通拥堵的重要政策建议[70, 87]。但总体来看，由于当前的实证研究仍然不足，因此还难以就居民活动空间的理想状态形成一致的建议，仍有赖于更多的相关实证研究。

智慧社会下的城市地理学研究离不开居民时空活动数据的支撑[67]。相较于以往基于小样本的抽样问卷调查、活动日志及访谈，借助 ICT 记录的带有地理属性的居民时空活动大数据为更加精细化地研究居民网络 / 实体活动经历、虚拟空间与实体空间的相互关系及其对城市地域空间重构与演化提供了新的机遇和数据支撑[36, 90, 91]。当前，微博数据、公交刷卡数据、出租车数据、手机信令数据、大众点评等网站数据、兴趣点（point of interests，POI）等大数据被广泛运用到对居民实空间活动空间及城市地域空间重构的研究中[91–94]。但值得注意的是，大数据与小数据也不是非此即彼的关系。大数据的分析能够更好地揭示居民网络 / 实体活动的规律及虚拟–实体空间的相互作用及其对城市地域空间发展的影响，而小数据则能够更好解释背后的影响要素与机制[37, 95]。两者的结合，有助于深入理解智慧社会下的城市和区域发展新动向，并为中国新型城镇化规划和建设提供相关政策建议和科学依据。

作者简介：**王　波**　中山大学地理科学与规划学院副教授、硕士生导师；
卢佩莹　香港大学地理系教授、博士生导师；
甄　峰　南京大学建筑与城市规划学院教授、博士生导师。

参考文献

[1] Kwan M P. Mobile communications, social networks, and urban travel: Hypertext as a new metaphor for conceptualizing spatial interaction[J]. The Professional Geographer, 2007, 59(4): 434-446.
[2] Loo B P Y. The E-Society[M]. New York: Nova Science Publishers, 2012.
[3] Anderson W P, Chatterjee L, Lakshmanan T R. E-commerce, transportation, and economic geography[J]. Growth and Change, 2003, 34(4): 415-432.
[4] Loo B P Y, Wang B. Progress of e-development in China since 1998[J]. Telecommunications Policy, 2017, 41(9): 731-742.
[5] Warf B. Encyclopedia of Human Geography[M]. California: Sage Publications, 2006.
[6] Castells M. The Rise of the Network Society: The Information Age: Economy, Society, and Culture[M]. New York: John Wiley & Sons, 2011.
[7] Graham S, Marvin S. Telecommunications and the City: Electronic Spaces, Urban Places[M]. London: Routledge, 2012.
[8] Graham M. Geography/Internet: Ethereal alternate dimensions of cyberspace or grounded augmented realities?[J]. The Geographical Journal, 2013, 179(2): 177-182.
[9] Kellerman A. Geographic Interpretations of the Internet[M]. Berlin: Springer, 2016.
[10] 甄峰，顾朝林 . 信息时代空间结构研究新进展 [J]. 地理研究，2002, 21(2): 257-266.
[11] 柴彦威，沈洁 . 基于活动分析法的人类空间行为研究 [J]. 地理科学，2008, 28(5): 594-600.
[12] 甄峰，翟青，陈刚，等 . 信息时代移动信息社会理论构建与城市地理研究 [J]. 地理研究，2012, 31(2): 197-206.
[13] Graham S. The end of geography or the explosion of place? Conceptualizing space, place and information technology[J]. Progress in Human Geography, 1998, 22(2): 165-185.
[14] Cairncross F. The Death of Distance: How the Communications Revolution is Changing Our Lives[M].

Boston: Harvard Business Press, 2001.
[15] 刘卫东，甄峰．信息化对社会经济空间组织的影响研究 [J]. 地理学报，2004, 58(s): 67-76.
[16] Martin R, Sunley P. Path dependency and regional economic evolution[J]. Journal of Economic Geography, 2006, 6(4): 395-437.
[17] Gibson W. Neuromancer[M]. London: Penguin, 2000.
[18] Wellman B. Physical place and cyberplace: The rise of personalized networking[J]. International Journal of urban and Regional Research, 2001, 25(2): 227-252.
[19] Kellerman A. Where does it happen? The location of the production and consumption of web information[J]. Journal of Urban Technology, 2000, 7(1): 45-61.
[20] Townsend A M. The Internet and the rise of the new network cities, 1969-1999[J]. Environment and Planning B: Planning and Design, 2001, 28(1): 39-58.
[21] Zook M A. Old hierarchies or new networks of centrality? The global geography of the Internet content market[J]. American Behavioral Scientist, 2001, 44(10): 1679-1696.
[22] Gorman S P. Where are the Web factories: The urban bias of e-business location[J]. Tijdschrift Voor Economische En Sociale Geografie, 2010, 93(5): 522-536.
[23] 汪明峰，宁越敏．互联网与中国信息网络城市的崛起 [J]. 地理学报，2004, 59(3): 446-454.
[24] 路紫，李晓楠，杨丽花，等．基于邻域设施的中国大城市网络店铺的区位取向：以上海、深圳、天津、北京四城市为例 [J]. 地理学报，2011, 66(6): 813-820.
[25] 甄峰，王波，陈映雪．基于网络社会空间的中国城市网络特征：以新浪微博为例 [J]. 地理学报，2012, 67(8): 1031-1043.
[26] 王波，甄峰，席广亮，等．基于微博用户关系的网络信息地理研究：以新浪微博为例 [J]. 地理研究，2013, 32(2): 380-391.
[27] Zhen F, Wang B, Wei Z. The rise of the Internet city in China: Production and consumption of Internet information[J]. Urban Studies, 2015, 52(13): 2313-2329.
[28] Wang B, Zhen F, Loo B P Y. The role of distance in online social networks: A case study of urban residents in Nanjing, China[J]. Cities, 2018, 79: 37-44.
[29] Schwanen T, Dijst M, Kwan M P. ICT and the decoupling of everyday activities, space and time: Introduction[J]. Tijdschrift Voor Economische En Sociale Geografie, 2008, 99(5): 519-527.
[30] 柴彦威，赵莹．时间地理学研究最新进展 [J]. 地理科学，2009, 29(4): 593-600.
[31] Gregory D. Human agency and human geography[J]. Transactions of the Institute of British Geographers, 1981, 6(1): 1-18.
[32] Hägerstraand T. What about people in regional science?[J]. Papers in Regional Science, 1970, 24(1): 7-24.
[33] 柴彦威，沈洁．基于居民移动-活动行为的城市空间研究 [J]. 人文地理，2006, 21(5): 54, 108-112.
[34] 柴彦威，谭一洺，申悦，等．空间-行为互动理论构建的基本思路 [J]. 地理研究，2017, 36(10): 1959-1970.
[35] Chai Y, Ta N, Ma J. The socio-spatial dimension of behavior analysis: Frontiers and progress in Chinese behavior geography[J]. Journal of Geographical Sciences, 2016, 26(8): 1243-1260.
[36] 甄峰，王波．“大数据”热潮下人文地理学研究的再思考 [J]. 地理研究，2015, 34(5): 803-811.
[37] 秦萧，甄峰．大数据与小数据结合：信息时代城市研究方法探讨 [J]. 地理科学，2017, 37(3): 321-330.
[38] Menou M J, Taylor R D. A “grand challenge”: Measuring information societies[J]. The Information Society, 2006, 22(5): 261-267.
[39] International Telecommunication Union (ITU). Measuring the Information Society Report 2015[M]. Geneva: ITU, 2015.
[40] Loo B P Y, Ngan Y L. Developing mobile telecommunications to narrow digital divide in developing countries? Some lessons from China[J]. Telecommunications Policy, 2012, 36(10): 888-900.
[41] Xia J, LU T J. Bridging the digital divide for rural communities: The case of China[J]. Telecommunications Policy, 2008, 32 (9): 686-696.
[42] Rae A. Online housing search and the geography of submarkets[J]. Housing Studies, 2015, 30(3): 453-472.
[43] Smith M R, Marx Leo. Does Technology Drive History? The Dilemma of Technological Determinism[M]. Boston: Mit Press, 1994.

[44] Aoyama Y. The information society, Japanese style: Corner stores as hubs for e-commerce access[M]. Chichester: Wiley, 2001: 109-128.
[45] Andreev P, Salomon I, Pliskin N. State of teleactivities[J]. Transportation Research Part C: Emerging Technologies, 2010, 18(1): 3-20.
[46] 周素红，邓丽芳．基于 T-GIS 的广州居民日常活动时空关系 [J]. 地理学报，2010, 65(12): 1454-1463.
[47] 王波，甄峰，张浩．基于签到数据的城市活动时空间动态变化及区划研究 [J]. 地理科学，2017, 35(2): 151-160.
[48] 申悦，塔娜，柴彦威．基于生活空间与活动空间视角的郊区空间研究进展 [J]. 人文地理，2017, 32(4): 1-6.
[49] Mokhtarian P L. A typology of relationships between telecommunications and transportation[J]. Transportation Research Part A: General, 1990, 24(3): 231-242.
[50] Salomon I. Telecommunications and travel relationships: A review[J]. Transportation Research Part A: General, 1986, 20 (3): 223-238.
[51] Mokhtarian P L. A synthetic approach to estimating the impacts of telecommuting on travel[J]. Urban Studies, 1998, 35(2): 215-241.
[52] Henderson D K, Mokhtarian P L. Impacts of center-based telecommuting on travel and emissions: Analysis of the Puget Sound Demonstration Project[J]. Transportation Research Part D: Transport and Environment, 1996, 1(1): 29-45.
[53] Farag S, Krizek K J, Dijst M. E-shopping and its relationship with in-store shopping: Empirical evidence from the Netherlands and the USA[J]. Transport Reviews, 2006, 26(1): 43-61.
[54] 杜晓娟，甄峰，Cao Jason. 南京市居民购物行为的影响要素和空间效应：基于四种商品的对比研究 [J]. 地理研究，2017, 36(5): 957-971.
[55] 汪明峰，卢珊，邱娟．网上购物对城市零售业空间的影响：以书店为例．经济地理，2010, 30(11): 1835-1840, 1896.
[56] Kwan M P. Time, information technologies, and the geographies of everyday life[J]. Urban Geography, 2002, 23(5): 471- 482.
[57] Schwanen T, Kwan M P. The Internet, mobile phone and space-time constraints[J]. Geoforum, 2008, 39(3): 1362-1377.
[58] Alexander B, Ettema D, Dijst M. Fragmentation of work activity as a multi-dimensional construct and its association with ICT, employment and sociodemographic characteristics[J]. Journal of Transport Geography, 2010, 18(1): 55-64.
[59] Lenz B, Nobis C. The changing allocation of activities in space and time by the Use of ICT: "Fragmentation" as a new concept and empirical results[J]. Transportation Research Part A: Policy and Practice, 2007, 41(2): 190-204.
[60] Xi G, Zhen F, Gilles P, et al. Spatio-temporal fragmentation of leisure activities in information era: Empirical evidence from Nanjing, China[J]. Chinese Geographical Science, 2017, 27(1): 137-150.
[61] Circella G, Mokhtarian P L, Poff L K. A conceptual typology of multitasking behavior and polychronicity preferences[J]. Electronic International Journal of Time Use Research, 2012, 9(1): 59-107.
[62] Kenyon S, Lyons G. Introducing multitasking to the study of travel and ICT: Examining its extent and assessing its potential importance[J]. Transportation Research Part A: Policy and Practice, 2007, 41(2): 161-175.
[63] 甄峰．信息时代新空间形态研究 [J]. 地理科学进展，2004, 23(3): 16-26.
[64] Pred A. Place as historically contingent process: Structuration and the time-geography of becoming places[J]. Annals of the Association of American Geographers, 1984, 74(2): 279-297.
[65] Harris C D, Ullman E L. The nature of cities[J]. The Annals of the American Academy of Political and Social Science, 1945, 242(1): 7-17.
[66] Corbusier L. The Athens Charter[M]. New York: Grossman Publishers, 1973.
[67] Wang B, Zhen F, Wei Z, et al. A theoretical framework and methodology for urban activity spatial structure in e-society: Empirical evidence for Nanjing city, China[J]. Chinese Geographical Science, 2015, 25(6): 672-683.
[68] Blunt A. Cultural geography: Cultural geographies of home[J]. Progress in Human Geography, 2005, 29(4): 505-515.

[69] Hjorthol R, Gripsrud M. Home as a communication hub: The domestic Use of ICT[J]. Journal of Transport Geography, 2009, 17(2): 115-123.
[70] Loo B P Y, Wang B. Factors associated with home-based e-working and e-shopping in Nanjing, China[J]. Transportation, 2018, 45(2): 365-384.
[71] Taylor P J. World City Network: A Global Urban Analysis[J]. Hove: Psychology Press, 2004.
[72] Lyons G, Urry J. Travel time Use in the information age[J]. Transportation Research Part A: Policy and Practice, 2005, 39 (2): 257-276.
[73] Jain J, Lyons G. The gift of travel time[J]. Journal of Transport Geography, 2008, 16(2): 81-89.
[74] Limtanakool N, Dijst M, Schwanen T. A theoretical framework and methodology for characterising national urban systems on the basis of flows of people: Empirical evidence for France and Germany[J]. Urban Studies, 2007, 44(11): 2123- 2145.
[75] Lyons G, Jain J, Weir I. Changing times: A decade of empirical insight into the experience of rail passengers in Great Britain[J]. Journal of Transport Geography, 2016, 57: 94-104.
[76] Tang J, Zhen F, Cao J, et al. How do passengers Use travel time? A case study of Shanghai-Nanjing high speed rail[J]. Transportation, 2018, 45(2): 447-451.
[77] Guo Z, Derian A, Zhao J. Smart devices and travel time Use by bus passengers in Vancouver, Canada[J]. International Jour- nal of Sustainable Transportation, 2015, 9(5): 335-347.
[78] Ettema D, Friman M, Gärling T, et al. How in-vehicle activities affect work commuters' satisfaction with public transport[J]. Journal of Transport Geography, 2012, 24, 215-222.
[79] Wang B, Loo B P Y. Travel time Use and its impact on high-speed-railway passengers' travel satisfaction in the e-society[J]. International Journal of Sustainable Transportation, 2019, 13(3):197-209. DOI: 10.1080/15568318.2018.1459968.
[80] 吴康，方创琳，赵渺希，等．京津城际高速铁路影响下的跨城流动空间特征 [J]. 地理学报，2013, 68(2): 159-174.
[81] Adams P C. Network topologies and virtual place[J]. Annals of the Association of American Geographers, 1998, 88(1): 88-106.
[82] Kinsley S. The matter of virtual geographies[J]. Progress in Human Geography, 2014, 38(3): 364-384.
[83] Cao X J, Mokhtarian P L, Handy S L. Examining the impacts of residential self-selection on travel behaviour: A focus on empirical findings[J]. Transport Reviews, 2009, 29(3): 359-395.
[84] Cao X J. How does neighborhood design affect life satisfaction? Evidence from twin cities[J]. Travel Behaviour and Society, 2016, 5: 68-76.
[85] Wang B, Loo B P Y. The hierarchy of cities in Internet news media and Internet search: Some insights from China[J]. Cities, 2018, 84.
[86] Anderson C. Makers: The New Industrial Revolution[M]. New York: Random House, 2012.
[87] Wang B, Loo B P Y. Hubs of Internet entrepreneurs: The emergence of coworking offices in Shanghai, China[J]. Journal of Urban Technology, 2017, 24(3): 67-84.
[88] Goodchild M F, Janelle D G. Toward critical spatial thinking in the social sciences and humanities[J]. Geojournal, 2010, 75 (1): 3-13.
[89] Haddad H, Lyons G, Cgatterjee K. An examination of determinants influencing the desire for and frequency of part-day and whole-day homeworking[J]. Journal of Transport Geography, 2009, 17(2): 124-133.
[90] Graham M, Shelton T. Geography and the future of big data, big data and the future of geography[J]. Dialogues in Human Geography, 2013, 3(3): 255-261.
[91] 秦萧，甄峰，熊丽芳，等．大数据时代城市实空间行为研究方法 [J]. 地理科学进展，2013, 32(9): 1352-1361.
[92] 柴彦威，龙瀛，申悦．大数据在中国智慧城市规划中的应用探索 [J]. 国际城市规划，2014, 29(6): 9-11.
[93] 钟炜菁，王德，谢栋灿，等．上海市人口分布与空间活动的动态特征研究：基于手机信令数据的探索 [J]. 地理研究，2017, 36(5): 972-984.
[94] 王波，甄峰，魏宗财．南京市区活动空间总体特征研究：基于大数据的实证分析 [J]. 人文地理，2014, 29(3): 14-21, 55.
[95] Wang B, Zhen F, Qin X, et al. Gis-based social spatial behavior studies: A case study in Nanjing University Utilizing mobile data. In: Huang B. Comprehensive Geographic Information Systems[M]. Amsterdam: Elsevier, 2018: 320-329.

智慧城市健康发展需关注的五大问题

Five Issues for Sustainable Development of Smart City

程大章　沈晔

摘　要　本文对在智慧城市建设中的误区进行分析，提出以城市发展的智慧，推行完整的顶层设计，重视底层对接的事务工作，积极推进共享公共服务信息的大数据应用，使智慧城市获得持续发展的动力。

关键词　智慧城市；顶层设计；底层对接；大数据应用

我国的直辖市、省会城市、地级市、县级市在大力推进智慧城市的规划和建设，获得国家试点工程称号和正在争取称号的不下 300 个。同时，还有大量的智慧城区 / 社区 / 开发区也在规划建设。各类相关的城市项目如信息消费城市、宽带中国、物联网应用示范工程、信息惠民工程等，更是层出不穷。这是全球最大规模的智慧城市建设的行动，反映了迅速发展的中国急迫地需要通过信息化与城市经济社会发展深度融合来统筹城市发展的物质资源、信息资源和智力资源的利用，促进政务信息共享和业务协同，使城市规划管理信息化、基础设施智能化、公共服务便捷化、产业发展现代化、社会治理精细化。智慧城市得到了各级政府和企业高度关注，正在积极推进。

2014 年 8 月国家发改委等八部委下发的《关于促进智慧城市健康发展的指导意见》指出，“近年来，我国智慧城市建设取得了积极进展，但也暴露出缺乏顶层设计和统筹规划、体制机制创新滞后、网络安全隐患和风险突出等问题，一些地方出现思路不清、盲目建设的苗头，亟待加强引导”。

笔者曾根据多年在城市信息化和中国 2010 年上海世博会信息化工程中的实践体会于 2012 年编写了《智慧城市顶层设计导论》一书，提出智慧城市是一项巨大的系统工程，不仅需要在组织架构和应用系统上实行顶层设计，更应同步设计相应的运作体制和机制。然而这些年来，在建设智慧城市的领导者、建设者、运营者还是存在各种问题，亟须理清思路，以使我们的智慧城市得到健康发展。

1　目标——是发展智慧城市，还是城市发展的智慧

在很多场合，人们都认为智慧城市使城市的运行管理按构想的方式提高效率和服务水平，就能促进城市发展。这样的工作思路对吗?

城市的发展受到广泛地约束，其中有历史、文化、气候、资源、环境、人口、地域、传统定位、经济、产业等要素和条件。一个城市的经济、社会和文化要得到发展，首先必须根据本地的资源和条件，通过大量的地缘、经济、技术、人文等的数据分析，确定城市发展的理念、空间、方向和策略。这是个智慧的过程，

原载于《建设科技》2015 年第 5 期。

可以有无数个思路，但是最终要形成的是一个明智的、科学的、最适合这个城市发展的功能定位。我们谓之城市发展之“道”。

在这个最适合的城市发展的功能定位基础上所进行的“城市规划”“城市国民经济与社会发展规划”“城市生态规划”“城市产业发展规划”“城市文化事业发展规划”等，则都是为践行城市发展之“道”而做的具体工作。我们谓之城市发展之“术”。“术”中亦有智慧，但终不离“道”。

智慧城市的实质是以全面支撑城市发展和城市运行的信息技术应用来提升发展的速度、管理效率和服务水平，是为城市发展之“术”提供高性能的“技”。我们常说信息化是附在业务皮上的毛，“皮之不存，毛将焉附”，如果没有智慧的城市发展之“道”和“术”，何来智慧城市?

当然，智慧城市的“技”也能对于城市发展之“术”起到发展推进作用，能够改变一些业务的流程，利用信息通信技术实现扁平世界管理，以互联网的体验改变业务的服务形式。这一互动的效应提升了城市的智能，自然是值得肯定的。

总之，当我们把视角放到城市发展的范围时，才能避免以夸大的技术导向来“发展智慧城市”的狭隘且功利的思维。

2　仅有技术的顶层设计，智慧城市能实现吗

智慧城市往往被认为是一系列信息化工程的建设，但是信息化工程的完成并不能说明智慧城市建成，还需要运营这些信息化系统，因为“智慧”需要通过城市的运行效果得到体现。我们看到不少进行周密的组织设计和系统架构设计，大量应用物联网、云计算、大数据等技术，完成的包罗城市管理、民生服务和产业发展的“智慧城市规划”，然而，规划并未解答“巨额的投入和持续的运营费用由谁承担”“日常的运营责任如何界定”“谁是智慧城市信息化工程的建设与运营主体”等问题。

这些困惑是源于在智慧城市启动时仅从技术角度出发，按工程方式推进，没有认识到智慧城市建设是一项复杂的社会系统工程，没有进行完整的顶层设计，因而导致建设过程中遇到大量的技术和非技术问题不断阻碍着工作进展，降低了实施效果。而有些城市引入“智慧城市运营商”模式，交由一两家 IT 企业承包，但囿于企业人员的知识结构与能力以及企业利益，又出现了资金短缺、效果不佳和排他等问题。

和缺少理性建起的“鬼城”情况相似，智慧城市工程也出现“烂尾”现象。这里虽有智慧城市定位不准确、规划的可操作性差、工程难度大、资金短缺、领导兴奋点转移等诸多因素，但是很重要的原因是缺少了建设与运营的保障支撑体系的规划设计。在智慧城市的建设和运行过程中，体制与机制是一个关键的问题，必须明确政府、NGO 和企业的地位与作用，以及运作的规则。智慧城市是一项经济与社会活动，需要发挥市场机制和企业主体作用，政府则承担着引导与市场监管的责任。

智慧城市的建设与运行需要资金投入，政府能针对公共性、示范性、创新型项目，促使相关专项资金向智慧城市汇聚，落实与政府行政管理相关项目的建设和运维资金，吸引各类企业参与项目建设。但政府的财政在智慧城市上仅能有限投入，大部分需要靠多元投融资机制解决。

推进智慧城市工作，需要有关的标准，比较全面的可见郭理桥主编的《中国智慧城市标准体系研究》。由于各类城市在标准编制的权限和能力有限，因此工作的重点应是针对本地情况制定的实施细则，以指导具体事务。有条件时应推进地方的综合立法，按法定程序贯彻落实，创造智慧城市的良好政策环境。

同时应开展智慧城市相关知识普及和应用培训，使市民与企业能感受到智慧城市的实施提高了城市运行效率和公共服务水平，促进了经济社会协调发展，得到了实惠和便捷。

网络社会的很多负面问题会制约智慧城市的健康发展，给社会稳定、经济发展及国家安全造成不良影响。因此，必须加强网络伦理道德环境的建设，规范智慧城市的管理者、运行者、企业、NGO 及市民的网络行为，保障智慧城市的运行秩序与效率。

鉴于网络安全的态势、信息安全工作的重要性和公益性，政府需要增大资源的投入，通过互联网安全监管系统、政务网络安全防护和灾难备份系统等项目，提高监测互联网上的有害信息和打击网络犯罪的能力，保障电子政务系统和电子商务系统等的安全。

综述，同步建设智慧城市的运营保障支撑体系，设计完善的体制与机制是重要的，而照本实施仅有技术上的智慧城市顶层设计则必然失败。

3 没有底层对接的智慧城市顶层设计有价值吗

智慧城市的规划大多由政府机构牵头组织编制，从宏观上进行顶层设计的思路与方法是正确的。但是，因为大量的工作和服务是在基层，在实施中如何使智慧城市顶层设计的内容一一落地，这还要关注以下问题：任何城市的信息化工程都必须与上级信息系统、本地已有的信息系统和业务流程逐一对接，这就是底层对接。所以，如果没有做好底层对接，智慧城市的顶层设计仅是摆设，没有实际的价值。底层对接需要考虑四个问题。

（1）可实施性。智慧城市规划的实施需要人力和财力，尤其是基层的能力和积极性。如果只是文件下发式指派工作，或口号式宣传，而没能使基层受益，那么实施就不可能顺利。另外，任何一个区域的智慧城市建成都不可能脱离周边环境和现有的城市基础，主观打造的“高地”是难以实施的。如在一个几平方千米的城区来全面实行智慧交通、突破国家身份证管理规定推行的一卡通等。

（2）有效利用现有资源。智慧城市建设在今天中国的任何城市并不是从零开始的，经 20 年来的努力，我们的信息通信、电子政务、电子商务、平安城市等并不逊于一般发达国家，如果盲目摒弃城市已有的信息化成果，“高起点”地去构建一套全新的智慧系统，那么必然浪费大量的资源。因此在智慧城市规划实施前，无论是信息通信的基础设施，还是信息应用系统，都需要对既有项目一一进行评估，逐个提出改造利用方案。

（3）适应性。规划新建的系统必须与业务相适应，理想构建的系统或从异地成熟案例搬来的系统及其模式往往存在很多技术与运营的问题，未必适用，或需要调整系统功能以适应当地的业务流程，或改进当地的业务工作以适合使用先进合理的信息系统。

（4）开放性。智慧城市都会规划建设统一的数据信息管理平台，但是实施时往往是按业务分类构成多个应用平台，逐步汇集到统一的数据信息平台。如城市地理信息平台，需与各部门应用系统及数据资源的对接共享，才能实现城市管理、应急联动、决策指挥的一体化。这里需要整合有共享的视频资源（平安城市、交通、城管、社区等）、基于移动网络的手机信号的实时人口密度和流量信息、安全生产综合监管信息系统、网格化社会治理综合信息平台、地下管网信息管理资源、环境自动监测与管理信息、公共联合征信系统、食药品追溯及监管系统等。而且，今后还有大量的企业（如水、电、气供应等）和行业（养老、物流、银行、移动支付等）等社会信息资源也将逐步接入城市的运行管理系统。如缺乏开放兼容的设计，部门和基层等的底层信息不能顺畅接入的话，那么徒有美丽的架构又有何价值?

总之，智慧城市的顶层设计能否有效实施，重点在于底层对接。

4 共享公共服务信息的大数据应用能实现吗

自从英国学者维克托·迈尔·舍恩伯格称大

中城智慧城市建设研究会智慧社区专业委员会王力：

智慧社区建设要以便民、惠民、利民为出发点

智慧社区建设已成为智慧城市试点的必选项，第一、第二批193个试点城市中有98个试点申报智慧社区，而第三批这一数据将达到100%，预计年底前会有智慧社区试点公布。

智慧社区建设运营涉及面广，需要整合政府、社会各种资源参与建设运营，地方财政支出是有限的，银根继续紧缩，国家继续执行的是适度宽松财政政策，必须积极吸引社会资金投身智慧社区建设中来，投入占比必须50%以上，才会获得高质量、高效率、可持续性的发展。因此，我们发现问题后，就积极推动泛智慧社区联盟的筹备，整合产业、技术、资金等资源参与智慧社区建设，在智慧社区建设模式、技术融合、投融资、可持续运营方面进行创新和探索，注重顶层设计做到一区一品、一区一策，实现一次规划、总体统筹、分阶段实施。

智慧社区建设一定是以便民、惠民、利民为根本出发点，充分利用市场“无形之手”和政府“有形之手”，对智慧社区建设作全局性考量、统筹规划、避免无序发展和盲目重复建设，发挥市场优化资源配置作用，吸引企业参与项目建设。

在即将全面铺开的全国智慧社区试点的申报、规划、建设与运营中，一定要针对目前我国智慧社区建设的现状，依据指南来推进顶层设计工作和方案实施计划；需要政府部门高度重视解决数据共享和部门政策之间协调，解决网络间互联互通，了解居民和用户需求，解决建设资金和运营管理服务问题；需要调整建设思路和方式，制定可操作性实施方案。

数据正在变革我们的生活、工作和思维，放弃对因果关系的渴求，关注相关关系，并提出利用巨量资料通过预测，形成新发明和新服务，可创造前所未有的可量化的维度等观点以来，智慧城市最大亮点与热点莫过于“大数据”的应用。任何典型的方案里必有一个数据交换和汇聚平台，使城市的所有运行数据得以共享和增值应用，甚至为之去建个“云计算中心”。但是数据从何而来？如何共享？还有是很多问题需要求解。

4.1 谁能获取城市运行的所有数据

城市运行的数据来自城市业务信息应用系统，各个应用系统的运行管理者之间有政府内各部门各级组织间的相互关系，有政府与NGO的相互关系，有NGO与相关企业的相互关系，有企业与政府部门和NGO的各部之间的相互关系。这里的依存关系包括了领导/被领导、指导/被指导、协调/被动协调、行政约束、经济约束、法律约束等情况。在这些相互关系下形成的业务流程，在业务操作中都有一定的规则、惯例及潜规则。各类政务、商务、服务等活动，都是在流程与规则下进行，完成各自预期的目标。在业务活动过程中的信息是大量的，通过业务信息的共享，来挖掘信息中的核心价值，提升城市运行的智慧。然而，实际上因政务条块分割、商业利益的壁垒以及信息安全等问题，在业务流程、操作过程中存在的各种规则，如无完善的机制，信息共享是难以实现的。信息共享并非在技术上有不可克服的困难，而是存在着各类非技术的障碍。所以，

无论是政府还是 NGO 都难以获得城市运行的所有数据，使设计的完美流程无法运行。这是推进智慧城市建设中无法回避的问题，更是一个需深入改革去解决的课题。

4.2 信息资源共享的前提

信息资源共享因有各类的壁垒，所以“大数据”的实现有着很大难度。对此，我们需要的不是空洞的“透彻感知，全面互联”口号，而是要梳理出合理的互联目的、必要的共享信息与有效的互联方式。就行政信息的共享而言，对于可以供社会共享的信息，就应在符合规定并不危害源系统安全的前提下，尽量提供；对于接收信息并共享使用的部门，则应在合法使用的前提下负有保证涉密信息安全的责任。城市运行的大量信息存在于各类行业与企业的应用系统中，要能共享这些信息，需要有合理的机制。企业的信息如果被用于社会公益，那虽然是企业的社会责任，但即使是无偿提供的也应给予贡献的认定。企业的信息如果是被用于商业活动，那就应按信息使用的价值以及信息的维护成本，由使用方支付合理的费用。在城市使用企业信息时，必须尊重知识产权、保护企业与个人的隐私，为企业信息共享创造良好的社会环境。只有这样，政府才能从行业平台集成的信息中提取并使用对整个城市运行有价值的信息。

由此可见，城市公共信息的共享需要有保障机制，那就是法规支持、组织明确和权益落实。在具体实施时，除了信息共享部门之间遵守数据交换的标准和协议之外，还必须做到以下 5 项基础工作：

①协调并明确共享信息采集范围的分工；

②明确共享信息的分类、分级，以及对应用户的共享权限；

③对共享信息的密级评定和定期调整；

④共享信息的知识产权保护，明确非公益信息的有偿服务；

⑤明确共享信息的质量与时效要求，共享信息提供者的经济与法律责任。

在“云计算”的“大数据时代”，信息的价值被不断放大。但是，我们应清楚地认识到智慧城市信息资源共享工作的艰巨性，努力做到“取之有道，用之有方”，逐步去实现“智慧”的愿景。

4.3 良好的前景

智慧城市实践中呈现这样的现象：城市越大，基于条块分割的信息孤岛就越难逾越，而乡镇街道一级的智慧城区却能把统一的数据平台建设和应用做得很好。上海陆家嘴街道融合了服务、管理和生活方式的智慧社区建了一库（社区综合信息库）、一卡（智慧城市卡）和两平台（公共服务信息平台与综合管理指挥信息平台），其核心是社区综合信息库。他们在工作机制上把街镇一级政府的人事管理、宣传教育、民政服务、市政建设、司法服务、群团管理等政务管理机构，社区事务受理中心、社区文化中心、社区生活服务中心、社区卫生服务中心等服务机构，以及工商、税务、公安、食药监等管理单位的工作数据（社区所有静态、动态信息）全部统一管理，来解决便民服务的“最后一公里”问题。街道所有的业务系统如智慧数据应用门户、智慧城市卡及应用系统、社区公共服务综合预约系统、社区居家养老服务体系、社区健康管理服务体系、智慧物业综合管理体系、公民素质实践社会认证体系等，都能在运行中与社区综合信息库直接交换数据。

这是因为在乡镇街道的业务中，需要采集的数据、日常运行的数据都属于该级政府所有所用，可以自然融合于一个统一的平台。乡镇街道工作对接上面来的千条线，业务涵盖了政务、经济、民生等城市的所有事务，而责任就是一个，就是为辖地的人民服务，对上级负责。这使我们看到了“大数据”的可实现性，也看到了智慧城市的未来。

5 建设智慧城市的动力来自何方

中国的智慧城市发展的动力何来？IT 技术的进步只是条件，其推进动力有四个字——名、利、权、金。

（1）“名”很明确，许多智慧城市就是冲着“国家试点工程”“示范工程”之类的称号去争个名分，但是否可落实所规划的建设内容，筹措到建设资金，则要等对标申报成功后再议。虽然“名”能成为重要的宣传资料，能激发各地智慧城市的起步，但作为动力只能是一时的，等到智慧项目成为全国城市的标配后，其动力作用将微不足道。

（2）“利”是广义的，但非常重要。智慧城市的建设必然是逐利的行为，要以其经济效益和社会效益来推动持续发展。理论上智慧城市能促进城市治理、经济提升和民生改善，使政府、市民和企业都得到红利，成为智慧城市持续发展的动力。但若是贪大求全偏重于形式，往往是钱花了不少，效果没得到，劳民伤财还得继续搞的话，那“利”就成了负动力。

我们很高兴地看到，由于智慧城市的实施，有不少城市的管理工作精细了（在 GIS 平台上实行城市规划建设、数字城管、环境管理、人口管理、食药品安全管理……），政府的工作效率提高了（实行电子政务、一门式受理、智能决策分析、应急协同指挥……），政府与市民和企业的关系贴近了（实行城市门户网站、12345 市民热线、养老服务、企业网上申报与查询……），社会服务更方便了（实行智慧交通、电子商务、智慧教育、智慧医疗、智慧社区、智慧旅游……）。一个城市针对本地发展的需要规划智慧城市，用有限的投入分阶段、有选择地实施，才是一个智慧的决策。智慧城市提升了政府的形象和监管效率，有效控制工作成本；帮助企业追赶工业 4.0 的世界动向，扩大市场、增加利润；给予市民和谐民主的社会环境、方便舒适的生活空间。这些真实效果就是“利”，才是政府、市民和企业共同推进智慧城市的最大动力。

（3）“权”在国内外的智慧城市发展中，都具有举足轻重的分量。中国的信息化历来有“一把手工程”之称，智慧城市同样如此。信息化应用需要政府的引导、投入和协调，无论什么政体，没有最高首长的重视与参与，都会遇到难以逾越的障碍。

这里需提及系统工程的方法。有效的工程方法不能局限于技术与管理组织，还需要重视人际交流的作用。中国的系统科学家提出的 WSR 系统方法论以物理、事理和人理的汉语拼音第一个字母作为缩写。“物理”是指涉及物质运动的机理，包括了从传统的物理、化学、生物、地理、天文等科学到工业、农业、军事等工程技术。“事理”是指如何去做事的道理，属于用管理科学的方法（如运筹学等）处理工程事务。“人理”是指充分考虑人的因素来推进各项事务。在系统工程实践中，需要综合考虑物理、事理和人理的关系，因而“懂物理，明事理，通人理”是 WSR 系统方法论的基本准则。

如果城市管理机构的最高领导人坚定执行《国家新型城镇化规划（2014—2020 年）》要求，使各级部门的领导了解智慧城市工作的目标与内容，向群众宣传工作的方式和可带来的利益，与相关方面沟通工作的价值和协调，来获得各方支持与帮助的话，那“权”对于有效推进智慧城市发展的作用是巨大且持续的。

（4）“金”即资金，智慧城市缺少资金必然难以启动。若资金不足以支持规划的建设内容，没有后续资金支持运行的话，同样难以持续。

政府对智慧城市的建设可以有投入，但大多不到规划总量的 10%，甚至更少。为此而提出的 BT、BOT、PPP 等模式，都是期望以多种投融资的方式使智慧城市的建设得到动力。这里有两个问题。第一，投融资是商业行为，只有能获得预期的收益，才会有资金的投入，那么收益何来？还不是得从城市的政府财政、企业和市民身上收取？可以想见如果一个年财政收入为 100 亿元的城市，做一个三年需投入 20 亿元人民币的智慧城市规划方案，可行吗？尽管资金并不完全由政府承担，但是城市还有更多急需花钱的地方。更夸张的方案还有很多，最后大多落得个“规划是极好的，但是地方上拿不出这么多的钱”的说法，搁置了事。第二，如果地方上很有钱，规划的项目都能建设，那是否就能快速建成智慧城市？非也。智慧城市的有效运行，需要有配套的城市运营的体制和机制、需要有新型的领导力、需要市民的信息化生存能力、需要有利益驱动企业、需要建立网络社会的伦理规范，这些都不是有钱可以立即买到的。笔者就遇到基层政府建设的无纸办公系统，因主要领导称不习惯而成为应付上级检查的工具的实例。所以，智慧城市建设的动力并不来自资金，只要工作目标准确，思路清晰，缺“金”可以掘到“金”，“金”少亦能办成事的案例也有了不少。

6 结语

中国的智慧城市正在依靠发挥政绩与功利的正能量，不断加速推进；更多的智慧城市顶层设计的建设运营方案从复制走向定制，更加务实有效；智慧系统的实施促进了城市机构和运行模式的改革，城市的革新使智慧系统发挥着更大的作用。我们要以城市发展的智慧，推行完整的顶层设计，重视底层对接的事务工作，积极推进共享公共服务信息的大数据应用，使智慧城市获得持续发展的动力。

作者简介：**程大章** 同济大学教授、博士生导师；
沈 晔 同济大学讲师。

参考文献

[1] 程大章 . 智慧城市顶层设计导论 [M]. 北京：科学出版社 , 2012.
[2] 郭理桥 . 中国智慧城市标准体系研究 [M]. 北京：中国建筑工业出版社 , 2013.
[3] 李霞 . 面向智慧城市的信息资源整合与共享运行机制 [J]. 北京：中国信息化 , 2014(Z3):96-100.

“智慧城市”背景下的城市规划创新

Innovation of Urban Planning against the Background of “Smart City”

王广斌　范美燕　王捷（美）　张文娟

摘　要　“智慧城市”是在全球广泛展开的未来城市发展的新理念和新实践，必然会对城市规划这一控制土地和空间资源的重要公共政策产生影响，并要求城市规划做出相应变化与之接轨。通过阐述“智慧城市”的内涵及其对城市规划的意义，从理念与实践两大视角重点分析了“智慧城市”背景下的城市规划创新，以期突破传统的城市规划实践的局限性，进而实现智慧的城市规划。

关键词　智慧城市；城市规划；创新；相互关系

快速城市化进程中出现的人口膨胀、交通拥堵、环境恶化等诸多问题，迫使全球众多城市探寻新的城市规划、建设与管理方式。“智慧城市”（smart city）正是自20世纪末以来在全球广泛展开的有关未来城市发展的新理念和新实践。它是基础设施发展到一定阶段的产物，是一种形成竞争环境的战略，是推动城市包容性与可持续性增长的方法[1]。“智慧城市”已然成为未来城市演进的趋势。

城市规划是城市建设和管理的重要依据，是“对一定时期内城市的经济和社会发展、土地利用、空间布局以及各项建设的综合部署、具体安排和实施管理”（《城市规划基本术语标准 GB/T 50280—98》)。“智慧城市”的发展必然会对政策制定与实施产生影响，城市规划应做出相应的变化或对策。通过文献调研，发现目前国内外城市规划面临一些共性问题与挑战，反映了现行城市规划存在的局限。因此有必要对智慧城市与城市规划的相互关系进行研究，从而为“智慧城市”背景下的城市规划创新提供理念与实践支持。

然而，通过文献调研发现国内外对此研究相当少。国外有文献直接探讨“智慧城市”与城市规划的相互作用，是通过识别城市规划的4个维度（质量、生存性时间轴、容量、历史及自然景观）与“智慧城市”架构层（用户层、服务层、基础设施层、数据层）之间的交汇点来试图寻找两者相互影响的形式与方面，但是所做的研究还停留在表层，没有深入分析两者的作用机理[2]。国外与之相关的间接研究的文献多为对单一的智能交通和土地使用规划进行优化的研究，并未提及“智慧城市”，而且对基础设施规划的研究也相当少。“智慧城市”的众多定义揭示了系统的集成与互联是城市的智慧基础[3]。国内涉及两者相互作用的研究更少，有文献简单分析了“智慧城市”“精明增长”（smart growth）对城市规划的意义和启示，但并没有围绕如何进行智慧的城市规划展开[4]。还有文献以“智慧城市规划”为研究对象，但它指的是以“智慧城市”为发展目标的战略与实施规划，而不是指如何运用科学和智慧来进行城市规划[5]。

原载于《上海城市规划》2013年第2期。

有感于上述原因，本文试图挖掘“智慧城市”发展对城市规划的理念与实践的影响，探究城市规划如何做出相应变化以应对“智慧城市”背景下的机遇与挑战，进而实现城市规划的智慧接轨。

1 “智慧城市”内涵及其对城市规划的意义

1.1 智慧城市定义及内涵

目前，国内外对“智慧城市”的定义尚无定论。在国际上接受度较广的“智慧城市”定义是“智慧城市将对智力和社会资本、包含传统交通和现代信息通信技术的基础设施的投入作为支撑经济可持续增长的动力，并通过参与式治理对上述资本及自然资源进行智能化管理，进而实现高质量的宜居生活”[6]。这是基于2007年《欧洲中等智慧城市排名》报告发布的智慧城市六大维度“智慧经济、智慧移动、智慧环境、智慧公民、智慧生活和智慧管理”提出来的[7]。

区别于其他更强调技术作用的概念（如数字城市和智能城市），“智慧城市”总体上是作为一个包含人、企业、政府、社会和环境等所有现代城市生产要素的战略概念被推出的，体现了信息通信技术、社会和环境资本对于增强城市竞争力日益重要，致力于实现城市的经济、社会、环境的和谐可持续发展。

“智慧城市”的核心价值观是致力于提高居民生活质量，其鲜明特征是融入信息通信技术，努力以创新、集成和协同的方式管理和服务城市居民。“智慧城市”的内涵即城市创新，是技术创新、组织与管理创新和政策创新相互影响与作用的有机整体[3]。但是目前基于技术创新的智慧城市研究非常多，而对于管理创新、政策创新涉及较少。

1.2 当前城市规划面临的问题

经研究发现，城市演进迅速并且过去10年里其复杂性大幅增加，但是城市规划并没有实施相匹配的并行的变革，传统的城市规划存在局限性，导致了当前国内外城市规划面临一些共性问题与挑战，限制了其应对城市现状的能力，造成了以下若干问题[8, 9]。

（1）城市作为城市规划的现实表现，疏于满足市民需求。

城市是城市规划的现实表现，因而城市规划要对城市疏于满足市民需求承担责任。事实上，规划的细节通常限于土地分配，对人口经济学、地理、文化和社会因素与趋势的考虑相当少。由于缺乏智能的规划工具和数据支持，城市规划师即使意识到需求预测的局限性，也往往凭借主观估计来完善规划。除了需求预测问题，还有设施规划与服务设计规划的不匹配，这是由于不同归口管理部门之间条块分隔、各自为政造成的。

（2）城市规划未能客观平衡公共利益与私人利益。

城市规划的根基在于“社会公正性”，公共用地与私人用地（如住宅、工商业用地）之间的比例由法律法规明文规定，规划人员在制定规划时要予以遵守，也有一定的主观能动性。但现实情况是城市政府往往一味追求投资拉动经济增长，而可能忽视了公用设施的配套需求，体现在城市规划中则是没能很好平衡公共利益与私人利益、长期利益与短期利益；同时，目前也缺乏客观工具来度量公共需求进而合理设置土地配比，导致现在的规划比较功利和短视。

（3）经济危机背景下，城市的公共供给不能满足需求。

2008年以来的全球金融危机引发的经济衰退，导致许多国家的中央和地方政府大幅紧缩预算，使得公共基础设施缺乏有效资金保障，导致供给不能满足城市居民需求。

（4）制度上的失灵表现为“不在任期内”（not in my term）“与我无关”（not my business）。

城市规划的作用和地位有待进一步提升，制度上的失灵包含“不在任期内”“与我无关”[10]。这是由于城市规划、建筑许可证、能源基础设施、交通、水资源等领域通常由不同部门管辖，彼此缺乏协调与沟通，甚至利益和优先级也不尽相同。

1.3 构建“智慧城市”对城市规划的意义

“智慧城市”的构建将促进城市化发展模式的转变；提高城市规划编制与管理过程中的公众参与度，有助于城市治理模式变革；使得城市的发展目标和功能定位变成可实施、可量化、可实时评价的目标；促进城市信息产业的发展，繁荣城市经济[4]。

“智慧城市”的理念、战略目标与实施策略等包含的所有效应和变化将最终反映在城市空间布局上，并改变城市空间形态，促进城市的跳跃式发展，对城市及居民的影响深远[11]。城市规划作为控制城市土地和空间资源分配的一项重要公共政策，必须体现这些需求与变化。智慧城市的解决方案，要求以智慧城市的理念规划城市，通过信息资源与城乡规划的有效整合，促进城乡规划的智能化、信息化，实现城市的可持续经济增长，提高居民生活质量，实现城市建设与管理的智慧化。

2 “智慧城市”背景下的城市规划创新

“智慧城市”是技术创新、组织与管理创新、政策创新三者相互作用的有机整体[3]。“智慧城市”背景下的城市规划创新，简单来说就是智慧化、信息化的城市规划，具体是指依托相关先进理论切实落实智慧理念，借助系统化、结构化、智能化的技术与工具，科学分析、集成互联城市数据，最终提出科学合理的城市规划方案。本文将从理念与实践两大视角出发，分析“城市规划理念创新”与“城市规划实践创新”的具体表现。

2.1 城市规划理念创新

（1）深度融合“可持续”理念注重中长期规划。

“可持续发展”和“宜居社区”代表了当代城市规划的蓝图与前景，然而其实施过程中可能会遭遇一系列冲突[12]。智慧的城市和社区规划面临着生态、技术、社会等多方面的挑战，表现在从可持续土地使用到交通、从绿色能源到市政设施应用。这些快速城市化进程带来的各种城市病，促使包括城市规划人员在内的有识之士开始思考如何更好地预测并满足市民不断增加的各种需求，这就意味着不能只注重规划和政策的经济效益，只注重追求投资的快速回收，而要注重城市规划的中长期性，要综合考虑城市的经济、社会和环境。

（2）深入理解“以居民需求为中心”理念。

“智慧城市”的核心价值观是致力于提高居民生活质量，其理念之一就是“需求与服务导向”。“以城市居民需求为中心”的提法并不新颖，我国《城乡规划法》中也规定要“改善人

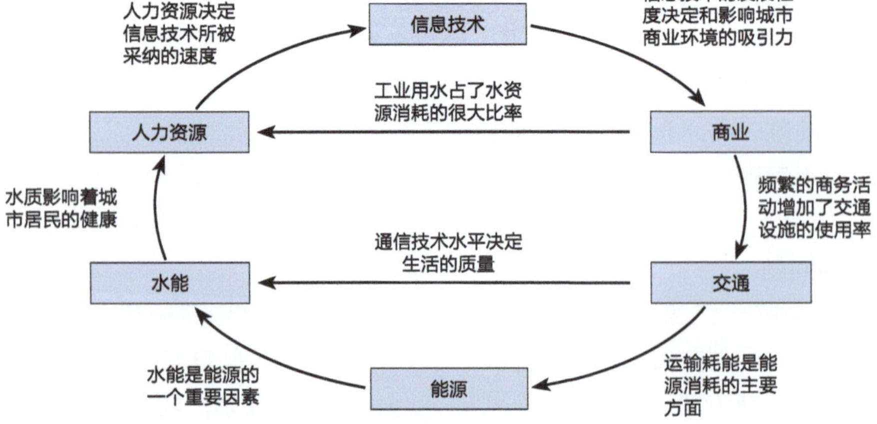

图 1 城市核心系统的关系
Fig.1 The relationships among the key systems in the city
资料来源：IBM 经济发展研究中心，2009

居环境"，但在现实规划中，这一点的落实还远远不够，需求与服务导向的政策能够带来更好的治理。实现这一理念要求有智能的规划工具和先进的数据分析方法，从而能够科学预测市民需求，并合理分配基础设施和空间布局。

（3）采用"精明增长"理念应对"城市扩张"。

城市规划创新可追溯到20世纪90年代那场"倡导城市规划新政策"的"精明增长"（smart growth）运动，其核心理念是在"区域生态公平"的前提下倡导"科学与公平"的城市发展观，强调对城市发展的3个关键问题（空间结构、用地模式、交通体系）的综合考虑。借鉴国外应对"城市扩张"（city sprawl）所采用的"精明增长"战略，为制定更科学合理的城市规划，应进行理念更新和制度规范，明确规定"城市的增长边界"，这对维护区域生态安全非常关键，并能够应对和改变我国城市化加速时期的城市发展现状[13]。

（4）跨学科集成研究是城乡规划学的发展趋势。

城乡规划学与信息科学、社会科学、系统科学、管理学、经济学等学科的集成协同，既有利于建立系统、完善的城市发展理念、策略和制度，也有利于实现智慧城市在空间策略和技术应用方面的可操作性。以城乡规划学的空间规划能力为依托，整合多学科知识体系，主要研究区域、城市、社区3个层次的城乡空间体系优化策略，既符合城乡规划学学科发展的趋势，也提出了一条新的跨学科实效研究的路径。

2.2 城市规划实践创新

在"智慧城市"背景下，为解决城市规划面临的问题，本节从规划思想、规划依据、规划重点、规划方法与工具、规划编制队伍、规划反馈与评价等方面分别给出了思考和建议。

2.2.1 规划思想

正确把握系统之间的关系和规划的预见性。对于目前城市规划面临的问题，需要一套以服务市民为中心，系统的方法和工具来采集、分析数据和进行决策支持，以平衡公共利益与私人利益、满足市民需求。所有城市都是由紧密相连的系统之系统（system of systems）组成的（图1），包括经济、居住、教育、公共安全、交通、医疗保健、政府服务与公共事业等。智慧城市的建设必须理解城市现有核心系统之间的交互关系。

为了帮助规划人员和政策制定者更好地理解和管理城市的动态行为，IBM首创"智慧城市的系统动力学"（system dynamics for smart cities）交互模型，让使用者看到城市核心系统之间的协同工作和相互影响[14]。使用该模型能检验未来中长期规划，规划人员通过仿真因果分析能够看到所做的决策如何在各城市系统之间运行并预测到其实施效果。

2.2.2 规划依据

出台法律法规等指导性文件。为了适应"智慧城市"背景下的城市需求，必须修订并健全配套的法规体系（包括规范/导则、技术法规等），从而为城市规划的科学编制和实施提供法律法规保障。截至2012年2月，我国提出要建设智慧城市的城市有154个，预计投资规模达1.1万亿元，可见各地城市规划面临着巨大的调整需求与挑战。因此或有必要从国家层面制定引领性的关于智慧城市规划的相关政策法规。

2.2.3 规划重点

将"智慧城市"的理念转变为定量指标和空间布局形式。智慧城市发展带来的效应和变化将最终反映在城市空间上，转变为城市规划中可操作的定量指标，进而改变城市空间布局形式。首先根据城市"智慧"发展的理念目标，研究制定切实反映理念目标的科学指标体系；其次要将定量指标转化为相应的空间布局形式；最后将多元目标融入智慧城市建设的基本单元[15]。

下面从城市系统规划、城市整体布局、城市基础设施规划、城市公共服务设施规划、城市生活环境规划这 5 个方面具体分析规划重点[11]。

（1）城市系统规划。对城市发展的支撑要素和约束（如土地资源、水资源、能源和生态环境性能）进行综合评价，通过收集、分析、核算数据与建模来合理使用资源、实施生态环境保护和满足防灾需求，以科学划分适建区、限建区、禁建区的范围。

（2）智慧的城市布局。评估城市地形、气候相关的地理水文数据，协调生态系统、城市规划和建设需求、土地使用特征和工程适宜性的需求，为城市建设和功能区域的土地选择提供科学的基础，形成统一的协调的有机整体。

（3）智能的城市基础设施规划。智慧城市对交通布局和主要基础设施布局提出更高的需求，对道路网络和城市基础设施进行智慧布局和建设，通过对基础设施的智慧建设，能够减少资源浪费。

（4）智能的公共服务设施布局。新公共服务设施系统将推动分散的数据集中到综合平台，创建一个专注于管理系统与数据的统一过程，减少公共服务设施的布局限制。

（5）城市生活环境规划的智慧。通过智慧城市基础设施和公共服务设施分配，达到对水资源、电力、油和其他资源的合理分配和使用，提高资源利用效率和减少资源浪费。同时，加强对高能耗、高资源消费、高污染工业的监控，减少环境的负面效应，实现“两型”社会及可持续发展目标的双赢。

2.2.4　规划方法与工具

促进城乡规划方法与工具的开发与集成。“智慧城市”实现系统化、结构化、智能化整合数据，通过数据建模等手段，实现数据的定量化、模型化、可视化分析，进而形成规划布局的优化方案。相应的城市规划需要做定量分析、空间模拟和工程设计，开发、集成大量的技术模型，意味着城市规划需要加快相关专业技术的开发与集成。这对规划编制队伍的组成结构多元化、跨学科提出新的挑战。

“生态 – 技术”（eco-technological）的规划为快速增长的城市空间产生的多种可持续与修复的根本问题提供了一种可能应对措施。目前，城市规划人员、空间规划和居住设计专家可能使用的生态 – 技术有 4 种[16]。如表 1 所列。

表 1　城市规划的 4 种“生态 – 技术”
Table 1 Four types of eco-technological city planning

种类	组成或用途
环境技术 environmental technologies	包含一系列与能源、水、垃圾相关的技术
信息技术 information technologies	包括一系列计算机软硬件技术和环境检测技术
地理信息技术 geographic information technologies	提供在相关数据库中以列表形式存储、传输、操作、管理、可视化、更新、询问、报告地理相关数据，与城市信息系统协作以促进土地使用分析、制定环境规划准备、生态区监控等，并保证能在网络中传播
通信技术 communication technologies	用于在有线 / 无线网络传递环境数据、信息、知识与决策

2.2.5　规划编制队伍

城市规划需要加快新型专业人才队伍的建设。当前城市规划编制单位与管理部门的人才结构相对单一，以建筑地理背景的空间规划人才居多，缺乏精通信息/智能基础设施与ICT技术的专业工程师。智慧城市的涌现与发展，将加大对培养新型规划人才的需求，因而要加强复合型专业人才的引进与继续教育，优化城市规划的人力资源结构。

2.2.6 规划反馈与评价

提高城市规划编制实践过程的公众参与度。“智慧城市”的建设将显著推动公共权力的透明化与城市决策过程的公开化，使城市公共管理的信息共享，提升了公众对城市规划决策过程的监督能力与影响能力。公众将不仅是信息的接收者，更是信息的发布者。“智慧城市”背景下的城市规划提倡大量的公众参与，强调高效的信息沟通，将最大限度地调动公众参与城市规划和管理，以检验各项行动方案与新技术的可行性及落实程度，最终有利于实现城市治理结构的扁平化。

3 结语

本文阐述了“智慧城市”的内涵及其构建对城市规划的意义，探究城市规划如何做出相应变化实现智慧接轨，从理念与实践两大视角就“智慧城市”背景下的城市规划创新提出了建议，为新形势下城市规划部门和规划编制人员的业务开展和提高提供参考和借鉴。

作者简介：**王广斌** 同济大学经济与管理学院副院长、教授、博士生导师；

范美燕 同济大学经济与管理学院硕士研究生；

王 捷[美] 美国斯坦福大学城市及环境工程系咨询教授；

张文娟 同济大学中德工程学院副教授、博士。

参考文献

[1] “Smart City”, The Free Encyclopedia f rom Wikipedia[OL].(2013-03-25)[2013-04-01]. http://en.wikipedia.org/wiki/Smart_city.

[2] Anthopoulos L, Vakali A. Urban Planning and Smart Cities: Interrelations and Reciprocities [M]// The Future Internet_ Lecture Notes in Computer Science. Berlin : Springer Berlin Heidelberg, 2012: 178-189.

[3] Nam T, Pardo T. Smart City as Urban Innovation: Focusing on Management, Policy, and Context[C]. NewYork: ACM, 2011: 185-194.

[4] 张开翼.“智慧城市”的构建及其对城市规划的意义[J/OL]. 城市建设理论研究(电子版), 2012(22)[2013-04-01]. http://d.g.wanfangdata. com.cn/Periodical_csjsllyj2012221304.aspx.

[5] 杨章贤.信息时代区域发展与城市规划响应研究[D]. 长春：东北师范大学, 2011.

[6] Caragliu A, Bo C, Nijkamp P. Smart Cities in Europe[J]. Journal of Urban Technology, 2011(18): 65-82.

[7] Giffinger R, Pichler-Milanovi N. Smart Cities: Ranking of European Medium-Sized Cities[R]. Vienna: Centre of Regional Science, Vienna University of Technogy, 2007.

[8] Fernandes E, Marsal-Llacuna M, Leung Y, et al. Smart Cities Initiative: How to Foster a Quick Transition Towards Local Sustainable Energy Systems[R]. Florence:EUIRSCAS, 2011.

[9] Marsal-Llacuna M, Leung Y, Ren G. Smarter Urban Planning: Match Land Use with Citizen Needs and Financial Constraints[C]//Computational Science and Its Applications - ICCSA. Berlin: Springer Berlin Heidelberg, 2011: 93-108.

[10] Nam T, Pardo T. Conceptualizing Smart City with Dimensions of Technology, People, and Institutions[C]. New York: ACM, 2011: 282-291.

[11] Wei W, Li RQ. A Primary Investigation into Revolution and Way to Reform Under the Background of Smart City Construction[J]. Advanced Materials Research, 2012(368-373): 3593-3597.

[12] Godschalk D. Land Use Planning Challenges: Coping with Conflicts in Visions of Sustainable Development and Livable Communities [J]. Journal of the Am erican Planning Association, 2004(70): 5-13.

[13] 马强，徐循初．“精明增长”策略与我国的城市空间扩展 [J]. 城市规划汇刊，2004(3)：16-22.
[14] Beurden H. System Dynamics：Planning for Smarter Cities [R]. Amsterdam: www. hvbcommunications. com, 2011.
[15] 吴月静．关于南京城市转型与规划创新的思考 [J]. 现代城市研究，2009(12)：62-66.
[16] Ercoskun O. Green and Ecological Technologies for Urban Planning：Creating Smart Cities[M]. Turkey：Gazi University, 2012.

城市大数据与智能城市发展

Urban Big Data and Smart City Development

潘起胜　金中华

1　城市大数据

在当今信息与数据爆炸式增长的时代，社会经济的永续进步离不开信息技术的发展与应用，而不断产生和持续更新的信息将所有人带入了大数据时代。与传统的数据不同，大数据所指的是超大和超复杂的数据集。通过对大数据的分析可以帮助揭示事物的形态、发展趋势和相互关系等，特别是人的行为和相互作用。从日常生活到高精尖科技研究，对大数据的分析利用，可以帮助深入了解事物发展的相互关系和内在规律，从而改进现有的发展模式以及程序和制度。

人们之间的相互作用每时每刻都在产生大量的信息，大数据广泛存在于在普通人的日常生活中的各个方面。例如，全球沃尔玛超市每小时客户交易量高达一百万次；网络媒体脸书拥有超过四百亿张用户照片信息；2017 年双十一，阿里巴巴网络购物平台单日成交量高达 14.8 亿笔；一辆卡车每天可以产生的数百万个 GPS 记录等。

与城市规划相关的各种测量和感知也在不断产生各种大数据。以货运为例，随着全球一体化的持续推进与贸易的不断增长，世界各地特别是城市的货运量在持续增长（USDOT, 2012）。已在路试的无人驾驶货车（如 Freightliner 的 Inspiration Truck）、正在兴起的空中邮包投递（如亚马逊的 Prime Air）和方兴未艾的车联网（Internet of Vehicles, IoV）等都在产生实时数据，需要及时处理和反应。而对于城市和区域的货运规划，大数据也越来越普遍。笔者的研究团队中正在进行的长三角货运规划研究，模型所使用的道路网有超过 360 万个连接，460 万个 POI，并且每个月产生 3 000 多万个货运卡车的 GPS 轨迹点（图 1）。

大数据的特性通常用 3V 来概括，即数量（volume）、速度（velocity）和变化（variety）三个方面。在数量上，大数据之所以称之为大，是指数据的体量比较庞大，没有上限，在存储能力允许的条件下甚至可以达到百兆千兆等；在速度方面，基于互联网的数据搜集和数据分析可以达到或接近实时，并快速实现数据的生成、存储、分析，以及处理；另外，数据的变化主要体现在数据的多样性上，例如遥感中使

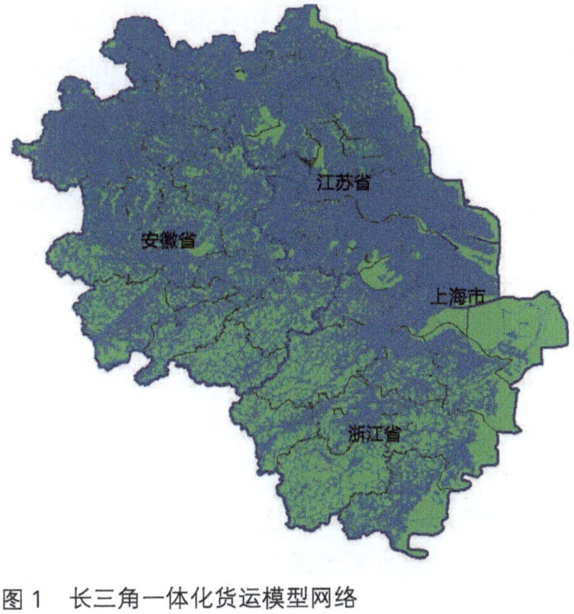

图 1　长三角一体化货运模型网络

Fig.1　Freight transportation network for the integrated development of Yangtze River Delta Region

用的多源数据融合，以及规划中不同空间尺度和时间序列的数据匹配等。

具有空间属性的大数据与传统的空间数据类型一致，同样分为点、线、多边形等矢量数据和栅格数据等。在其矢量数据的应用场景中，有打卡、POI 和大型商业机构等点状数据，手机 GPS 轨迹、无人驾驶客车、货车的轨迹数据和开放式街道地图等线状数据，无人驾驶汽车边界等多边形数据。而无人驾驶汽车的覆盖面及其录制的图片或影像都是栅格数据。在城市规划中，对于这些空间大数据的综合研究分析，可以帮助我们更好地了解和解决城市发展中产生的一些现象和问题。

Evans 等（2013）对以谷歌关键词搜索、脸书帖子和网页的点击等为例的大数据和以打卡、带有地理空间信息的推特、传感器的 GPS 定位和 waze 导航为代表的空间大数据进行了比较。指出了两种数据在数据类型、研究问题，以及具有代表性的计算范例等方面的不同。同时通过对以 2012 年美国总统选举为例的传统空间数据和以灾害发生时推特的实时地图等空间大数据在数量（volume）、速度（velocity）和变化（variety）三个方面进行了详细比较。

应用大数据在研究和实践中也出现过误判的情况，运用网络大数据所建立的谷歌流感趋势（Google FIU Trends，GFT）在预测 2013 年美国季节性流感中出现的误判。相较于以美国国家医生网（national networks of physicians）中具有流感症状的患者报告来推断流感趋势的传统监测，以及位于亚特兰大的美国疾病控制与预防中心（Centers for Disease Control and Prevention，CDC）从 2 700 个健康中心每年收集的 3 000 多万病人看病记录，2008 年谷歌公司开发的谷歌流感趋势使用谷歌搜索中出现的流感相关的关键词的频率等来推断流感疑似症候的变化，一直都与传统检测和 CDC 的数据相当吻合，而在数据收集的收本和处理的时间效率上都具有巨大的优势，然而在 2013 年的流感季节，谷歌流感趋势出现了严重夸大的问题。

对造成 Google 流感趋势误判的因素，Butler（2013）进行分析后指出，“大数据自大”（big data hubris）是因素之一，现在在数据的收集和分析中经常假设大数据对传统数据是一种替代，而不是一种补充。造成误判的另一个因素是算法的动态性（algorithm dynamics），也就是改善商业服务的工程师和使用服务的消费者所带来的不断变化的算法。而对于如何改进大数据分析。这些因素在大数据应用于智能城市的建设中，也可能会产生误判的情况。对于改进大数据分析，减少误判的发生，Lazer 等（2014）提出使用传统的小数据和新的大数据开展创新性分析，实现“全数据革命”（all data revolution），并对我们生活的世界有一个深度和清楚的理解和认识。

在城市社会经济活动中大数据的广泛收集和应用，对智能城市的建设起到了支撑作用。然而同时也需要时刻警惕大数据的自大以及算法的动态性等影响分析和应用效果的因素，做好与传统数据配合使用的工作，实现“全数据革命”。

2 智能城市规划

随着社会的发展和机械自动化的大规模应用，农村劳动人口逐渐从农业生产中解放出来，迁移到城镇从事工业生产。从世界人口分布情况来看，全世界总人口增长逐渐减缓，城市人口逐渐增加，由此一来，有限的城市资源将无法满足膨胀性增长的城市人口，城市生态环境恶化，需要通过协调各方面的资源来改善城市生活质量。这就需要城市的发展采用智能的模式，从而使智能城市的规划与建设成为当今城市发展的一大趋势。

追溯城市规划理论与实践在 19 世纪末的发展。英国的霍华德提出田园城市理论，它在很大程度上将城市与乡村结合起来，对城市进行功能分区，并通过建设卫星城市来弥补中心城市空间不足和疏散中心城区人口。每一个田园城市大约 60 km^2 土地面积，可容纳超过 3 万居住人口，并专门为市民提供住房，同时设计有开放空间、绿地公园和 6 条主干道，从中心城区延伸与卫星城市相连。田园城市的功能比较健全，在人口饱和后可以达到自给自足。这种设计模型为智能城市提供了参考，然而田园城市理论也存在忽略人口的流动所产生的动态需求等问题，值得智能城市的规划和建设者关注。田园城市的探索在中国也得到了积极回应，中国的国家领导人在四川考察时就明确提出在成都的天府新区建设中突出公园城市的特点，考虑生态价值，打造新的增长极，并成为内陆开发经济的高地。这为规划中国的智能城市或智慧城市提出了新的要求。

2.1 智能城市与智慧城市

智能城市与智慧城市在概念上有很多的重叠，在很多时候互相混用。作为智慧城市概念的一个代表，美国规划协会（APA）提出运用信息通信技术（Information Communication Technology，ICT），鼓励公众参与，从而提高并改善城市日常生活中所需的各项服务。一个完整的智慧城市系统应当包括四大要素，即先进的城市基础设施、完善的社会发展系统、信息交流平台和社交信息软体。其中，城市基础设施主要有绿色空间、能源设施、废物回收、自来水供应、城市建设等；社会发展系统主要包括政府机构，完整的城市经济，公共安全卫生服务，教育，以及社区发展等；城市信息交流平台包括以宽带硬件为基础的城市信息监测，城市机动设施和数据中心等；城市信息软体主要体现在社交平台软体，智能交通和大数据应用等（McMahon，2015）。

另外，著名的美国环境系统研究公司（ESRI）也对智慧城市的概念进行了梳理并提出智慧城市须涵盖以下六个方面，即智能政府、智能生活、智能交通、智能市民、智能金融和智能环境。并强调了利用智能化信息和大数据对改善城市发展各个行业的重要性（Tang，2017）。

智慧城市的概念之所以能够得到大力的发扬和推动，是因为智慧城市的建设能够提高城市整体及各个部分的运行效率，提高基础设施的韧性，加速城市经济发展，提高专业服务水平，促进公众参与，并且改善信息决策等（McMahon，2015）。

智能城市发展的趋势可以归结为：第一，政治趋势，可以归结为政治透明，责任细分。随着城市人口的增加，城市原有的规范制度受到挑战，人们要求政府和非政府机构对公众更透明和更负责。第二，技术趋势，快速降低通讯成本。智慧城市建设过程中，信息交流和数据共享要求多渠道和低成本，互联网建设以及信息交互系统的应用降低了信息共享的成本。第三，社会趋势，移动互联，实时响应。多渠道的信息共享能及时有效地将城市各空间串联起来，达到一动百动，及时有效。第四，环境趋势，需求增加，效率提升。

建设智慧型城市离不开大数据的应用。电子信息系统的长足发展以及互联网技术的成熟，信息数据共享成本已经没有技术性障碍。我们的日常生活中所产生的信息被大量地收集，人们的城市活动规律为智慧城市发展提供了数据基础。这些数据产生于城市发展的各个方面，例如城市能耗，交通拥堵，商业销售，以及我们的日常穿戴系统都产生大量的数据信息。通过对这些大数据信息的搜集和应用，可以有效地提高智慧城市建设。同时，随着科技信息技术的快速更新换代，智慧城市能够快速地吸纳并投入应用。例如，城市共享单车系统能够及时有效地收集用户出行信息，包括距离，地点，速度等信息。运营商可以有效地区分高需求地段和低需求地段。对城市建筑能耗的监测可以使我们了解到城市对电能，热能，以及水资源的需求情况，从而合理分配能源。分析交通信息大数据，可以使我们了解到城市交通情况。例如，交通拥堵的地段和时间等，从而合理规划城市交通建设，减少交通拥堵，改善城市环境。

智能城市（intelligent city）与智慧城市（smart city）的概念也有一些差别。智能城市强调城市三维空间，即城市空间，人文空间和网络空间的发展。通过好的策略对三者进行整合，从而提高城市发展和市民的生活质量。智能城市的发展有几条主轴，包括智能政府，智能经济，智能生态环境，智慧公民和智能设施。智慧城市的不同之处在于其更强调信息的整合，交互，以及网络互联，从而优化城市的运行与服务，以及与市民的联系，实现资源的最优配置。 智慧城市发展有几大轴线。第一，经济是城市发展的引擎，为城市发展提供源动力，具有活力的经济能够吸引外来资源，提高自身竞争力；第二，能源为燃料，为城市发展提供源源不断的营养支持；第三，良好的城市环境与基础设施是经济发展的基础，保障商品、资源顺利流通；第四，良好的社区融合，促进公众与市政的互动，使决策者能够及时了解人们的需求，建立稳定的社会环境，保障城市发展的稳定性；第五，完善的城市交通设施，例如公共交通设施，高速公路建设等为人口流动、货物流通，以及资源分配提供保障。

2.2　智能城市的研究与案例

在智能城市的研究上，同济大学的联合国教科文组织国际工程科技知识中心（IKCEST）为支持联合国可持续发展的目标而建设的智能城市知识服务系统（intelligent city knowledge service system，iCity），积累了超过 12 万条数据的世界城市基础数据库，并根据联合国公布的各城市的新指标，对数据进行不断地更新和完善。其智能城市评价系统（intelligent city evaluation system）的 CityIQ 从政府的智能化行政管理（I-Government）、智能化的产业与经济（I-Economy）、智能化的生态与环境建设（I-Eco-Environment）、智能化的居民（I-Civilian）和智能化的基础设施（I-Infrastructure）五个方面对城市的智能化进行评价，并对全球城市的智能化程度进行综合排名。

在智能城市的建设过程中，目前有一些正在进行的案例可以借鉴。万向聚能城和低碳智慧小镇是中国智能城市建设的典型实例。万向聚能城位于杭州市萧山区，占地 9 km^2，计划建成一个可供 9 万人学习、研究、制造和生活的智慧城市。具体的构想是运用云端区块链技术，来构建一个“数字化城市”，集物联网、互联网、车联网于一体，以研发、孵化、转化、生产、运营为生命全周期，以智能生活、智能交通、智能服务为内容的一个万物互联互通的智能城市。

低碳智慧小镇，选址于浙江衢州市柯城区航埠镇，规划面积约 3 km^2，创建期为 2017 年至 2019 年，总投资约 60 亿元。目前小镇及周边区域内已建成并投产了光伏电站、企业屋顶光伏、居民屋顶光伏、农光互补光伏等一批分布式光伏发电项目，以及大型天然气热电联产电厂、航道水电站等能源供给项目；小镇规划区域内即将开工建设城市数据中心、高端热处理等一批大型用能项目；小镇附近的大型物流及仓储中心也正在建设中，围绕物流交通和人流交通的充电基础设施正在同步规划中；小镇产业技术联盟中的企业目前正在进行微电网、配电网、热网、压缩空气网等能源基础设施的设计工作。

现阶段智慧城市的发展需要科技支撑，互联网的成熟使实时数据共享成为可能，城市空间可以通过网络相连接，交互信息。区块链技术是当今一个热议的话题，国外的一些基于区块链技术的智慧城市建设的案例也给中国的智慧城市建设提供了一些有价值的参考。

作为一个对等网络的分布式账本数据库，不同于传统的数据库记录方式，区块链通过建立一个分布式存储、公开透明、共同维护且不可篡改的数据库来记录过去所有的交易及其历史数据。网络用户无需通过第三方的中央机构，即可以经由合约、点对点记账、数字加密等方式达成共识。区块链技术可用于建立数字货币、数字资产、智能合约等，实现数字化交易。在智慧城市发展过程中能够应用到各个层面，从数字金融、医疗保险、工业生产到日常生活，区块链技术都可以为我们提供服务。

智慧迪拜（smart Dubai）致力于为居民和访客提供高效、完整、安全、有影响的城市体验。它推动了一些有前瞻性的战略项目，并建立伙伴关系来贡献智慧经济、智慧生活、智慧政府、智慧环境、智慧居民和智慧机动性。2016 年 2 月迪拜宣布建立全球区块链委员会，致力于运用智慧合约来取代传统的纸质合约，并在一个平台上完成贸易金融的全生命周期。建设智慧迪拜的一个企业伙伴思科（CISCO）公司提供的一个智慧城市解决方案中，IoT 等智能技术被应用于减少交通死亡率，提高公共交通的使用。IBM 也在迪拜的银行相关行业使用区块链技术。迪拜智慧城市的建设提高了公共交通设施的利用率并成功降低了交通事故。

大型企业和公司对智能城市的建设也投入很大，谷歌在多伦多的海滨实验室，前期项目占地 12 英亩，已投入超过 5 千万美元的资金，计划扩展到整个 800 英亩的滨海区，建成一个小型的智慧城市。在所有可能的地方镶嵌各种感应器，持续产生交通流、噪音级别、空气质量、能源使用、交通形态和垃圾等数据流，支持数字基础设施，智慧型公共领域，智慧型住宅，混合型土地利用，以及可持续交通等建设项目。

电商巨头亚马逊的西雅图总部，可容纳 5 万员工，是一个为员工提供居住、工作、餐饮、交通、购物、学习、研究为一体的智慧型社区。从 2010 年到 2016 年，亚马逊的投资为西雅图市间接产生了 5.3 万个工作岗位，并带来 380 亿美元的间接经济影响（indirect economic impacts）。2017 年亚马逊公开征集第二总部落地的城市，在 238 个申请中，有多伦多、波士顿、奥斯汀、匹兹堡、芝加哥和亚特兰大等 19 个美国城市和一个加拿大城市入选。在最终入选的两座城市中，纽约长岛的地方政府给予项目很大的支持，包括资金的投入和就业增长 18.5 亿，并创造 2.5 万个新的就业岗位。然而，由于当地居民的反对，该项目被迫取消。这也再次提醒我们，智能城市的发展不能忽视居民的需求。

2.3 中美智能城市建设的异同

中国的城市人口众多，城市建设密度较高。我国城市建设是以政府为主导，自上而下，城市整体规划为主体的模式。在这个过程中政府职能部门能够很好地从总体上对城市发展布局进行规划和功能分区，使资源能够合理地分配到相应的功能区间。同时政府主导的基础设施建设能够实现统一化标准，在数量上和质量上提供保障。然而，这种发展模式的弊端是缺乏灵活性。一套建设标准可能套用于多个地区，缺乏对当地实际发展情况的区别评估。相反，美国人口相对我国密度较低，城市发展也与我国有很多不同，美国城市中心城区呈现高密度发展形势，城市建设密度随距离中心城区越远而逐渐递减。虽然大多数美国城市都有总规，但由于所有制形式的不同，城区内各社区也会有各自的规划。这种规划模型强调社区规划，政府只能对基础设施服务系统进行干预，缺乏实现整体功能分区的能力。

作为一个具有代表性的城市，深圳在过去的 40 年中从南方一个小渔村逐步发展成为如今的国际化大都市。从中我们不仅仅可以看到从农村到城市化的缩影，更可以看到大数据以及智能城市建设的进程。与之对照的是，位于美国西部加州旧金山圣塔克拉县的圣何塞市，自 1970 年后高科技公司的不断创办和移入，逐渐成为以“硅谷”闻名的高科技研发中心。

以深圳为例与圣何塞相对比，可以看出，1980 年深圳人口仅有 33 万，圣何塞人口是深圳的两倍；到 2005 年圣何塞总人口增长到 94 万人，年平均人口增长率 1.4%，而这时的深圳人口是圣何塞人口的 8 倍，达 827 万人，年平均人口增长率 13%。GDP 方面，1980 年圣何塞达到 1 531 亿元，而深圳只有 1.96 亿元；

到2005年圣何塞GDP 增长到6 569亿元，年增长率6%，而深圳增长到4 950亿元，年增长率27.8%，两者总量相差不多。到2012年深圳的GDP已经超过圣何塞，到2016年深圳GDP几乎已经是圣何塞的两倍。由于人口基数大，深圳的人均GDP还远远小于圣何塞，2005年圣何塞与深圳的人均GDP分别为69.4万元和6.1万元，圣何塞是深圳的11倍多；到2016年两者的人均GDP分别为78.9万元和16.7万元，仍旧相差5倍。

通过对比深圳和圣何塞这两座中美颇具代表性的典型的对比，可以了解到中美智能城市建设与城市运营在土地、基础设施、和公共财政等方面资源利用的效率上存在显著差异。在2016年圣何塞在城市资源的产出和利用上的效率是深圳的3.6倍。而在智能城市不同的发展阶段，城市资源的利用有着不同的模式。与过去GDP增长主要依赖新增土地投资的工业化初期的发展不同，现阶段深圳的新增土地投资对GDP增长不再具有显著的拉动效应。由于社会制度和城市运行模式的差异，两座城市的财政项目有较大差异。在财政支出方面，相比深圳，圣何塞有较大比例的公共财政用于公共安全。在单位土地产出及财政收入、用水效率、和用电效率上，深圳与圣何塞对比，也还存在较大差距。这种对比对中国智能城市的建设提供了很好的参照，有利于更好地利用有限的资源，推动智能城市的发展。

3 中国智能城市未来发展的问题与规划

几十年来，随着人口的快速增长和国民经济的高速发展，中国的城市化进程得到了飞速的发展。2011是中国城市化进程的里程碑，在这一年中国的城市化达到了50%。人均收入和城市交通便利性的大幅度提高，促使城市人口呈发散性扩张的趋势，人们更加渴望追求更大更好的生活空间。中心城区人口逐渐向城市边缘迁移，远离工作中心和商业中心等日常社交场所。同时，私家车的普遍化逐渐改变传统城市内交通发展模式，服务于步行和自行车的基础设施投入的比例大幅度减少，转变为服务于汽车出行为主导的发展模式。在这个过程中，同时出现了一些与民生息息相关的问题和挑战，例如交通拥堵和空气污染已成为城市居民和政府职能机构密切关心的社会问题。中国智能城市未来的发展同样要面对这些问题，通过智能技术帮助解决这些问题是中国智能城市发展的重要目标。

3.1 面对的挑战

根据中国国家环境保护部（EPM）2012年发布的报告，中国113个重点城市中有33个城市，约占全国总城市数的29.2%，还未达到国家空气质量标准。而2005年，约有1/5的中国城市人口正在呼吸严重污染的空气。在这7年间，中国210个大中城市的平均空气质量从“污染”水平提高到“良好”，平均每年可挽救178 000余人的生命。

未来减少工业生产带来的环境污染，在中国，许多大城市都已经将污染严重的工厂从中心城市迁移到郊区甚至更偏远的地区，并且实施空气净化技术，大幅减少燃煤发电厂和其他排放发电对空气的污染。根据以往美国和西欧的空气质量优化经验，中国城市的空气质量可以在不影响经济增长的前提下迅速提高。现阶段，很多社会发展问题仍然在不断地探索和研究中，如何通过规划和设计来减少交通拥堵造成的污染，同时又不影响城市经济的发展，是当今规划界和政府职能部门都面临着的严峻的挑战。

中国城市的交通问题在一些学者看来，是由于对住房环境的追求和工作变迁所造成的城市人口职住分布不平衡，从而导致了城市交通拥堵等问题（Yang，2006）。然而，反过来看，人口向城市外围扩张正是经济发展的结果。Downs（1992年，2004年）指出，美国的城市在经济发展过程中，存在一些直接或间接的原因导致人口向外扩张的现象，从而导致城市交通拥堵严重。其直接原因包括人口迅速增长，就业增长，私家车使用量增加，道路容量有限，以及交通设施费用分摊等。间接原因包括工作中心聚集，人们对高质量生活环境的追求，以及对私家车的偏好等。虽然我国的城市发展程度还没有达到欧美发达国家城市发展的标准，这些观点还不能与中国城市发展的现状直接关联。但是，它们对于中国城市现阶段的发展具有很大的借鉴价值。对这些方面的大数据的搜集和分析，能够帮助了解中国城市发展过程中所面临的问题，从而寻求解决城市发展和解决交通拥堵的办法。

3.2 实例研究

以北京和上海两个具有中国城市发展代表性的城市为研究对象，根据城区人口密度分布和人口递减规律来分析城市发展形态。研究发现，北京和上海发展最快的地区位于人口密度低于 1 万人 /km^2 的地区，而中心区已经失去人口密度和人口比例数十年，这揭示了这两个最大城市的郊区化趋势。同时，人口快速增长和收入增长是北京和上海车辆增加的原因和主导因素。除了快速、便利、隐私、舒适性和许多其他优点外，私家车还满足了个人对更好的移动性的渴望。尽管北京和上海等中国许多城市都在努力增加供应以增加道路容量，但始终无法赶上车辆数量的爆炸式增长。

中国城市已经实施了一些解决车辆和交通拥堵的监管方法，如车辆牌照拍卖，摇号彩票，车牌号码限制，非本地车辆的公路限制等。但这些政策一直受到社会的批评，其影响也值得怀疑，主要是因为中国的交通拥堵和空气污染等城市问题并没有得到真正的解决，且目前还没有逆转趋势。

由于中国的城市也遵循标准的城市发展过程，因此借鉴发达国家在城市发展方面的经验是有价值的。在美国大城市地区，每辆汽车通勤的拥堵成本估计为 818 美元。2011 年，每个通勤者每年延误 38 小时，浪费 19 加仑汽油，并产生 380 磅二氧化碳排放（TTI 2012）。另外，在 2005 年达到高潮后，拥堵成本和二氧化碳排放量稳步下降，这清楚地显示了趋势的逆转。因此，中国的城市可以通过为车辆，燃煤发电厂和其他排放发电机实施尖端的清空技术，在不影响经济增长的情况下快速改善空气质量。

控制中国城市问题的大多数现有方法都是政府监管方法，这些政策法规通常比较苛刻严格，无法给市民提供其他选择余地，并且需要高度执法。相比之下，引入市场驱动的方法（如峰值负荷定价）可以为个人带来灵活性和更多选择，并且更容易实施。但是，对于某些低收入或弱势群体，这种方法又存在一些经济上不公平性。因此，多种市场驱动方法和监管方法的适当组合将比仅采用监管方法更有效，例如，将 HOV 车道改为 HOT 车道。

移动电话和 GPS 等大数据已经可供城市规划者和研究人员使用。Wang et al（2012）在最近的一项研究中利用 GIS 系统和大量手机日常移动数据，发现当取消一些特定街区 1% 的车辆出行时间，额外的出行时间或拥堵时间可减少达 18%，而如果只是随机选取这 1% 的出行时间，拥堵时间只能减少约 3%。这个发现为未来城市交通发展研究提供了方向参考，通过确定一小部分特定人口出行的时间，来大幅度缓解整个路网的交通拥堵。对这一特定出行群体指定的市场驱动方法和监管方法应该能够更有效地缓解城市交通问题。

3.3 未来智能城市的问题与展望

在城市化的进程中，虽然中国很多城市征用大量农业用地向外扩张，城市的建设密度依然在世界范围内高居榜首。欧洲的城市发展验证了高密度的城市建设往往需要高密度的公共交通设施。相反，美国的城市发展体现出低密度，人口分散，主要依赖于私家车出行（Bertaud 2004；Bertaud et al，2004；Gordon et al, 2012）。中国城市未来是否会在城市增长和交通发展方面效仿西欧或美国的城市模式，这还是一个亟待研究的问题。

西欧的高密度与高公交使用之间的相关性与美国低密度城市蔓延之间好像是对立的，然而有研究表明美国和西欧的城市发展存在趋同性（Gordon et al，2012）。中国的智能城市是否会表现出与西欧和美国近似的城市扩张和交通发展形态仍然存在疑问。探索未来适合中国国情的智能城市的资源配置模型和相应的交通发展模式，需要通过多种数据对中国主要的大城市进行实证研究，来检验城市形态与交通发展模式之间的联系。

通过智能化设施和智慧城市建设，发达国家的大城市不断吸收更多人口，并继续保持和提高创造性与生产力。它们的发展是通过空间调整和降低成本从而保持正的净经济效应，同时避免管理失当和不经济的行为。这一过程在外部主要表现为郊区化，这种郊区化并非无序的蔓延，而是符合市场经济规律的空间拓展，在增加人力资本的同时并没有牺牲经济的集约效应（Gordon and Cox 2012）。

世界范围的经验是人均收入与私人轿车拥有率之间存在很强的正相关性，私人轿车提高了使用者的机动性并延伸了出行的范围，从而给予使用者更多的选择（Dargay et al，2007）。出行范围的延伸以及终点的分散使得私人轿车更有利于出行，这产生了良性的循环。

有证据表明很多高密度的城市更为智能并且单位生产力更高（J R Abel et al，2012）。城市居民的机动性越高，城市的生产力将更高。一个城镇化地区就业的可达性越高，它的经济活力越高，就能提供居民更多的机会以及更好的生活品质。

城市的形态是弹性的并且发展的路径是独立的（Bertaud，2004），智能城市的发展也是如此。没有好的或者坏的密度（Gordon，2013），但是智能城市发展的空间形态却是重要的。

对于智能城市未来的发展，仍然有很多亟待研究的问题，例如：智能城市能否吸收更多人口？如果可以，将如何达到？智能城市能否消减高密度人口所带来的问题？如果可以，将怎样办到？私人轿车的拥有和使用是否会在智能城市中持续增长？智能技术的不断涌现和应用，如无人驾驶汽车、高速捷运系统、空中飞行器等，又会对智能城市的发展提出更多的问题，需要持续不断地跟进研究，深入和仔细地理解智能城市运行的内部规律和外部影响，推动智能城市规划。

作者简介：**潘起胜** 美国得克萨斯州南方大学城市规划与环境政策学系教授，同济大学建筑与城市规划学院讲座教授、博士生导师，城乡协调发展与乡村规划高峰团队国际PI；

金中华 美国得克萨斯州南方大学城市规划与环境政策学系博士候选人。

参考文献

[1] Abel J R, Dey I, Gabe T M. Productivity and the Density of Human Capital[J]. Journal of Regional Science, 2012, 52(4): 562-586.

[2] Alonso W. Location and land use[M]. Cambridge: Harvard University Press, 1964.

[3] Beijing Transportation Research Center. 2011 Annual Report of Transportation Development in Beijing[R]. 2011.

[4] Bertaud A. The spatial organization of cities: Deliberate outcome or unforeseen consequence?[R]. Working Paper, Institute of Urban and Regional Development, University of California at Berkeley, 2004.

[5] Downs A. Stuck in Traffic: Coping with Peak-Hour Traffic Congestion[M]. Washington D C: the Brookings Institution Press, 1992.

[6] Downs A. Still Stuck in Traffic: Coping with Peak-Hour Traffic Congestion[M]. Washington D C: the Brookings Institution Press, 2004.
[7] Environmental Protection Ministry of China (China EPM) (2012) The Air Quality Status of the Key Cities on Environmental Protection in the First Half of 2012, Beijing, China (in Chinese).
[8] Evans M R, Oliver D, Shekhar S, et al. Enabling Spatial Big Data via CyberGIS: Challenges and Opportunities[M]. New York: Springer, 2013.
[9] Gordon P, Cox W. Cities in Western Europe and the United States: do policy differences matters?[J]. the Annals of Regional Science, 2012, 48(2): 565-594.
[10] Huang R Q. Population Redistribution in the Context of Urbanization in Beijing since 1980s[J]. Population Research, 2005, 29(5): 19-26.
[11] Huang R Q. Suburbanization or Urbanization? A Discussion on Development Stages of the City of Beijing[J]. Population Research, 2008, 32(1): 34-42.
[12] Lazer D, Kennedy R, King G, et al. The Parable of Google FIU: Traps in Big Data Analysis[J]. Science, 2014, 343(6176): 1203-1205.
[13] Niu. W Y. China's New Urbanization Report 2012[R]. Beijing: Science Press Publication, 2012.
[14] Mills E S. An aggregate model of resource allocation in a metropolitan area[J]. American Economic Review 1967, 57(2): 197-210.
[15] Muth R F. Cities and Housing[M]. Chicago: Chicago University Press, 1967.
[16] Shanghai City Comprehensive Transportation Planning Institute. 2010 Shanghai Comprehensive Transportation Annual Report[R]. 2010.
[17] Texas Transportation Institute (TTI). TTI's 2012 Urban Mobility Report[R]. 2012.
[18] U.S. Department of Transportation. Freight Transportation: Global Highlights 2010[R]. 2012.
[19] Yang J. Transportation implications of land development in a transitional economy: evidence from housing relocation in Beijing[J]. Transportation Research Record, 2006, 1954(1): 7-14.
[20] Wang X G. Urban planning diseases cause congestion cities[J]. China Construction, 2012(11): 24.
[21] Wang P, Hunter T, Bayen A M, et al. Understanding Road Usage Patterns in Urban Areas[J]. Scientific Reports, 2012, 2(12): 1001, doi: 10.1038/srep01001.
[22] 周冰，郭捷．以圣何塞市和深圳市为样本的中美城市资源利用方式及效益比较研究 [J]. 人文杂志，2008(3): 96-102.

大数据战略下的城市治理创新

Urban Governance Innovation under Big Data Strategy

刘朝晖

2010年以来，世界主要大都市普遍提出了智慧城市发展愿景，并将其作为构建核心竞争力，提升城市发展效能的重要手段。《国家新型城镇化规划（2014—2020年）》《中共中央 国务院关于深入推进城市执法体制改革改进城市管理工作的指导意见》《新一代人工智能发展规划》等一系列规划和政策中均提出要建设智慧城市，使之服务于城市治理能力的提升。与之同步，各种新的热点不断涌现，城市大脑、数字孪生、人工智能，5G等不断掀起新的高潮（图1）。我国实际上已经成为世界范围内智慧城市实践的主要领军者，并为之付出了巨大的投入。这种投入部分改善了政府的治理绩效，推动了流程的再造，但实际成效与理想仍存在较大的距离。虽然信息基础设施、应用系统平台的建设为应用数据资源、优化流程提供了必要的条件，但数据分析和使用能力上的欠缺在现实中构成了取得更大效能的主要障碍。推进大数据的实际应用构成了城市治理创新的重要方向。

图1 智慧城市的年度热点迭代

Fig.1 Annual iteration of smart city key word

1 城市治理的挑战与大数据介入

1.1 城市工作的重心向治理端移动

截至2019年末，中国的城镇化率接近60%，快速城镇化阶段进入尾声。在这一历史背景下，一方面，快速城镇化阶段所积累的城市问题集中显现，通过城市的有效管理和治理推动各类城市问题的解决，提升人民城市生活的获得感成为最重要的挑战；另一方面，快速城镇化进程的收尾也意味着以城市规模扩张为特征，以土地财政为主要动力的城镇化路径将不再适用于未来的城市发展，下一阶段的城镇化发展势必将以城市质量提升，以公共服务为主要动力来展开，进一步要求深入推动城市治理能力的增强。在规划、建设、管理和运营的链条中，城市工作的重心逐渐向治理端移动。

1.2 治理的目标是有限资源下的效能提升

从经济学角度看，城市问题的主要根源是城市各类要素资源的供给与需求不平衡，以及对外部性的管理失灵。面对前者，传统的治理手段要么是加大供给，如建设更多的道路、学校和医院，要么是抑制需求，如限购、限行、对人口的清理和限制。由于与城市发展运行的自身规律相悖，这些举措所能起到的作用十分有限，也引起了诸多争议。城市要素资源，特别是高质量的公共设施、基础设施都具有稀缺性，而人们对美好生活的向往没有止境。正如十九大报告所指出的：我国社会主要矛盾已经转化为人民日益增长的美好生活需要和不平衡不充分的发展之间的矛盾。

在资源稀缺的前提下，城市治理的目标可以理解为改善供需之间平衡的位置，也就是提升城市的综合承载能力和资源优化配置能力。这意味着通过治理创新，在增大投入和限制需求之外，找出一条提升供给质量的新途径。

1.3　大数据是实现供需精准化匹配的可行途径

在传统治理手段失效的情况下，大数据手段的介入为优化城市公共资源的供需关系提供了新的机遇。日本政府甚至提出了超智能社会概念，认为世界正在进入信息社会之后的第五种社会形态——超智能社会（社会 5.0）（图 2）。这一社会形态的主要特征是通过各类信息技术实现供给与需求之间的精确匹配，减少一切不必要的损耗。人工智能、大数据等通用性技术的日趋成熟和市场化引用为供需精准化匹配提供了可能。

2　大数据支撑城市治理创新的五种方式

应用大数据支撑城市治理的创新有五种方式，分别是：体检、调理、诊断、治疗、预测（图 3）。

2.1　大数据体检，对城市的透彻认知

决策者对城市的一切管理和干预行为首先取决于自身对城市运行过程的理解。面对城市系统复杂运行中的问题，无论是决策者还是观察者都很难理解问题因何而产生，也无法提前了解各类应对策略在未来可能产生的实际后果。很多时候，在不经意的情况下，城市规划师和决策者为解决产生的问题做出的努力反而成了问题的根源。

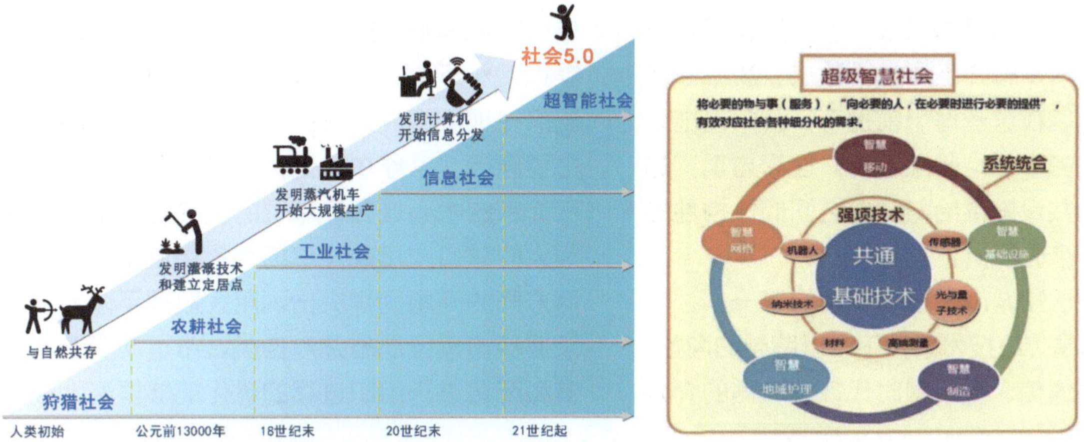

图 2　日本提出的社会形态演进和超智能社会架构
Fig.2 The evolution of social form and the structure of super intelligent society proposed by Japan Government

图 3　大数据介入城市治理的五种方式
Fig.3 Five ways for big data to intervene in urban governance

在宏观层面，城市的结构和城市规模是决定城市总体运行绩效的核心因素。在过往的规划建设中，基于对大城市病的恐惧，城市决策者常常有意识地低估城市人口，并以该预测人口为依据开展城市规划。不同的预测规模意味着不同的城市结构框架，也意味着不同的公共设施和基础设施投入。低估的城市规模显然从结构和布局两个层面都将造成供需失衡，并带来严重的城市病。反过来，如果决策者出于对大城市的向往，错误地高估城市人口，同样也将造成效率低下和财政灾难。

在微观层面，公共设施布局与城市生活品质有着最为直接的联系。可以说，正是可见的交通条件、教育品质、医疗水平构成了市民对城市的基本认知和评价。由于城市规划和研究领域对微观层面市民偏好和设施布局之间关系缺少深入的认识，城市规划布局的理论基础不得不依存于三个粗糙的假设：①人的偏好是一致的；②公共设施的品质是一致的；③城市空间是匀质的。在这些理想前提下，公共设施必然是按照服务半径均匀配置的。理想与现实的差距导致公共设施供给与需求之间的结构性的失衡成为普遍现象。

由此，认知城市是改善城市的第一步，然而这一步却是传统技术条件下难以跨越的沟壑。只有在移动通信、物联网时代，大数据的介入才为我们对所生活的城市建立透彻的认知提供了可能。

例如天津生态城在智慧城市建设过程中提出了“城市大脑 IOC 中心”和四大人工智能平台，充分发挥来自民众呼声、物联网等的大数据，通过人工智能等手段开展深入的分析，从而将城市运行过程以脉动的形式呈现出来（图 4）。城市仪表盘和领导驾驶舱实现了对城市运行常态状况的监测、分析和展示，使决策者能够较为准确地认知城市的真实运行状态，推动城市重大决策尽可能用数据说话，而不是靠个人经验和想象。

2.2　大数据调理，对过程的组织优化

城市运行效能的低下很多时候来源于流程设计不合理和信息不对称，体现为组织效率的问题。结合大数据分析和其他的管理手段有可能对诸如此类问题提出比较好的解决方案。城市中的停车难、交通拥堵、市容市貌管理不善等微观小问题，而不是城市布局等宏观问题，反而在现实中成为市民满意度和幸福感降低的主要原因。以停车为例，一些研究表明，即使在北京的中心城区停车位的供给与需求并没有很大的缺口，正规停车场空置和道路违章停车两方面的问题同样突出。用大数据手段准确地掌握城市运行动态并对各类城市运动要素的位置和配置进行组织过程的优化能够显著地提升

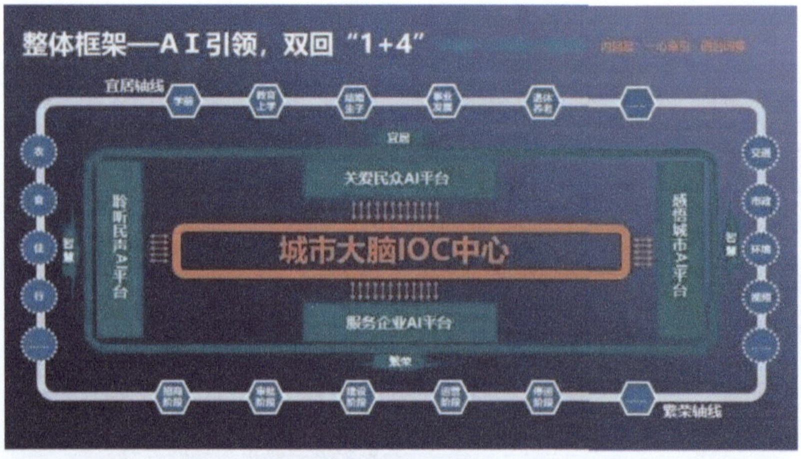

- 聆听民声人工智能平台：倾听人民声音，通过音视频、语音、语义理解挖掘，深刻洞察人民需求，改善服务体验；
- 感悟城市人工智能平台：感知城市脉搏，全面接入、透彻感知海量机器数据，智能分析、实时展现城市状态，解读来自机器的声音；
- 关爱民众人工智能平台：关爱民众生活，整合社会服务资源，用大数据 +AI 为居民提供全生命周期服务；
- 服务企业人工智能平台：服务产业发展，融合政府内部和互联网相关服务数据资源，面向企业提供全生命周期的服务。

图 4　天津生态城的 1+4 智慧城市架构
Fig.4 The “1+ 4” smart city structure of Tianjin Eco-city

效能，在不改变供给总量的前提下提升城市相关系统的承载能力。杭州城市大脑最早的案例——通过大数据实时分析调控交通信号灯来优化城市交通——很好地展示了大数据对城市运行进行调理的巨大潜力（图 5）。

2.3 大数据诊断，对问题的精准把脉

城市是一个复杂巨系统，各种问题、多种因素彼此交织、相互影响，却又似是而非。基于传统的技术手段，我们往往依赖于统计指标和少量易于测量的指标，难以看清城市问题的本质，更难以准确地抓住导致问题的关键因素。大数据能够为决策者提供更能直接体现问题本质以及各种潜在关联因素的新型指标，并从中发现特定指标的异常值，抽离出问题之间的相关性，从而实现对问题的精准把脉，并提出直接且行之有效的解决方案。

例如北京城市象限所做的“回天有术”研究。研究者针对北京回龙观、天通苑地区的居民生活压力大问题，通过地区画像较为准确地诊断了关键问题。研究发现，与对照地区相比，该地区的居民就业出行距离和工作强度明显较高，内部通勤比例明显较低，并且通勤特征与人群构成、商业设施特征有着密切的联系（图 6）。由此提出了提升商业品质、建立与周边主要工作地之间快速自行车道联系的解决方案。

2.4 大数据治疗，对个案的精准定位

借助于大数据人工智能，能够从茫茫人海中找出关键线索和关键点。这一模式更多地体现了信息科技自身的技术能力，而对应用场景的专门化知识要求较低，更能够凸显信息技术的专业优势，因此成为大数据在城市各方面管理领域最为成熟的应用。例如在城市管理、安全管理中，对特定的人员和车辆进行追踪和查找已经应用得十分广泛。经济犯罪侦查部门也普遍通过通信和资金网络分析来精准定位经济犯罪线索。

2.5 大数据预测，对趋势的提前预知

毫无疑问，对各种角色而言，基于已有的数据预测城市的未来运行是最受期待也是最难实现的功能。就目前进展而言，深圳市福田区在智慧城市建设的过程中，开发了国内首个集监测、预警、分析和可视化功能的城市运行监测系统，实时分析经济、民生、交通等领域的运行状况，并对未来发展趋势进行一定的预警预测（图 7）。

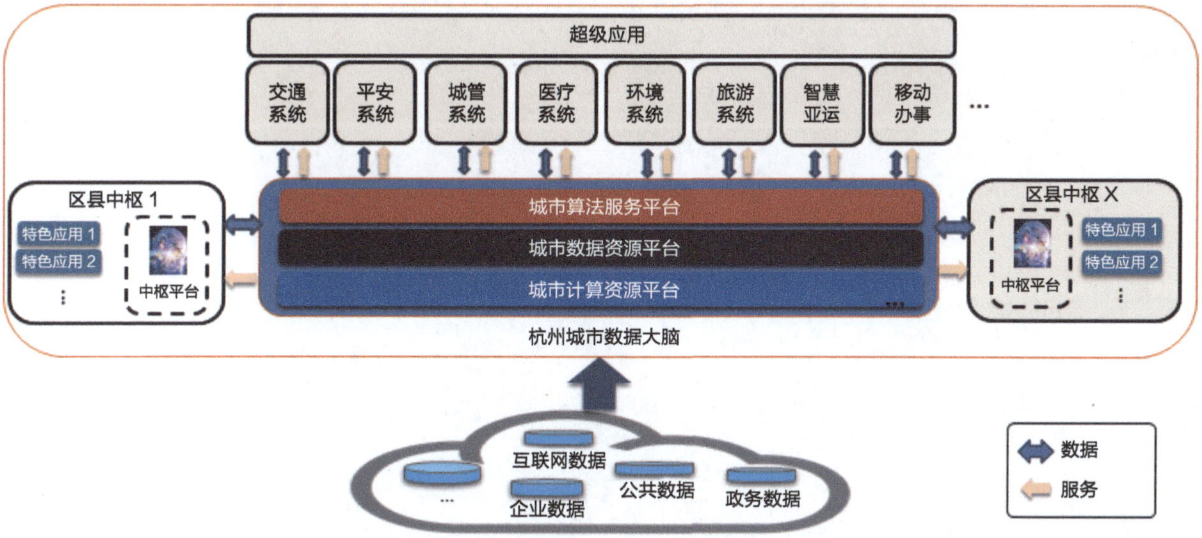

图 5 杭州城市数据大脑架构
Fig.5 The system architecture of Hangzhou Urban Data Brain

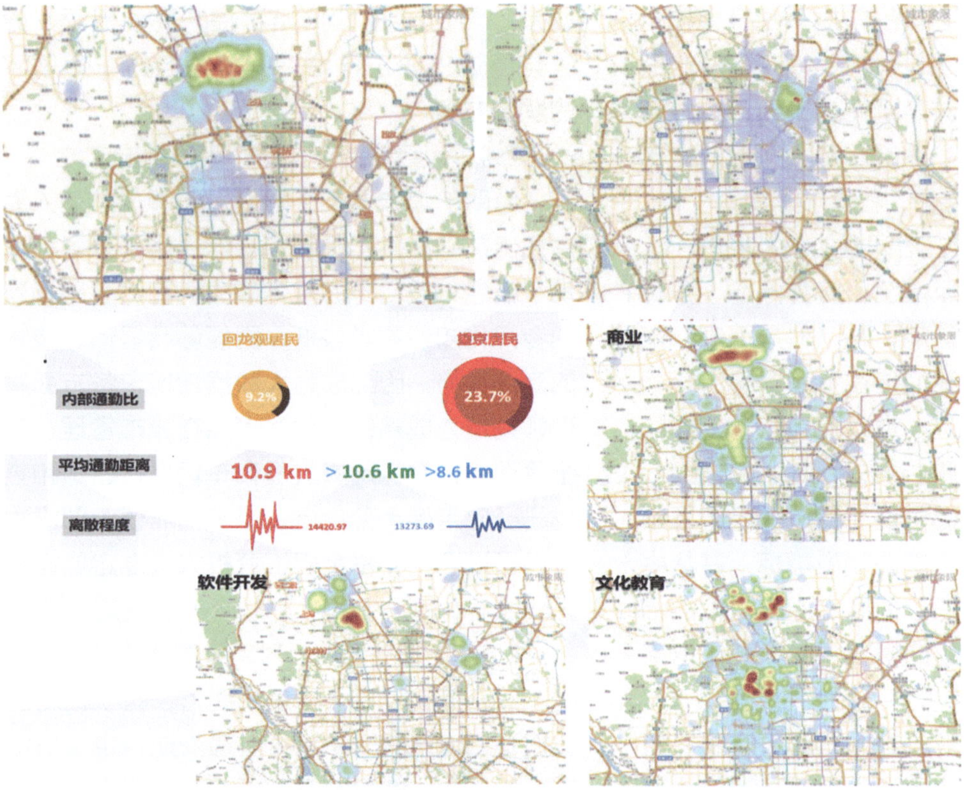

图 6　针对回龙观、天通苑地区的大数据诊断
Fig.6 Big data diagnosis for Huilongguan and Tiantongyuan area
数据来源：北京城市象限科技有限公司

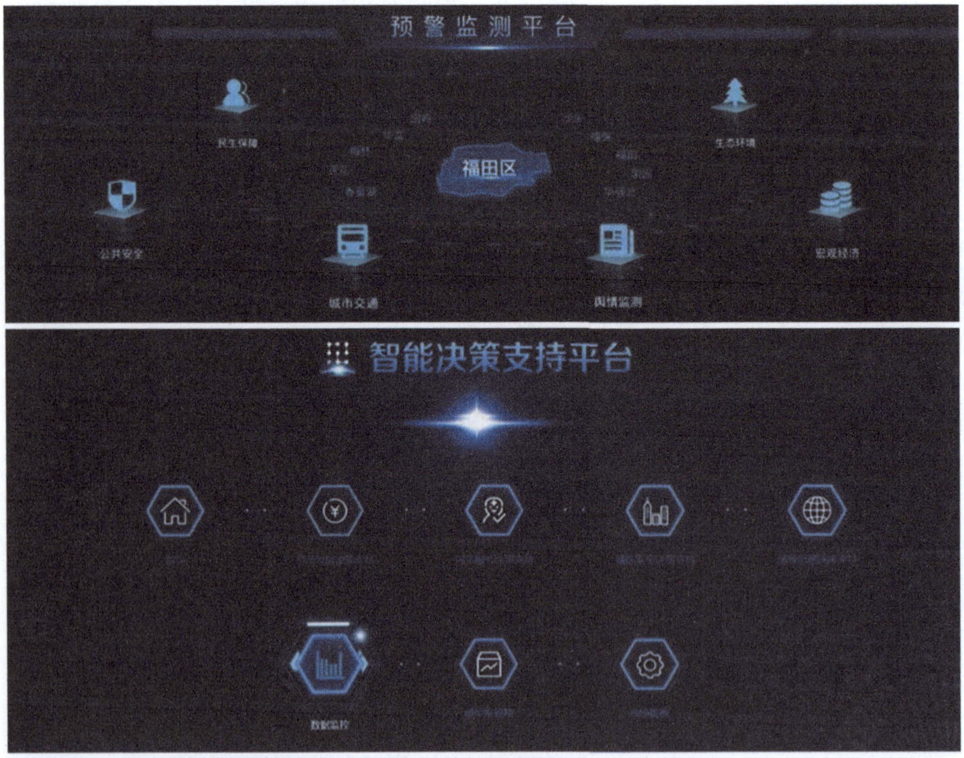

图 7　深圳福田区预警监测和智能决策支撑平台界面
Fig.7 Interface of early warning monitoring and intelligent decision support platform of Futian District, Shenzhen

开展大数据预测能够对城市治理水平的改善起到最为有效的支撑作用，但需要对两个方面的问题予以特别的关注。一方面，预测仍然是一门专业性技术而不是通用技术。虽然大数据技术声称可以摆脱因果关系，仅借助于相关关系就实现结果预测，但提出假设和验证过程都需要深度的专业理论积累，特别是需要研究者在大量积累基础上的感悟，仅靠数据分析研究者很难对城市这一复杂领域提出有效的预测方法。另一方面，预测需要基于长时间的数据积累，短期数据很难支撑对长时间未来提出预测。国内的大数据发展总体而言仍处于短时阶段，且至今仍存在着数据难以全面获取等问题，因而在短期内仍然很难对长期决策提供预测支撑，可以聚焦于对微观问题的短期预测。雄安新区构建的数字孪生城市，通过建立实体空间模型和城市实际运行状态的虚拟空间映射，在数据积累之后，依托专业化建模和大规模计算能力就有可能对实体空间的运行状况开展不同时间段的预测。

3 大数据应用于城市治理的现实问题

尽管实践中已经围绕基于大数据的城市治理投入了大量的成本，然而就产出而言，很多项目仍然处于目标和路径不清晰，成效不明显的尴尬状况。从投入角度，在智慧城市推进过程中，以公共数据平台、大数据中心、城市大脑等不同名义，很多城市重复建设各种数据中心，但建成后的闲置问题十分突出。数据表明，超大型数据中心的投产率 1.8%，大型数据中心投产率 21.5%，中小型数据中心投产率 40%，到 2016 年数据中心的平均投产率约为 50%。从运行角度，在硬件超前建设的情况下，城市大数据中心的运行却普遍缺乏数据，信息孤岛和数据烟囱仍然没有得到很好的解决；物联网只有“感”，没有“知”，很多视频数据无法结构化存储和分析；缺少应用场景和有效的分析模型，数据沉淀无法产生有效价值。大数据优化治理的目标无法实现往往被归咎于体制性障碍，而不是自身的过度承诺。

4 对大数据的认知差异

大数据已经成为全世界都在讨论的话题，除了通常关注的是数据是什么（如所谓的“4V”理论）之外，当不同领域的人在谈及大数据时，其理解和方法可能是完全不一样的。这种差异继而带来行动的差异，也带来实际效果的不同。因此，在讨论如何将大数据应用于城市治理创新之前有必要建立对话的平台，澄清彼此的立论基础和关注点差异。

4.1 大数据的两种理解

在现实中，基于学科领域差异，或是技术实践者与管理实践者的角色不同，对大数据存在着两种明显不同的理解：

一种理解认为大数据是一种计算技术，因此需要从 IT 着手，大数据技术的难点是解决计算相关的问题。从某种意义上说，这种理解是主流。例如咨询公司 Gartner 给大数据的定义是：“大数据”是需要新处理模式才能具有更强的决策力、洞察发现力和流程优化能力的海量、高增长率和多样化的信息资产。基于这种理解，对大数据的应用可以直接导向对这些数据资产进行分析处理的 IT 能力建设，而产生“更强的决策力、洞察发现力和流程优化能力”则是 IT 能力提升之后的结果。

另一种理解认为大数据是一种分析方法，因此需要从应用着手，大数据技术的重点是提出相关的分析模型，从而更好地支撑决策。对于城市研究领域不同专业的学者而言，大数据的意义在于能够借助于新的数据来研究以往形成困扰的问题，揭示城市复杂系统中不同方面的运行规律，提出有关的趋势预测等，而如何使这些传统上难以计算的数据变得可计算并不值得关心。这一问题导向的理解显然也得到了城市管理实践者的支持。

4.2 大数据的两种应用

与以上两种理解相对应，大数据在现实中

也出现了两种不同的应用方式：

一种应用是大数据检索，从复杂中抽取特定对象。其中我们最为熟悉的如人脸比对、车牌比对。再如关系网络的检索，多种信息的比对。这里面涉及更多的是一般性常识，以及计算机本身的知识。

另一种应用是大数据分析，从复杂中发现特定规律。这就需要人类自身的专业知识作为支撑。因为此类模型的建立离不开假设，而假设离不开特定领域的经验积累，需要长期思索得到的体悟。

4.3 区分大数据技术与大数据战略

在智慧城市建设和城市治理创新中，对大数据的理解和方法差异构成了参与各方开展对话的隐形障碍。供给方的解决方案是从计算技术着手，提出建设大数据中心、城市大脑，完成信息基础设施建设，达到预期的 IT 能力。而城市需求方却不切实际地期待 IT 能力提升就能够改善自身的发展实效，忽视了城市运行的专业知识是城市治理能力提升的关键。因此，有必要区分大数据技术与大数据战略。大数据技术（计算机）对推进大数据战略、实现城市治理创新有着基础性的支撑作用，但也仅仅能起到基础作用。大数据战略应当是在推进城市治理创新的过程中，按照目标导向和问题导向的原则，尽可能地利用新的数据分析能力和手段。

5 大数据支撑城市治理创新的关键策略

要真正实现以大数据引领城市治理创新，应当关注三个方面。

5.1 走向协同

首先应当正视不同角色对大数据的理解差异，这种差异的本质源自知识领域的差别。基于通用知识无法提出关于城市的问题，城市研究和实践者也解决不了大数据技术问题。融合两者之间的鸿沟，唯有协同。更重要的是，绝不能忽视市场和市民的贡献。要为社会创新扫除障碍、创造条件。从世界上各个大都市的情况来看，所有的大都市都将基于大数据的社会创新作为城市创新的推进器、城市问题创新解决方案的设计师。当整个社会的创新贡献被协同到一起，我们将掌握前所未有的力量。

5.2 关注架构

创新的生态系统离不开支持创新的系统架构。遗憾的是，当前大多数城市所采用的 IT 架构都是基于中心化架构。图 8 所示的智慧城市系统架构几乎可以在任何城市的顶层设计中看到。其特点是：至少有一个云计算和大数据中心，将有一个运营指挥中心对整个城市的运行进行调度，所有的城市运行数据、传感器数据都将被送到城市的大数据中心进行汇集和分析。在理想的情况下，所有城市部门间将分享数据，避免重复建设；高效的数据分析将带来前所未有的绩效提升；城市将拥有前所未有的能力进行调控和管理。然而现实却与理想中的情境相去甚远。自上而下的路径需要消耗大量的成本，高度中心化的信息化架构更意味着一个任何政府都无法承受的巨大成本。

在这种架构下，系统集成不带来创新，各自为政不带来协调，资源浪费不带来绿色，封闭系统不带来开放，能力孤岛不带来共享。而取而代之的是的智慧城市。

因此，将会有一种新的基于自组织和大规模协同的系统架构取而代之，在这个过程中也将产生新的智慧城市。在新的架构下：①城市微创新的不断涌现，城市创新生态系统得以自我实现；②不再有指挥城市如何运行的大脑，城市中的个体彼此联接，形成类似人脑的神经元结构，使城市整体成为智慧生命体；③真正实现自然资源、社会资源、心力资源的节约；④不再依赖集中的数据中心，而是不改变数据存储位置和数据产权的、可访问的分散数据节点；⑤任何智能分析能力都可以被采购，小企业可以通过提供特殊的能力来创业，应用开发不再依赖自建的智能分析平台，而是采购智能能力服务来实现数据的价值化。

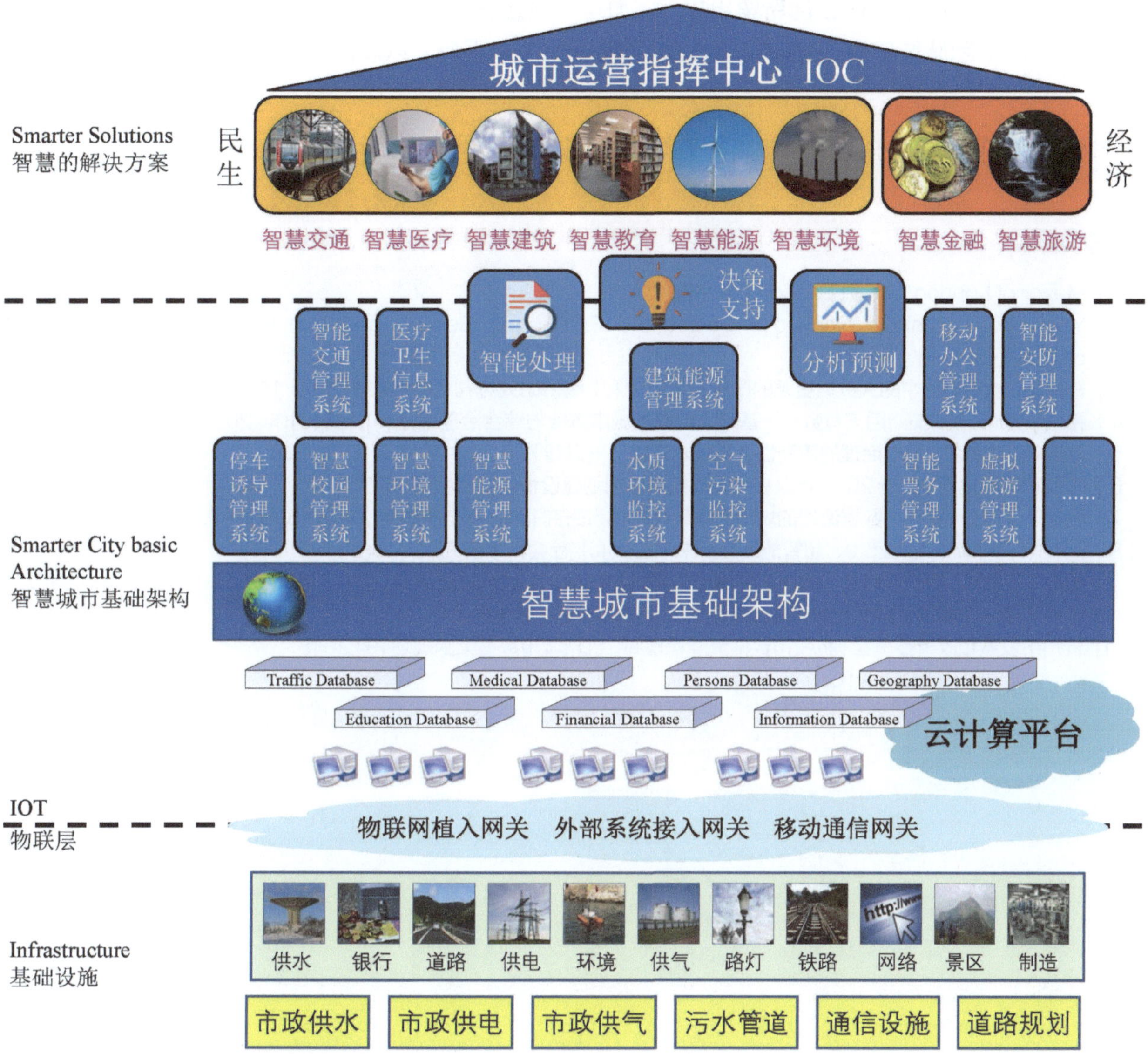

图 8　典型的中国智慧城市系统架构
Fig.8 Typical smart city system architecture in China

在新型架构下，来自不同主体的数据、来自不同领域的专家、来自广大社会的创新基于共同的协议分别贡献自身的资源和能力，并从中获得不同的回报，从而激发城市的普遍创新，也真正带来城市治理能力的提升。

5.3　关注机制

推进大数据的应用仍然离不开机制的支持，但这里提及的机制并不是惯常所提到的内容，而是基于信息技术发展所带来的新环境和新需求。首先，需要明确信息社会中数据使用的基本规则，诸如数字资产的权利界定、知识产权保护、隐私保护等，这些对大数据的健康有序发展起到了基础的安定作用，应当以法定的形式予以明确。其次，是应当提供大数据时代的专门公共产品，如信任、认证、标准。在完全的市场条件下，这些基本条件的达成需要漫长的时间和足够的代价。再次，应当明确来自各方的数据资源清单，特别是要分清哪些是可以在特定权限范围内交换和共享的，哪些是可以公益性使用的，哪些是可以用于商用的。最后，在系统设置中，应当为社会创新留出接口，让创业者、创新团队能够利用城市所产生的大数据进行研究和创业，并将开发的模块重新返回公共平台，以解决实际的城市问题。

作者简介：**刘朝晖**　中国生态城市研究院首席技术官。

参考文献

[1] Mayor of London. Smart London Plan[R]. 2013.
[2] Yoshihiro S, Kunio U, Norihiro S. Society 5.0: For Human Security and Well-Being[J]. Computer, 2018, 51(7):91-95.
[3] 陈嘉俊 . 城市治理中的大数据资源的政府应用研究 [J]. 经济研究导刊 , 2019(34):144-145.
[4] 褚妍 , 鲁旭 , 姚文珏 . 回天有数——基于大数据的城市体检与综合治理平台 [J]. 建筑创作 , 2018(5):68-77.
[5] 韩志明 , 李春生 . 城市治理的清晰性及其技术逻辑——以智慧治理为中心的分析 [J]. 探索 , 2019(6):44-53.
[6] 工业和信息化部 . 关于 2011 年以来我国数据中心规划建设情况的通报 [R].2014.
[7] 张明斗 , 刘奕 . 基于大数据治理的城市治理现代化体系研究 [J/OL]. 电子政务 , 2020(3):91-99.
[8] 周利敏 , 钟海欣 . 社会 5.0、超智能社会及未来图景 [J]. 社会科学研究 , 2019(6):1-9.
[9] 周瑜 , 刘春成 . 雄安新区建设数字孪生城市的逻辑与创新 [J]. 城市发展研究 , 2018, 25(10):66-73.
[10] 中新天津生态城管理委员会 . 中新天津生态城智慧城市建设实施方案 [R].2018.
[11] 杭州市发展和改革委员会 , 杭州市数据资源管理局 . 杭州城市数据大脑规划 [R].2018.

第三章　智能评价

CHAPTER 3 INTELLIGENT EVALUATION

智能城市评价指标体系：研制过程与应用 *

The City Intelligence Quotient Evaluation System: Conception and Evaluation

吴志强　潘云鹤　叶启明　孔翎聿

摘　要　本文对全球38组现有的智能城市评价指标体系进行了系统的梳理分析后，依据体系建构、方法与指标选取等方面的特点，详细剖析了38组现有系统的二级指标和三级指标，以此归类分析后，确定智能城市评价指标体系（City IQ Evaluation System, CIQES）的通用基础。通过聚类分析，得到5个维度。依托中国工程院、德国工程院、瑞典皇家工程院、住房和城乡建设部规划管理中心、国务院发展研究中心等在内的共14个单位的275位专家，通过指标筛选、指标调整和数据标准化处理，完成了CIQES−1.0基础版本的研制，并通过对指标数据源更普适、开放、动态的调整，得到了改进后的CIQES−2.0版本，引入IQ测评的偏差测智法得到了CIQES−3.0版本。研究团队基于CIQES对全球41个智能城市进行多轮测评。CIQES系列评价指标体系的特点包括：以智能生命体理论作支撑，以更普适、开放、动态的数据源形成指标，并以IQ测评的思想和方法提升CIQES的灵敏性和准确性。

关键词　智能城市；评价体系；开放数据；城市生命；智能度

1　全球智能城市评价指标体系

1.1　现有智能城市评价体系剖析

作为全球智能城市发展的评价标准，智能城市评价指标体系的建立并没有全球的统一标准[1]，其研制目标、主体、应用对象具有多元性。目前，全球共38组独立的智能城市评价指标体系，主要分布于东亚、欧洲、北美洲以及大洋洲等区域。这38组独立的智能城市评价指标体系的研制主体包含20个高校研究团队、8个政府部门、10个企业或协会，时间跨度为1995—2015年，见附表1[2-23]。由于部分系统目前还在不断更新，如TU Wien体系[2]、ICF评价指标体系[3]等。

从指标体系的架构来看，在现有可查证的38组评价指标体系中，第三级指标都可量化。在38组中，具有完整的一级、二级和三级指标的评价指标体系只有17组。这17组中只有龚炳铮指标体系[24]和中国智慧工程研究会指标体系[25]的第二级指标可量化，所以在实际操作中，一个体系的第二级指标的评价结果与其第三级指标的评价结果存在自相矛盾的问题。38组评价指标体系中有17组只存在第一级指标和第三级指标；IBM评价指标体系和NSCI评

原载于 *Engineering* 2016年第2卷第2期。

* 基金项目：中国工程院2015重点项目“中国新型城镇化的智能建设战略研究”(2014–XY–47)；中国工程院课题“智能城市的规划建设与大数据战略”(2014–XY–01)。

价指标体系这两组较为特殊，为矩阵式评价体系[26]。

指标体系中的维度内容反映了指标体系所重点关注的要素[27]，也带有一定的价值导向性。一个相关研究关注了 2013 年以前的 20 组评价指标，发现在评价维度中关注排前三位的内容分别是智慧基础设施建设、智慧政府和智慧市民[28]。从维度的设置来看，本研究所关注的 38 组指标体系，涉及智慧的经济产业、智慧的环境（也是维度中的重要内容），这些都与智能城市的实践密切相关[29]。

从指标体系研制方法上看，具有完整的三个层级的指标体系，大多采用了常规的主观赋值的方式，如 AHP、Delphi 和专家会议方法相结合的方式。这种方式能够较好地利用专家资源和经验[30]，并能综合定性和定量因素整体考虑[31]。不包含评价标准的指标体系则较多采用客观赋值方法，如 GRA、PCA、TOPSIS 和 FCE 等，主要是为了赋权重、排除关联较大的指标等的影响[31]。这类方法避免了通过二次分类或量化带来的人为因素干扰，直接实现了维度到指标的转换与选择。

1.2 智能城市评价指标体系的缺陷及启示

为了给研制 CIQES 带来实质的帮助，除了向已有的指标体系学习外，还重点关注了这些体系中存在的缺陷，启示后续研制思想、方法与过程。我们分析了这些评价指标体系的缺陷，从研制主体缺陷、内容设置、方法、指标的数据源与结果四方面进行分析。

1.2.1 评价指标体系的主体缺陷

第一类主体研制缺陷表现为城市政府是研制主体。主要依照其城市的发展水平和标准来研制指标，使得评价指标体系存在天生的约束性，普遍适用价值较低，不能够来评价其他城市。这样的案例如中国的南京、宁波、上海浦东城市评价指标体系。

第二类主体研制缺陷表现为国家政府是研制主体。国家政府通过自上而下的行政力量制定指标，基本上是遵照其国内的发展情况和价值导向进行研制，无法进行跨国比较，没有普适性[28]。这样的案例如研制较早的澳大利亚体系、日本体系等。这一研制主体后来逐渐演变为第三种类型。

第三类主体研制缺陷表现为专业企业和国家的专业行政部门作为研制主体。这种类型的研制主体，一方面存在着以自我发展为目标的利益诉求，另一方面也沿袭了以本地情况作为评价指标体系研制的基础，不具有普适性价值。案例如国脉公司评价指标体系、中国智慧工程研究会体系。

而以学术研究团体为主体进行研制的评价指标体系，往往能够更加客观地从智能城市发展本质入手，进行评价指标体系的研制。CIQES 立足于本研究团队，联合了中国工程院、德国工程院和瑞典皇家工程院等在内的国内外 14 家学术机构的 275 位专家共同研制，保证了研制主体的公正性和科学性。这也成为 CIQES 具有普遍适用价值的前提条件。

1.2.2 指标体系核心思想缺失与维度研制缺陷

从指标体系的内容设置上来看，存在的主要弊病体现在缺少效益评价、缺乏软件部分的关注。评价维度中对投入指标的衡量较多，但对智能城市效益、效果进行衡量的指标较少[32]。另外，缺乏对于智能城市建设中软件部分的关注，如关注人的要素[32]和关注驱动发展的使用者的角度来评价智慧设施的建设、发展[33]和设施的使用状况等[34]。不少指标体系着眼于过程的客观化，而忽视了指标体系所需要的核心理念支撑。因此，在指标体系设计中将平衡各方要素，综合硬件和软件的建设及反馈。

1.2.3 方法上的缺陷

专家群对于指标体系的描述、方法的选取都会影响到指标体系的构成[30]。因此，虽然较多的指标体系都运用了 Delphi 和专家会议方法，但因专家或测评机构影响力较弱、权威性较低[35]，评价结果可能缺乏效力。

同时，我们还注意到层次分析法的结果，能够实现定量和定性指标的共存[31]，但这一方法在使用过程中会产生较难控制的主观干预[30]。因此，在指标体系的研制过程中既要综合定性和定量方法[36]，也要通过创新流程设计，充分利用专家资源。

1.2.4　指标选择与数据上的缺陷

从指标的数据源和指标结果方面来看，这些指标体系在指标数据来源方面反映出以下几点缺陷：第一，相同指标但不同对象的数据来源口径不同的问题[37]；第二，指标的数据源更新周期较长，数据不能动态调整[36]；第三，政府数据的不可靠性[37]；第四，指标数据源并非一手数据，真实性存疑[38]。而从指标结果来看，部分指标体系的结果不是相对数，缺乏可比性[38]。针对这些缺陷，在指标体系设计初期，就应考虑到指标的数据源的可靠性、开放性及实时可获得和测评的需求，且相同指标需要使用一个口径。指标结论采用相对数，使结果更加合理，且强化了可比性。

2　研制理念、方法与过程

2.1　核心理论：智慧生命体

在本研究所关注的指标体系中，部分智能城市评价指标体系更多基于可持续发展、信息化或生态化理论进行建构，如 Patrizia Lombardi 依托发展的三螺旋理论、基于智能城市主体建立的指标体系[1]。其余指标体系甚至缺失核心的理论支撑，而从技术层面，或从城市的信息化程度表现、硬件建设等方面进行指标体系建构。

我们认为智能城市评价指标体系应根植于智能城市的核心价值、认知与理论，即依据城市进化的哲学思想和所秉持的城市智能化发展趋势价值观[39]，形成“感知—判断—反应—学习”智能城市发展的四个循环阶段，推动城市的持续智能化过程，见图 1。

全面感知：在感应和传导基础设施及充分的数据和计算支撑下，时刻掌握各城市主体的需求和变化。借助射频识别（RFID）、红外感应器、全球定位系统（GPS）等，通过传感网、通信网、移动互联网等感知城市信息。

精准判断：在全面感知的基础上，对城市中发生的任何状态变化所产生的信息，都能及时地进行自动识别、数据筛选、计算判断。

反应恰当：基于精准判断而得到的城市发展情景，调动资源和生成预案，实现最少能源、资源、时间、社会心理消耗。

能够学习：通过前三个过程，智能城市能够反思学习，不断提升感知，改进决策模型和流程，实现持续进步和更高阶的智能化。

众多学者也都认同这一观点，认为智能城市是自组织、自适应，并具有进化能力的智能生命体[40]。以自我组织和学习过程为主导的社会创新是智能城市中不可或缺的一部分[2]。基于智能生命体以及其重要的四个内涵，我们从指标体系建构原则和方法层面进行了创新。

2.2　创新研制步骤：基础 CIQES-1.0 版

基于对智能城市以智慧生命体从四个内涵进行测量的原则，本评价指标体系以 CIQES 命名，并在 2013 年研制了基础 CIQES-1.0 版本后，于 2014 年从普适、开放和动态数据源

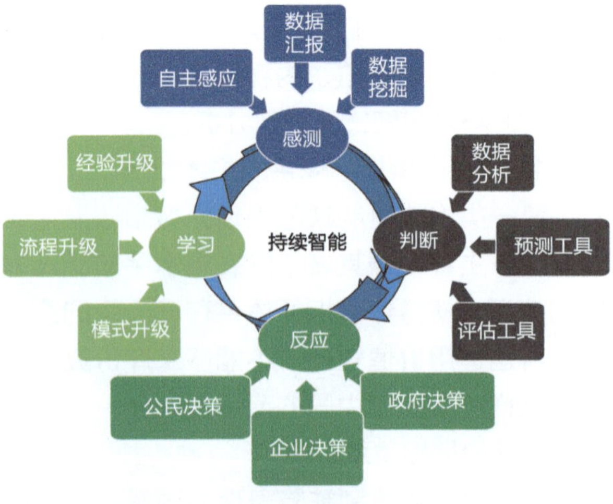

图 1　智能城市发展核心理念图
Fig.1　The ideology of CIQES

角度进行调整，得到了改进版本 CIQES-2.0。2015 年对测评结果引入偏差测智法进行标准化工作，得到了改进版本 CIQES-3.0。这一部分以介绍 CIQES-1.0 研制过程为主，从初始指标获取、维度研制、指标遴选、指标调整和数据标准化五个步骤进行分析。

2.2.1 初始指标环：自三个渠道的基本 220 个指标

为了做到不漏选指标，指标体系研制团队从三个渠道构建指标环，供指标遴选环节使用。这三个渠道包括：专家建议、其他指标体系指标库以及研制团队提议。研究基于广泛的资源建构起了项目专家库：包括中国工程院、德国工程院、瑞典皇家工程院、住房和城乡建设部规划管理中心、国务院发展研究中心等单位在内的共 14 个单位的 275 位专家，从中获取了“城市可持续发展智慧监测指标”，共 121 个指标。从其他指标体系库中，获得了共 153 个指标。而研制团队新提案指标共 38 个。将这三个渠道的指标进行汇总、去重和归类，最终形成了包含 220 个指标的初始指标环，见图 2。

2.2.2 维度：城市智慧度的五个维度

以城市为智慧生命体，作为重要的环节之一，指标体系的维度建设需要兼顾这一体系的表现方式。从传统的测评城市经济、环境和产业[28]，到 ICT 硬体建设，以及人在这一过程中的支持和互动作用[33]，都能够反映出城市在“感知—判断—反应—学习”这一过程的智慧程度，并能够突出智能城市发展环境、未来趋势、建设运营和本地参与的分目标。

基于对其他评价指标的评价维度设计的分析和专家意见，本指标体系形成了 3+2 的五个维度（表 1）。三个对智能城市环境、经济与管理评价的维度，分别是建设与环境水平、管理与服务水平、经济与产业水平。两个支撑维度，从智能城市硬件条件和软件状态进行评价，分别是信息化水平、居民素养水平。图 3 展示了五个评价维度的内生逻辑。可以看到，本指标体围绕城市智慧度的测定，将产出要素和投入支撑要素[32]都容纳进来。

2.2.3 指标遴选：智慧测量原则

指标遴选是本指标体系构建中的另一个关键环节。Carli 等认为传统的城市智慧评价指标

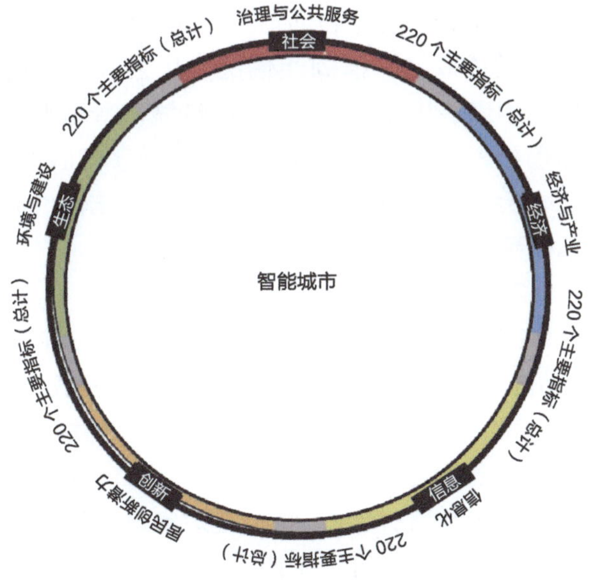

图 2　包含 220 个指标的初始指标环
Fig.2 Primary indicators ring of the CIQES, with 220 indicators

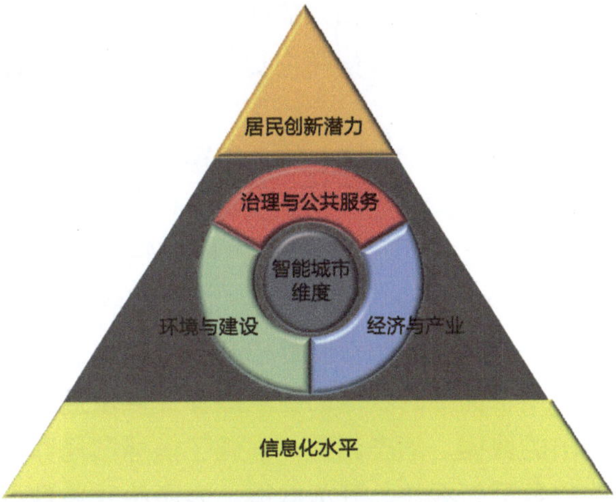

图 3　CIQES 智能城市评价维度关系图
Fig.3 The edogenous logic with five dimensions of CIQES

表 1　CIQES-1.0 版本维度与指标
Table 1 Dimensions and indicators of CIQES-1.0

类别	指标	单位	类别	指标	单位
建设与环境	城镇居民人均住房使用面积	m^2	经济与产业	GDP	百万元
	建成区面积	km^2		城市劳动生产率	万元
	居住用地	km^2		城市产值密度	万元 /km^2
	工业用地	km^2		GDP 三产比重	%
	绿地	km^2		GDP 二产比重	%
	水环境综合污染指数	—		GDP 一产比重	%
	人均水资源量	m^3/ 人		地价	元 /m^2
	人均耕地面积	hm^2/ 人	信息化	数据网络普及率	%
	人均建设用地面积	m^2/ 人	居民素养	净迁移率	%
	自然生态用地覆盖率	%		总迁移率	%
	供水普及率	%		人口结构影响指数	—
	污水处理率	%		社会影响指数	—
	道路硬化率	%		资源环境影响指数	—
	清洁能源普及率	%		公共服务影响指数	—
	垃圾集中收集率	%		劳动力市场求职倍率	%
管理与服务	农民工养老保险参保率	%		城乡收入差距	万元
	农民工工伤保险参保率	%		从业人员非农化水平	%
	劳动争议案件结案率	%		人均能耗	t 标准煤 / 人
	信访事件结处率	%			

显得无效，只有做到智能计量、监控和管理，才能实现对城市智慧度的评价 [41]。De Santis 等认为更贴近本地和人的评价方法、动态指标应用等是促进城市智商（IQ）测评发展的关键步骤 [42]。

从遴选原则来看，结合不重复性和国际可行性这两个指标应具有的基本条件，及前文已分析的现有指标体系存在的指标缺陷，本指标体系特别强调了参评指标应具有的三个特点：统一口径、动态调整和开放数据。统一口径，要求指标的获得口径需能够提供覆盖所有城市的数据。动态调整，强调了指标口径数据的自我更新要快。开放数据，为避免政府数据发布的不准确、不可比和不确定的可信度 [38]，强调了通过网络获得第三方开放数据。定性地从专家会议评分、Delphi 法，结合定量分析的数据关联法、模糊评估法，从 220 个初始指标中遴选出了 36 个参与评价城市智慧水平的指标，见图 4。通过这一步形成了 City IQ Evaluation System-1.0 版的智能城市评价指标体系。

2.2.4　指标调整

2013—2014 年，团队对获得的 36 个指标进行了多次试评。对上海浦东、宁波、南京、武汉等城市进行测评。同时，通过中国智能城市建设与推进战略研究项目部，向院士专家发放 56 份问卷，特别是对各维度间的包含指标和内容进行了平衡。从 36 个指标中得到了最终的 20 个指标，即每个维度包含 5 个指标。

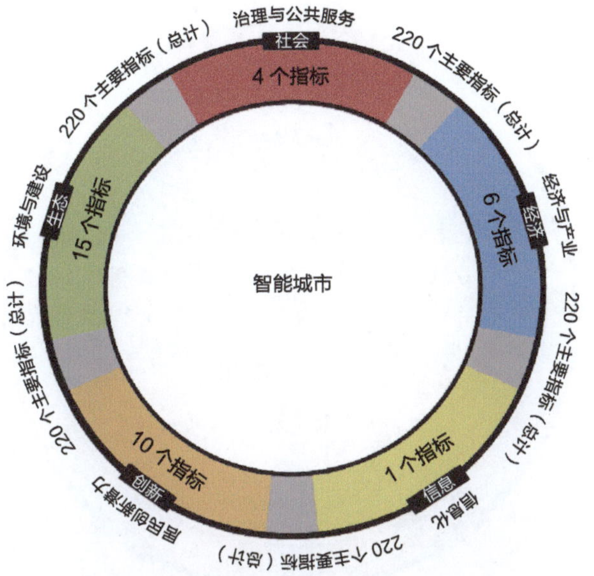

图 4　指标遴选后包含 36 个指标的 CIQES 结构
Fig.4 The CIQES framework with 36 selected indicators

2.2.5　数据标准化

较多的指标体系同时包含定量测量和通过定性判定转化为定量测量的指标 [31]，如在王振源指标体系中，通过定性判定实现级别量化 [43]，定性指标定量化过程还存在于周骥 DPSIR 模型 [28]、世界经济论坛评价指标体系、住房和城乡建设部指标体系、工业和信息化部指标体系等。本指标体系中的少量指标也采用了类似的处理方式，如突发事件应急反应水平这一指标，以数值 100 表示有详细的突发事件智能应急水平应用：包括城市政府网站有网上报案系统、应急事件预案、应急事件即时指导等。数值 50 表示有应用、无具体内容或者部分地区有应用。数值 0：较差水平，表示没有应用。

为了实现定量指标和定性指标（能被量化的）的标准化应用，消除指标间不同量纲的影响，使得每一指标最终取值在 0~100 的范围内，符合百分制的评分习惯，也可反映各测评城市间同一指标的相对数值，更具可比性 [38]。

数据标准化方法如下面的公式所示，本指标体系采用了第二类计算过程，即以本指标中的测评城市获得的最大值为 100，其他城市依照与该城市的比值转化为相应的 0~100 的值。数据标准化方法的选择是通过多次试验后确定的。

第一类：$A_i' = (A_i - A_{min}) / (A_{max} - A_{min})$

第二类：$A_i' = A_i / A_{max}$

第三类：$A_i' = (A_i - \bar{A}) / \sum (A_i - \bar{A})^2 / n$

在对 20 项指标进行数据标准化处理后，得到了每一项指标在不同城市的表现，以数值 0~100 显示。各城市的每一维度总分为所包含的指标数值的平均值。城市智慧度总得分为五个维度总分的平均值。具体标准化处理和计算过程见附表 2。这一计算过程中，从指标到维度，从维度到最终综合得分，均计算平均值，一方面是因为指标体系设计时注意了各维度、指标间的均衡性；另一方面避免再次加权带来的反向作用以及对结果产生的不可比性等后果。

3　更具普适性的改进版 CIQES-2.0

3.1　CIQES 的内涵与数据源调整

CIQES 经过多学术团体、专家的通力协作，通过指标遴选和调整，形成了 CIQES 城市智慧度测评的基础版本。这一包含 36 个指标的评价指标体系从指标选取、方法等角度都具有合理性。

在经过初步测试后，发现其中一些指标存在数据获取困难，以及数据质量不理想的问题。同时，离研究团队所希望达到的更具全球普适性价值、动态、开放地测评城市智慧度的要求还存在距离，因此综合指标的数据质量、预评估结果以及专家的第二轮反馈意见，对 36 个指标进行了明确、删减和修正，形成了本指标体系的 20 个指标，见表 2。

这 20 个指标均满足了三个重要特点：全球适应性的数据、具有非政府干预的开放数据、及时和动态调整的数据。其中既包含定性测量指标，也包含定量测量指标 [36]。

同时，与传统指标相比，这 20 个指标更加真实、及时地反映智能城市的感知、判断、反应和学习四个内涵，测量城市智慧度的创新方法。如城市 PM2.5/PM10 监测点密度，反映出对空气要素的“感知”水平，以及城市在应对环境变化议题上的“判断”和“反应”程度。又如，网上公众参与比例指公众通过网络将诉求传递给决策者，影响决策的程度，反映出城市在“感知”民意层面的灵敏的智慧表现。

最终，结合 5 个维度和 20 个指标的 CIQES-2.0 建构完成，见图 5，图中显示了这一指标体系的全部内容，其中，由外向内圈层依次展示：220 个初选指标、36 个筛选指标、20 个最终指标、5 个维度和 1 个评价城市智慧度的核心。表 2 显示了 5 个维度所包含的 20 个指标的具体信息。

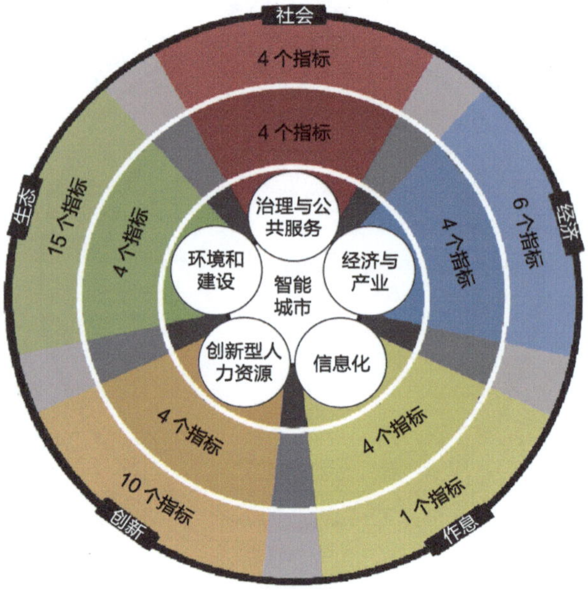

图 5　CIQES-2.0 版本维度与指标
Fig.5 CIQES 2.0 dimensions and indicators

表 2　CIQES-2.0 版本维度与指标
Table 2 CIQES-2.0 Dimensions and Indicators

维度	终选指标	单位
智能环境与建设	城市 PM2.5/PM10 监测点密度	个 /km^2
	城市网格化管理覆盖率	%
	市民智能交通工具使用率	%
	城市未来建设方案的网上公布率	%
智能管理与服务	政府非涉密公文网上公开率	%
	网上公众参与比例	%
	市民健康电子档案使用水平	%
	突发事件应急反应水平	%
智能经济与产业	R&D 支出占 GDP 的比重	%
	城市劳动生产率	万元
	城市产值密度	万元 /km^2
	城市智能产业比重	%
智能硬件设施	公共空间免费网络覆盖率	%
	移动网络人均使用量	%
	楼宇自动系统普及率	%
	智能电网覆盖率	%
居民智能素养	城市网民比重	%
	信息从业人员比重	%
	大专及以上文化程度人口比重	%
	市民人均网购支出金额	元

3.2 CIQES-2.0 的全球各智城评价结果

为了测试 CIQES-2.0 的全球通用性，在对中国 33 个城市进行测评的基础上，与 33 个主要来自欧洲和美国的城市组成全球 41 个样本城市，一起进行智慧度测评。其中，新增的 33 个欧洲和美国城市均为在世界范围内广泛宣传其智能城市建设理念，并长期致力智能化建设实践的城市。表 5 展示了 41 个城市依照 CIQES-2.0 测评的结果。图 6 节选了其中 9 个城市的智慧表现，并通过 CIQES-2.0 分数罗盘对每个维度和指标的得分进行更为直观的可视化。

以下是基于 CIQES-2.0 对全球 41 个城市的测评结果，见表 5 和图 6。

从全球 41 个城市智慧度测评的结果来看，最高分为伦敦 66，最低分为维罗纳 26，相差 2.5 倍，体现了 CIQES-2.0 的全球适用性和灵敏性。但总体来看，各城市间的相差情况比预想要低，证明所选择的 41 个样本城市确实算是世界智能城市实践中的代表。

综合平均值超过 60 的高分城市包括伦敦、阿姆斯特丹、赫尔辛基等。这些城市大都作为本国具有明显资源优势的城市，也是较为传统的全球城市区域或大都市区[44]。而维罗纳、桑坦德、马拉加、腓特烈港等城市得分低于 40，多因注重发展个别方面，而非全局。例如，腓特烈港市采用以德国电信公司主导、政府配合合作的模式，推广通信技术的应用，发展知识城市[22]，其他方面涉及较少，测评结果的综合得分较低。

建设环境方面，得分最高为阿姆斯特丹 98，最低为意大利维罗纳 13，相差达 8 倍。这一维度的测评结果显示出了三个城市梯队：22 个城市得分平均值超过 70，12 个城市平均值介于 49~69，7 个城市得分均不到 40。

管理服务方面，得分最高为赫尔辛基 75，最低为马拉加 18，相差将近 4 倍。管理服务方面排名靠前的城市，多为国家政治、经济、文化等重要的中心城市，如波士顿、阿姆斯特丹、伦敦、上海浦东等，平均值均超过 70。而金华、科隆、里昂等城市在公共服务领域的智慧化程度较低，得分不超过 40。

经济产业方面，得分最高为华盛顿特区 76，最低为维罗那 12，相差 6 倍多。其他国际城市在智慧经济产业方面区别不明显，证明了这些城市在智能产业和科研经费方面都位于国际前列。

信息化方面，得分最高为巴黎伊西莱穆利诺 71，最低为桑坦德 31，相差接近 2.3 倍。各国首都的平均值排名均在前列，宁波、无锡、镇江、上海浦东等中国城市的排名也较靠前。说明这些智能城市在硬件设施方面投入大、收效显著。

居民素质方面，得分最高为美国迪比克 72，最低为湖北武汉 11，相差约 7 倍。受网民比例、受教育人口比例、人均网购支出金额等指标的影响，资源优势型城市并没有在这方面有良好的表现。中国城市的排名普遍靠后，体现出了全球城市在这一指标上还存在较大差异。

4 面向测评的改进版：CIQES-3.0

4.1 CIQES-3.0 的内涵与偏差测智法引入

从 CIQES-2.0 针对全球 41 个智能城市的测评结果中可以看出，这一评价指标体系具有较高的灵敏性，其在数据来源方面显示出了这一评价指标体系具有的更加普适、开放和及时动态的特点，这也是本评价指标体系与其他体系的重大差异，是对传统城市智慧度测评思想、方法的革新。

与 IQ 测评方式相比，CIQES-2.0 虽然实现了测评数据的及时动态等特点，但其结果仍然无法从群体角度反映智慧的整体化发展水平，与 IQ 的评价思想与结果存在一定差距，不能反映城市智能化程度，如同人的智慧程度不断向上浮动的弗林效应（Flynn effect）[46]。

因此，在 2014 年的 CIQES-2.0 版本的基础上，研究团队于 2015 年将 IQ 评价的思想和数据标准化处理方法引入 CIQES 的研

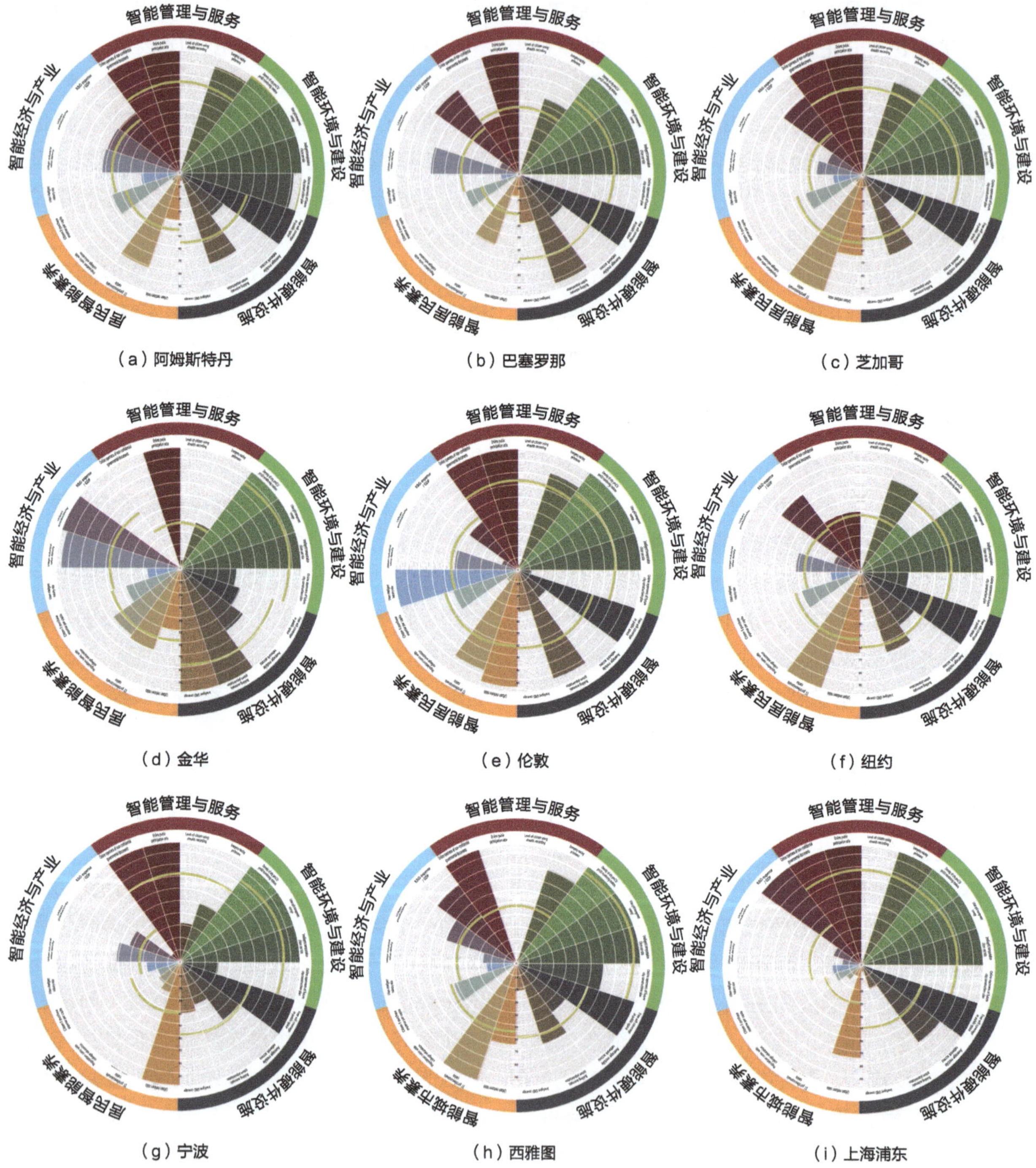

图 6　CIQES-2.0 智慧度分数罗盘
Fig.6 CIQES 2.0 intelligence score compass

制中，以达到将城市作为生命体来测量其智慧发育的初始目标。作为这一次调整的成果，CIQES-3.0 改进版本于 2015 年研制完成，并投入应用。 具体来讲，CIQES-3.0 同样设定 100 分作为标准，但与 CIQES-2.0 将同一指标中样本最大值作设为 100 的 IQ 比值（ratio IQ）不同，CIQES-3.0 引入 IQ 偏差测评方法，将各指标的平均值设定为 100 进行标准化处理，即 $A_i' = A_i/A_{mean}$，测评结果也类似 IQ 测评结果，见图 7。

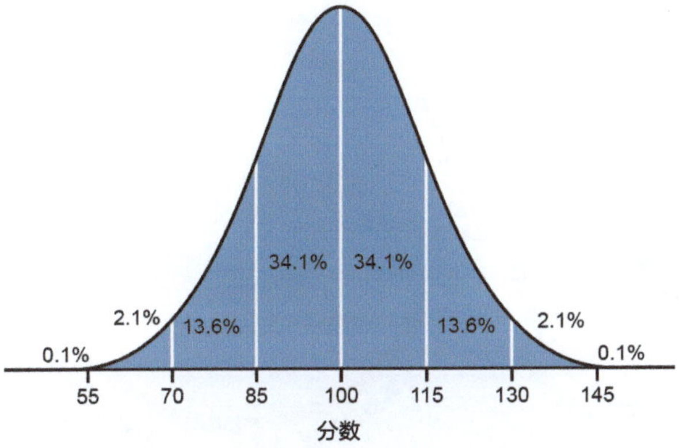

图 7　以 100 为平均值的 IQ 测试标准化结果（图片来源：https：//commons. wikimedia.org/wiki/File：IQ_distribution.svg）
Fig.7 Normalized distribution of IQ with a mean of 100

这一结果进一步符合 IQ 测评思想和结果表现，也更加能够客观地反映测试样本城市在城市群体中的智慧度表现。

4.2　CIQES-3.0 的全球各智能城市评价结果

同样地，针对 2014 年基于 CIQES-2.0 版本进行城市智慧度测评的 41 个全球城市，以 CIQES-3.0 版本进行了新一轮的测评，结果如图 8 所示。图 8 展示了节选的 9 个城市基于 CIQES-3.0 测评结果的分数罗盘。对比附表 3 和附表 4，可以发现由于数据标准化的 100 分基准由样本城市的最大值变为平均数，附表 4 的各维度得分中出现了分值大于 100 的结果，图 8 同样如此。

4.2.1　CIQES-3.0 测评结果

附表 4 和图 8 是全球 41 个城市的 CIQES-3.0 测评结果。

4.2.2　CIQES-3.0 结果分析

与 2014 年由 CIQES-2.0 测评的结果相比，2015 年 CIQES-3.0 针对全球 41 个智能城市的测评结果显示出了以下的特点。

第一，CIQES-3.0 测评结果基本与 CIQES-2.0 的测评结果保持总体排名的稳定。在小范围内个别城市略有浮动。较为明显的是泰州上升 10 名，华盛顿特区上升 5 名，无锡上升 4 名，巴黎伊西莱穆利诺下降 5 名，金华下降 4 名等。伦敦保持了第一名的位置，而最后 6 个城市名次未变。

第二，全球 41 个智能城市中，中国城市 5 个维度接近平均值的水平较低，但在个别指标方面表现突出，呈现出 5 个维度的不均衡发展。而欧洲和美国城市基本满足了 5 个维度均接近平均值，呈现出较为均衡的发展态势。图 9 中各分数罗盘的平均值 100 红线。

第三，41 个城市在智能城市管理与服务、智能城市建设与环境方面的变现更为突出，而在居民智能素养及智能经济和产业方面的表现较差。

这些结论一方面反映了经过一年的发展，各城市在智能城市建设和经营方面取得不同程度的发展，进步较慢的城市在一些维度中反而相对退步；另一方面，由于数据标准化将值 100 由原先的样本最大值变为平均值，也能够更加直观地反映发展超出平均水平的城市。

这进一步证明了 CIQES-3.0 与 CIQES-2.0 相比，灵敏度并未减弱，反而更加强调与平均水平的比较优势和劣势。

4.2.3　CIQES-3.0 结果分析

进一步将 CIQES-3.0 中的五个维度按城市智能所依托的硬件和软件的发育程度分类，建设环境、经济产业、硬件设施的三大方面作为该智能城市的智能生长硬件，取各维度的平均值，管理服务和居民素质作为智能发育软件，同样取维度平均值。综合前一阶段对全球 41 个城市的智能测评结果，将其分布于智能生长硬件和智能发育软件坐标系，以 100 作为生长发育程度的高低分界，见图 9。

第一组团（左下）：智能硬件与软件生长发育程度都较低。包括大多数中国智能城市以及部分欧洲智能城市。处于该阶段的城市多为选择智能城市某一方面进行建设，且处于智能城市从理念转向实际行动的初级阶段。

第二组团（右下）：智能硬件生长程度高，软件发育程度低。来自中国的城市占据了这一阶段的主要部分。 这反映出这些城市在短期内

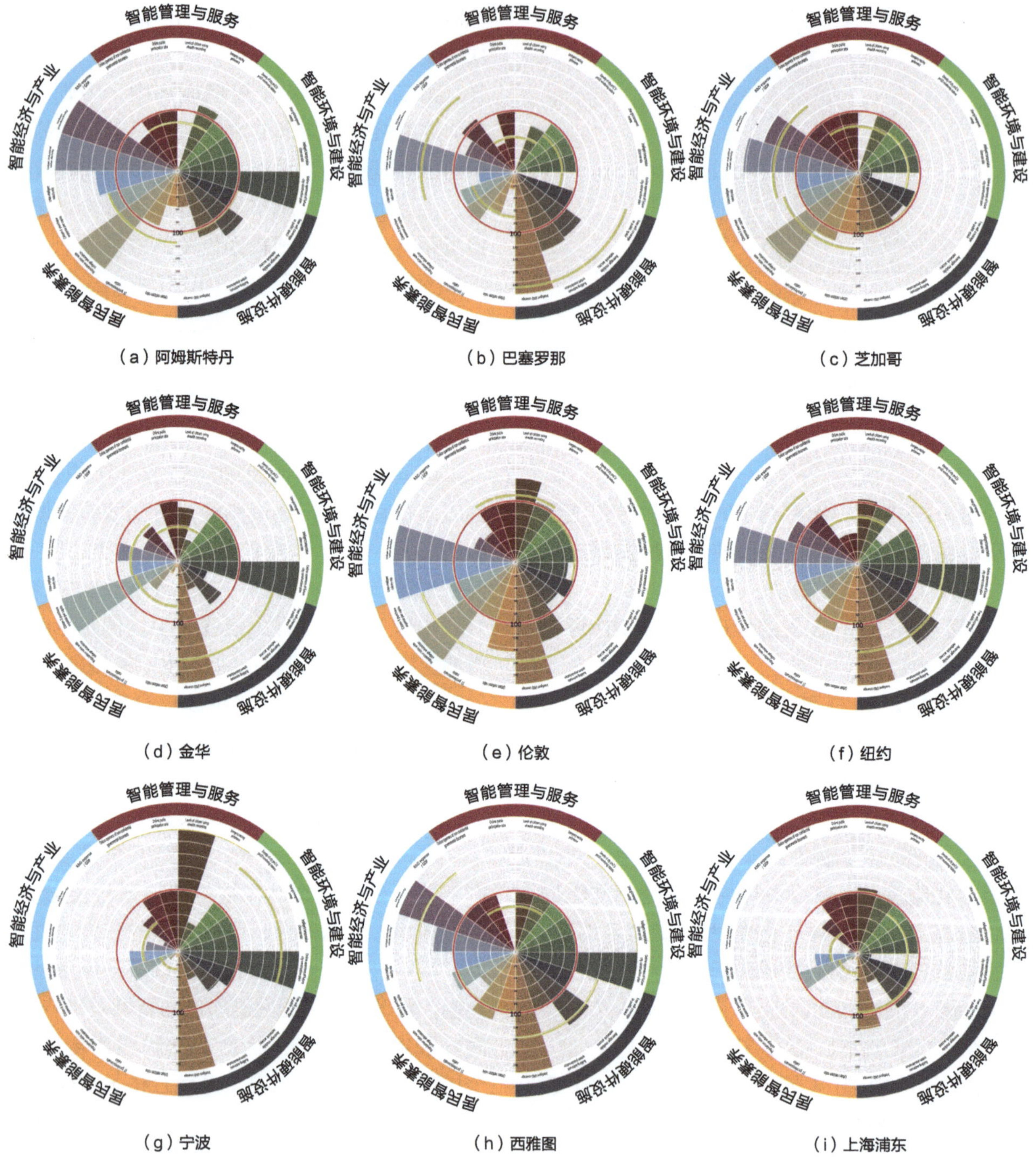

图 8　CIQES-3.0 智慧度分数罗盘
Fig.8 Score compasses of the intelligence levels calculated by CIQES 3.0

达到的智能基础设施建设的大量投入和成效，但智能管理服务和居民素质并不是在短期能够得到显著提升的。

第三组团（左上）：智能硬件生长程度较低，软件发育程度高。城市以公共服务的智能化优先于基础设施等的硬件智能化建设，诸如在管理、商业、教育等方面均有比其他城市更多的智能化措施和政策的投入。

第四组团（右上）：智能硬件与软件生长发育程度均较高。位于这一象限的城市不仅体现出了在智能基础设施等硬件方面建设投入的实效，还反映了在智能软件方面所具有的实力，

图 9　全球 41 个智能城市 IQ 生长发育程度分析（根据 ICES 智慧度测评结果整理，2015）
Fig.9　Analysis of the CIQES 3.0 growth and development for 41 global icities，based on evaluation results of the ICES intelligence level，2015

而这种实力较难通过短期的城市建设、政策刺激和投资实现。

5　结论

研究分析了全球 38 组智能城市评价体系，研究显示现有的体系并不完全可靠，因为现有指标评价体系的数据源受到各国统计体系的影响，缺乏全球可比性。这些体系的数据来源均不同程度受各国、各研制机构的背景影响。为了避免评价体系过于主观，本评价体系应该开放公共数据，并致力于实现实时的数据更新，以更精准地反映快速的城市变化。本评价体系所得到的测评结果显得更具全球可比性和可信度。

（1）智慧生命体的理论支撑。智能城市评价指标体系应当根植于智能城市理论。本研究以智慧生命体理论作为指标体系建立核心思想，围绕将智能城市看作可“感知—判断—反应—学习”四个内涵持续智化的生命体，相较于基于可持续发展、信息化和可持续等理论建立的指标体系，或单纯从技术层面衍生出的评价指标体系而言，更具开创意义和价值，也更加周全、可靠。

（2）寻找普适、开放和动态的指标数据源较为必要。在 CIQES-1.0 符合智能城市评价体系的基本条件、科学性等要素的基础上，CIQES-2.0 将指标来源从传统的数据源调整为更具全球普适性、网络开放、及时和动态调整特征的数据源，避免了现有指标体系中数据存在的获取不直接、可信度不高、来源不同口径、无法动态调整等问题。而这也是本评价指标体系区别于其他指标体系的重要特点。

（3）借鉴IQ测评思想与方法以标准化测度智能程度。在最终针对中国国内8个城市以及国际41个城市的智慧度测评中，在指标、维度和综合得分阶段采用了相对值的标准化方法，CIQES-2.0将样本城市指标的最大值设定为标准值，而CIQES-3.0进一步引入IQ测评方法中的偏差测智法，针对数据标准化进行改进，以样本城市各指标的平均值作为100分进行测评。IQ的测评思想和方法的引入强化了将智能城市看作城市生命体这一观念，也更具合理性。测评结果显示出了CIQES系列的较高灵敏性。

当然，CIQES系列评价指标体系后续也将历年更新，不断对指标、指标数据源进行改进和提升，最终为推动智能城市的建设、运用和发展提供更具价值和公信力的测评结果。

致谢

CIQES及本文的完成，需要感谢Dr. XU Xingjing，Prof. CAO Buyang，Prof. LIU Yan，Dr. SHAN Tubin，Mr. KONG Linyu，Ms. ZHANG Weijun，Mr. ZHANG Heng，赫尔佐格教授，Muler教授，Prof. Dr. Klaus Kornwachs等。感谢来自于中国工程院、德国工程院、瑞典皇家工程院、住房和城乡建设部规划管理中心、国务院发展研究中心等单位的专家、院士提供的宝贵意见和给予本研究Contribution的关注。感谢唐小薇女士的贡献。

感谢中国工程院2015重点项目“中国新型城镇化的智能建设战略研究”（2014-XY-47）和中国工程院课题“智能城市的规划建设与大数据战略”（2014-XX-01）的资助。

作者简介：**吴志强** 中国工程院院士，同济大学教授、副校长；
潘云鹤 中国工程院院士，中国工程院常务副院长、教授、博士生导师；
叶启明 同济大学建筑与城市规划学院硕士研究生；
孔翎聿 上海同济城市规划设计院智能规划部主管。

参考文献

[1] Lombardi P, Giordano S, Farouh H, et al. An analytic network model for Smart cities[C]//Proceedings of the 11th International Symposium on the AHP, June. 2011：15-18.
[2] Giffinger R, Fertner C, Kramar H, et al. Smart cities—ranking of European medium-sized cities[M]. Vienna：Vienna University of Technology, 2007.
[3] Intelligent Community Indicators [Internet], Intelligent Community Forum, New York (2015) [cited 2015 Jun 9]. Available from：http：//www.intelligentcommunity.org/intelligent_community_indicators.
[4] 邓贤峰．“智能城市”评价指标体系研究[J].发展研究，2010(12)：111-116.
[5] 李贤毅，程博雅．武汉城市信息化评价体系分析[J].信息通信，2008,(3)：77-80.
[6] Shanghai：Smart City Evaluation Index System 2.0 [Internet], Shanghai Pudong New Area People's Government, Shanghai (2009-10) [Updated 2012 Dec 19, cited 2016 Apr 25]. Available from：http：//www.pudong.gov.cn/website/html/shpd/pudongNews_inform/Info/Detail_451178.htm Chinese.
[7] 住建部．国家智能城市试点暂行管理办法[S]. 2012.
[8] 李春友，古家军．国外智能城市研究综述[J].软件产业与工程，2014,(3)：50-56.
[9] Toppeta D. The smart city vision：how innovation and ICT can build smart, “livable”, sustainable cities[J]. The Innovation Knowledge Foundation. Think, 2010.
[10] 毛艳华．基于SOP模型的智能城市治理模式及评价体系研究[J].未来与发展，2012, 35(11)：11-16, 74.
[11] 陆燕萍，胡平．我国各地区信息产业竞争优势的综合评价分析[J].科技管理研究，2010, 30(4)：179-181.

[12] Kourtit K, Nijkamp P, Arribas D. Smart cities in perspective a comparative European study by means of self-organizing maps[J]. Innovation：The European Journal of Social Science Research, 2012, 25(2)：229-246.

[13] 黄少辉，周溪召．基于系统动力学的智能城市评价体系研究 [J]. 科技和产业，2013, 13(2)：86-90.

[14] 刘笑音，郑淑蓉．基于主成分方法的我国智能城市发展潜力评价根据东部 11 个城市的数据 [J]. 科技管理研究，2013, (22)：75-79.

[15] 常文辉．智能城市评价指标体系构建研究 [D]. 河南大学，2014.

[16] 项勇，任宏．基于 ANP -TOPSIS 方法的智能城市评价研究 [J]. 工业技术经济，2014, (4)：131-136.

[17] 刘维跃，王海龙，刘凯歌，等．运用熵权 /TOPSIS 组合模型构建智能城市的评价体系——以京津沪为实例探究 [J]. 现代城市研究，2015, (1)：31-36.

[18] 邹凯，包明林．基于灰色关联理论和 BP 神经网络的智能城市发展潜力评价 [J]. 科技进步与对策，2015, (17)：123-128.

[19] 肖拥军，王伟玲．基于主成分法的智能城市发展评估研究 [J]. 工业经济论坛，2015, (4)：37-46.

[20] 李芬英．中国区域信息化评价指标体系研究 [D]. 浙江大学公共管理学院，2007.

[21] IDC launches smart city evolution index; opens public voting to identify top smart city projects in Asia/Pacific [Internet], IDC Research, Inc., Framingham (2016) [Updated 2015 Jul 30, cited 2016 Apr 20]. Available from：http：//www.idc.com/getdoc.jsp?containerId=prSG25814115.

[22] Hatzelhoffer L, Humboldt K, Lobeck M, et al. Smart City in Practice：Converting Innovative Ideas into Reality[M]. Berlin：Jovis Verlag, 2012.

[23] File：IQ distribution.svg [Internet]. San Francisco：Wikimedia Foundation, Inc. [Updated 2013 Nov 5, cited 2016 May 20] Available from：https：//commons.wikimedia.org/wiki/File：IQ_distribution.svg.

[24] 龚炳铮．关于智能城市评价指标和评估方法的探讨 [J]. 智能建筑与城市信息，2015, (7)：40-46.

[25] 顾德道，乔雯．我国智能城市评价指标体系的构建研究 [J]. 未来与发展，2012, 35(10)：79-83.

[26] Dirks S, Keeling M, Dencik J. How smart is your city?：Helping cities measure progress[J]. IBM Institute for Business Value, IBM Global Business Services, New York, 2009.

[27] 郭曦榕，吴险峰．智能城市评估体系的研究与构建 [J]. 计算机工程与科学，2013, 35(9)：167-173.

[28] 周骥．智能城市评价体系研究 [D]. 武汉：华中科技大学，2013.

[29] 吴志强，柏旸．欧洲智慧城市的最新实践 [J]. 城市规划学刊，2014, (5)：15-22.

[30] 陈衍泰，陈国宏，李美娟，等．综合评价方法分类及研究进展 [J]. 管理科学学报，2004, 7(2)：69-79.

[31] 虞晓芬，傅玳．多指标综合评价方法综述 [J]. 统计与决策，2004, (11)：119-121.

[32] 龚炳铮．智能城市评价指标和评估方法的探讨 [J]. 办公自动化（学术版），2014, (11)：38-42.

[33] Mechant P, Stevens I, Evens T, et al. E - deliberation 2.0 for smart cities：a critical assessment of two 'idea generation' cases [J]. International Journal of Electronic Governance, 2012, 5(1)：82-98.

[34] Pan J G, Lin Y F, Chuang S Y, et al. From governance to service-smart city evaluations in Taiwan[C]//Service Sciences (IJCSS), 2011 International Joint Conference on. IEEE, 2011：334-338.

[35] 孙静，刘叶婷．智能城市评价指标体系的现状分析 [J]. 信息化建设，2013, (2)：30-31.

[36] 李宁，龚恺，颜鹰，等．智能城市评价指标体系探讨 [J]. 标准科学，2014, (10)：6-10, 14.

[37] 陈铭，王乾晨，张晓海，等．“智能城市”评价指标体系研究——以“智慧南京”建设为例 [J]. 城市发展研究，2011, (5)：84-89.

[38] 白墨，高松涛．中外两种智能城市评价指标介绍和对比启示 [C]//2014（第九届）城市发展与规划大会论文集 .2014：1-4.

[39] 吴志强，甘惟，张昭，等．21 世纪的世博会走向精神的生态智慧 [J]. 时代建筑，2015, (4)：20-25.

[40] 史文勇，李琦．数字城市：智能城市的初级阶段 [J]. 地学前缘，2006, 13(3)：99-103.

[41] Carli R, Dotoli M, Pellegrino R, et al. Measuring and managing the smartness of cities：A framework for classifying performance indicators[C]//Systems, Man, and Cybernetics (SMC), 2013 IEEE International Conference on. IEEE, 2013：1288-1293.

[42] De Santis R, Fasano A, Mignolli N, et al. DEALING WITH SMARTNESS AT LOCAL LEVEL EXPERIMENTS AND LESSONS LEARNED[J]. Working papers Fondazione Brodolini, 2015.

[43] 王振源，段永嘉．我国智能城市建设水平评价指标研究 [J]. 云南民族大学学报（哲学社会科学版），2013, 30(6)：144-149.

[44] 王兰，叶启明，蒋希冀，等. 迈向全球城市区域发展的芝加哥战略规划 [J]. 国际城市规划，2015, 30(4)：34-40.
[45] Fletcher R B, Hattie J. Intelligence and intelligence testing[M]. Taylor & Francis, 2011.
[46] Lombardi P, Giordano S, Farouh H, et al. Modelling the smart city performance[J]. Innov Eur J Soc Sci Res, 2012, 25(2)：137-149.

附 录

附表 1 全球 38 组智能城市评价指标体系分析
Schedule.1 The 38 intelligent city evaluation systems from around the World

编号	评价指标体系名称	年份	主体	研制者	研制方法	一级指标数量	一级指标内容	二级指标数量	三级指标数量
1	澳大利亚体系	2004	国家政府	澳大利亚政府	AHP	8	技术维度、互联网使用、接入水平、设施维度、使用、成本、电子商务、电子政务	0	29
2	日本体系	2005	国家政府	日本政府	AHP	5	ICT 费率、ICT 质量、ICT 移动化程度、ICT 普及化程度、ICT 建设	0	10
3	南京体系	2010	地方政府	邓贤峰	AHP	4	互联网领域、产业领域、服务领域、人文领域	0	24
4	湖北体系	2011	地方政府	李贤毅，程博雅	AHP	4	泛在网络、智能应用、公共支持平台、价值识别	19	57
5	宁波体系	2012	地方政府	顾德道，乔雯	AHP	7	智慧人群、智慧基础设施、智慧治理、智慧民生、智慧经济、智慧环境、智慧规划建设	21	48
6	上海浦东体系	2012	地方政府	上海浦东智能城市发展研究院	AHP	6	基础设施、公共管理和服务、信息服务经济发展、人文科学素养、市民主观感知	18	37
7	国家智能城市试点指标体系	2012	专业主管部门	住建部	AHP	4	保障体系与基础设施、智慧建设与宜居、指挥管理与服务、智慧产业与经济	11	59
8	工信部体系	2013	专业主管部门	工信部	AHP	3	智慧准备、智慧管理、智慧服务	9	45
9	Richard Florida 体系	2002	学术团队	Richard Florida	AHP	3	居民素养、集体智慧、环境智能化	3	3
10	TU Wien 体系	2007	学术团队	Rudolf Giffinger	AHP	6	智慧经济、智慧人口、智慧治理、智慧流动、智慧环境、智慧生活	31	74
11	Lazaroiu 体系	2007	学术团队	George Cristian Lazaroiu	AHP	5	智慧经济、智慧治理、智慧环境、智慧能源和流动	0	18

（续表）

编号	评价指标体系名称	年份	主体	研制者	研制方法	一级指标数量	一级指标内容	二级指标数量	三级指标数量
12	Donato Toppeta 体系	2010	学术团队	Donato Toppeta	AHP	6	经济 2.0；发展人力资源和社会资本；电子民主、政府 2.0、智慧政府；信息流动和智慧交通系统；生态系统；生活质量和可持续性	0	11
13	毛艳华体系	2012	学术团队	毛艳华	AHP	7	智慧人群、智慧基础设施、智慧治理、智慧民生、智慧经济、智慧环境与智慧规划建设	23	42
14	陆燕萍信息产业竞争力体系	2012	学术团队	陆燕萍，胡平	AHP	3	综合经济、技术创新、环境支撑	9	24
15	李健体系	2012	学术团队	李健、张春梅	AHP	3	应用水平、信息基础通信设施、实际应用效果	3	—
16	Karima Kourtit 体系	2012	学术团队	Karima KOURTIT	AHP	3	先进的商业和社会文化吸引力、劳动力和市政设施表现力、尖端的电子服务使用情况	0	11
17	Patrizia Lombardi 体系	2012	学术团队	Patrizia Lombardi	SDA	6	大学、知识、产业、市场、政府、学习	0	6
18	郭曦榕体系	2013	学术团队	郭曦榕，吴险峰	AHP	5	基础设施、公共管理和服务、信息服务经济发展、人文科学素养、市民主观感受	19	—
19	黄少辉评价指标体系	2013	学术团队	黄少辉，周溪召	SDA	4	基础网络设施、公共管理和服务、产业经济发展、人文科学素养	0	51
20	刘笑音体系	2013	学术团队	刘笑音，郑淑蓉	MCA	4	信息基础设施、公共支撑平台、城市竞争力、价值实现	0	19
21	王振源体系	2013	学术团队	王振源，段永嘉	AHP	4	智慧基础设施、公共管理应用、公共服务应用	0	47
22	周骥 DPSIR 模型	2013	学术团队	周骥	FCE	5	驾驶、压力、状态、影响、反应	0	37
23	常文辉体系	2014	学术团队	常文辉	AHP	5	政府管理能力、城市运营能力、生态管理、个人服务、企业服务	26	—
24	项勇体系	2014	学术团队	项勇，任宏	ANP+TOPSIS	5	基础设施、公共管理和服务、信息服务经济发展、人文科学素养，市民客观感知	19	60

（续表）

编号	评价指标体系名称	年份	主体	研制者	研制方法	一级指标数量	一级指标内容	二级指标数量	三级指标数量
25	龚炳铮体系	2015	学术团队	龚炳铮	AHP	3	建设环境、建设水平、经济效益	11	33
26	刘维跃体系	2015	学术团队	刘维跃，王海龙，刘凯歌	TOPSIS	4	城市管理、创新与智能化、环保与文化、宜居民生	0	10
27	邹凯体系	2015	学术团队	邹凯，包明林	GRA-BP	5	经济发展潜力、社会发展潜力、公共服务潜力、科技创新潜力、信息基础设施	0	21
28	肖拥军体系	2015	学术团队	肖拥军	MCA	4	信息基础设施、技术创新能力、城市发展竞争力、产业结构	0	19
29	ICF 体系	2001	协会	ICF 研究所	AHP	4	宽带、创新、数字包容、营销与倡导	18	14
30	世界经济论坛体系	2001	协会	世界经济论坛	AHP	3	环境分指数、整备度指数、使用分指数	9	68
31	七国集团体系	2002	协会	七国集团	AHP	4	环境、准备度、应用、影响	12	116
32	可持续国际城市体系	2002	协会	可持续国际协会	AHP	7	用地紧凑布局、绿色建筑、绿色交通、生态保育、资源节约与利用、市政设施、智慧互联	0	110
33	智慧工程研究会体系	2011	协会	中国智慧工程研究会	AHP	3	幸福指数、管理指数、社会责任指数	22	86
34	韩国电算院体系	1995	企业	韩国电算院	AHP	4	计算机、互联网、电信、广播	0	6
35	IBM 评价矩阵	2010	企业	IBM 公司	AHP	7	交通、通信、水、能源、城市服务、市民、商业	0	64
36	IDC 智慧城市指数	2011	企业	国际数字公司	AHP	5	政府、建筑、交通、能源、环境与服务	23	94
37	国脉公司评估	2014	企业	国脉公司	AHP	6	基础设施、治理、民生、产业、人群、环境	15	39
38	NSCI 体系	2010	企业	爱立信公司	AHP	3	社会、经济、环境、基础设施、可承受性、应用	15	—

注：①表格由 City IQ Evaluation System 研制团队整理，2013、2014、2015。资料来源：参考文献 [2-23]。② ICT：信息和通信技术；AHP：层次分析法；SDA：结构分析法；MCA：多标准分析；FCE：模糊综合评价；ANP：分析网络过程；TOPSIS：通过与理想解决方案相似来进行订单偏好的技术；GRA：灰色关联分析；BP：反向传播。

附表 2　数据标准化及指标计算
Schedule.2 Data standardization and indicator calculation

编号	城市	总分	环境与建设					治理与公共服务					经济与产业					信息化					创新型人力资源				
			城市PM2.5/PM10监测站密度	城市电网管理覆盖率	使用智能交通的市民比例	在线公开未来城市建设计划	维度分数	在线公开非机密政府文件	在线公众参与率	使用电子卫生记录的公民水平	应急反应表现	维度分数	研发费用/GDP	城市生产力	城市生产值密度	城市智能产业比例	维度分数	公共场所免费提供WiFi覆盖	平均移动网络访问	楼宇自动化系统普及	智能电网覆盖	维度分数	城市网民比例	IT专业人员比例	具有大学学历的人口比例	人均电子购物费用	维度分数
1	宁波	54.66	21.65	44.36	100	100	66.50	52.75	56.07	50	100	39.96	32.87	76.46	60.48	13.77	45.89	100	33.33	100	100	83.33	23.94	6.99	42.60	75	37.13
2	武汉	46.30	9.97	19.26	100	0	32.31	53.84	29.12	50	100	54.24	26.79	22.49	36.61	25.29	27.79	17	100.00	50	100	62.54	17.85	9.70	100.00	75	50.64
3	温州	45.88	38.37	27.29	50	100	53.92	46.65	1.28	50	100	49.48	16.87	66.33	51.75	13.77	37.18	85	37.50	100	0	34.59	100.00	6.05	35.87	75	54.23
4	珠海	44.83	18.14	14.80	100	100	58.23	95.42	5.97	100	100	75.35	51.43	38.01	32.68	18.11	35.06	20	25.00	0	0	6.30	26.01	26.58	69.20	75	49.20
5	泰州	40.59	100.00	31.94	50	100	70.49	41.70	68.49	50	0	40.05	15.11	80.84	100.00	59.87	63.95	34	4.17	0	0	1.13	11.34	10.59	37.34	50	27.32
6	无锡	39.02	13.58	31.24	100	100	61.21	50.73	56.19	50	0	39.23	30.90	80.60	66.95	59.87	59.58	22	29.17	0	0	7.35	25.77	6.63	28.47	50	27.72
7	德州	38.22	47.39	35.44	100	0	45.71	44.22	100.00	50	100	73.55	0.92	93.96	80.49	17.79	48.29	1	8.33	0	0	2.09	9.82	6.79	44.33	25	21.48
8	株洲	37.85	27.94	7.42	50	100	46.34	30.74	8.14	100	100	59.72	23.78	45.84	35.56	100.00	51.30	10	8.33	0	0	2.11	8.27	9.37	51.59	50	29.81
9	东营	37.65	51.46	26.16	100	0	44.40	32.23	11.00	50	100	48.31	7.27	94.41	72.80	17.79	48.07	1	8.33	50	0	14.58	22.17	19.29	40.08	50	32.89
10	威海	37.26	24.93	15.11	100	100	60.01	36.90	43.61	0	100	45.13	15.97	100.00	48.43	17.79	45.55	4	12.50	0	0	3.13	20.07	3.48	56.32	50	32.47
11	金华	37.11	53.24	100.00	100	100	88.31	41.17	4.05	0	0	11.30	10.90	75.04	95.49	13.77	48.80	96	16.67	0	0	4.41	22.50	17.76	40.63	50	32.72
12	芜湖	36.19	15.42	10.98	100	100	56.60	88.65	1.49	50	0	35.04	100.00	28.49	24.95	44.08	49.38	39	12.50	0	0	3.22	10.50	3.57	82.79	50	36.72
13	常州	35.95	16.20	30.67	100	100	61.72	37.08	0.11	0	100	34.30	25.34	43.57	57.78	59.87	46.64	42	16.67	0	0	4.27	35.84	6.85	38.71	50	32.85
14	廊坊	34.79	83.29	34.71	100	100	79.50	32.82	3.17	50	0	21.50	7.20	53.83	72.11	13.79	36.64	7	8.33	0	0	2.10	18.92	15.62	51.92	50	34.12
15	镇江	34.64	19.66	17.78	100	100	59.36	49.81	23.77	50	0	30.89	14.82	63.25	57.63	59.87	48.89	24	8.33	0	0	2.14	15.07	3.99	58.57	50	31.91
16	雅安	33.59	0	15.25	0	100	28.81	8.79	5.46	100	100	53.56	2.34	30.91	51.22	25.33	27.45	15	4.17	0	0	1.08	4.54	100.00	98.65	25	57.05
17	秦皇岛	33.27	54.79	16.26	100	100	67.76	41.98	53.04	50	0	36.26	8.20	35.75	33.94	13.79	22.92	3	4.17	0	0	1.05	22.61	6.12	74.68	50	38.35
18	铜陵	31.66	0	5.35 5	0	100	38.84	50.77	12.65	50	100	53.36	24.11	34.83	25.36	44.08	32.10	20	4.17	0	0	1.09	13.22	4.98	38.40	75	32.90
19	咸阳	29.57	33.51	20.47	100	100	63.49	52.65	0	0	0	13.16	4.08	39.33	55.17	12.23	27.70	30	8.33	0	0	2.16	10.43	9.10	70.74	75	41.32
20	邯郸	29.20	43.17	19.69	100	100	65.71	29.30	3.03	50	0	20.58	4.78	41.11	66.12	13.79	31.45	1	8.33	0	0	2.09	20.10	6.52	28.11	50	26.18
21	长治	27.71	28.37	21.43	0	100	37.45	100.00	5.18	0	100	51.30	8.89	42.19	52.17	6.70	27.49	3	8.33	0	0	2.09	13.18	12.32	30.42	25	20.23
22	南平	26.08	0	16.54	0	100	29.14	43.66	1.09	0	100	36.19	7.13	49.01	86.73	17.90	40.19	23	8.33	0	0	2.68	19.36	35.06	9.41	25	22.21
23	鹤壁	23.93	0	11.45	0	100	27.86	42.91	33.25	50	100	56.54	7.58	22.45	24.16	29.67	20.97	1	4.17	0	0	1.05	15.01	2.92	10.04	25	13.24
24	蚌埠	23.60	0	11.71	100	100	52.93	44.25	0.20	0	0	11.11	51.46	21.73	18.59	44.08	33.96	48	4.17	0	0	1.16	8.98	3.11	38.27	25	18.84
25	漯河	22.53	0	18.21	100	100	54.55	23.44	6.88	50	0	20.08	5.63	16.61	38.21	29.67	22.53	1	4.17	0	0	1.04	13.94	6.58	11.99	25	14.38
26	淮南	21.98	0	5.43	50	100	38.86	74.17	3.12	50	0	31.82	18.95	11.17	20.90	44.08	23.78	47	4.17	0	0	1.16	6.36	2.74	23.11	25	14.30
27	乌海	20.09	0	11.54	0	100	27.88	5.86	0.22	50	100	39.02	23.68	29.64	20.78	6.96	20.26	1	4.17	0	0	1.04	10.34	8.26	5.36	25	12.24
28	萍乡	18.65	0	14.38	0	100	28.60	54.61	8.66	0	0	15.82	7.65	19.92	40.40	60.49	32.12	3	4.17	0	0	1.05	19.69	10.31	7.73	25	15.68
29	六盘水	16.44	0	9.24	0	0	2.31	37.65	0.03	50	100	46.92	6.85	33.75	43.71	13.15	24.36	5	4.17	0	0	1.06	8.79	11.76	9.73	0	7.57
30	辽源	13.70	0	7.14	0	100	26.79	23.44	3.82	0	0	6.82	7.78	27.71	29.74	9.92	18.79	2	20.83	0	0	5.21	6.00	0.98	11.52	25	10.88
31	拉萨	11.66	35.68	17.26	0	0	13.23	8.79	42.12	0	0	12.73	0	26.66	9.56	5.38	10.40	24	4.17	0	0	1.10	0	41.72	16.53	25	20.81

附表 3　全球 41 个城市依照 CIQES-2.0 测评的结果
Schedule.3 CIQES 2.0 evaluation results of 41 global cities

城市	总分		环境与建设		治理与公共服务		经济与产业		信息化		创新型人力资源	
	排名	分数	排名	分数	排名	分数	排名	分数	排名	分数	排名	分数
伦敦	1	66	13	78	4	72	6	53	4	63	5	62
阿姆斯特丹	2	66	1	98	3	73	5	54	10	57	27	46
赫尔辛基	3	64	10	85	1	75	8	48	23	48	3	65
波士顿	4	64	6	88	2	74	3	60	31	41	14	56
哥本哈根	5	63	8	86	27	51	4	60	5	63	13	56
维也纳	6	61	4	92	15	69	22	36	7	61	25	48
华盛顿特区	7	61	24	68	19	62	1	76	24	46	23	54
西雅图	8	60	2	92	33	46	9	47	9	60	18	55
芝加哥	9	59	18	76	13	70	17	42	17	52	17	55
圣何塞	10	59	14	77	11	70	24	35	14	54	8	59
波特兰	11	58	23	69	10	70	20	39	12	55	10	57
圣地亚哥	12	57	17	76	5	72	28	33	21	50	19	55
迪比克	13	57	26	63	8	71	34	27	18	50	1	72
曼彻斯特	14	56	12	82	28	48	7	52	36	35	4	64
纽约	15	56	22	72	32	46	14	44	8	61	22	55
巴塞罗那	16	55	20	75	26	54	10	47	2	69	28	32
底特律	17	53	34	45	12	70	18	41	19	50	11	56
明尼阿波利斯－圣保罗	18	52	27	63	20	60	15	44	35	39	15	56
费城	19	52	15	76	31	46	16	43	33	40	21	55
宁波	20	52	7	87	6	72	37	23	3	65	37	13
伊西莱穆利诺	21	51	38	25	23	58	30	31	1	71	2	72
旧金山	22	51	25	67	30	47	13	45	32	41	20	55
里斯本	23	50	28	63	16	67	29	32	6	62	34	24
克利夫兰	24	48	35	38	21	59	19	41	20	50	16	55
伯明翰	25	47	37	28	7	71	12	46	40	33	6	60
奥胡斯	26	47	29	63	38	25	11	46	26	45	9	58
利物浦	27	47	40	20	22	58	2	61	37	34	7	60
武汉	28	46	11	82	14	69	35	27	30	42	41	11
无锡	29	46	9	85	17	63	23	35	38	33	38	13
都灵	30	45	31	50	18	62	27	34	13	54	32	27
镇江	31	45	5	90	29	47	25	35	29	43	39	12
上海浦东	32	45	19	76	9	71	40	19	25	45	35	14
金华	33	45	3	92	35	33	36	26	34	40	29	32
泰州	34	43	21	75	24	58	21	37	39	33	36	14
科隆	35	43	32	50	40	22	26	34	15	53	12	56
珠海	36	42	16	76	25	57	38	22	28	43	40	12
里昂	37	42	30	53	36	32	33	29	22	48	26	46
腓特烈港	38	36	39	25	34	34	32	29	27	43	24	50
马拉加	39	35	36	38	41	18	31	31	11	56	30	32
桑坦德	40	32	33	50	37	29	39	22	41	31	31	30
维罗纳	41	26	41	13	39	24	41	12	16	53	33	27

根据 CIQES-2.0 智慧度测评结果整理，2013。

附表 4　全球 41 个城市的 CIQES-3.0 测评结果

Schedule.4 Evaluation results of 41 global cities by CIQES 3.0

城市	总分		环境与建设		治理与公共服务		经济与产业		信息化		创新型人力资源	
	排名	分数	排名	分数	排名	分数	排名	分数	排名	分数	排名	分数
伦敦	1	130	13	118	5	129	6	137	4	133	5	139
华盛顿特区	2	129	24	103	20	110	1	194	1	146	23	121
赫尔辛基	3	129	10	129	2	134	8	122	16	112	3	146
阿姆斯特丹	4	128	1	148	4	131	5	139	19	108	27	103
波士顿	5	128	6	134	3	133	3	153	24	89	14	125
哥本哈根	6	122	8	130	27	91	4	153	8	120	13	125
维也纳	7	119	4	140	16	124	22	92	9	119	25	108
西雅图	8	118	2	140	33	82	9	121	7	121	18	124
芝加哥	9	118	18	115	14	126	17	109	13	115	17	124
圣何塞	10	115	14	117	12	126	24	89	20	106	8	131
波特兰	11	115	23	104	11	126	20	100	11	118	10	128
圣地亚哥	12	113	17	115	6	128	28	85	21	104	19	123
迪比克	13	111	26	95	9	127	34	70	23	101	1	161
曼彻斯特	14	111	12	125	28	86	7	134	37	69	4	142
纽约	15	110	22	109	32	82	14	113	5	133	22	122
巴塞罗那	16	107	20	114	26	96	10	120	2	138	28	72
底特律	17	104	34	68	13	126	18	106	22	104	11	127
明尼阿波利斯－圣保罗	18	104	27	95	21	107	15	112	32	82	15	125
费城	19	103	15	116	31	83	16	111	30	83	21	122
宁波	20	102	7	132	7	128	37	58	3	137	37	30
旧金山	21	101	25	101	30	84	13	116	31	83	20	123
克利夫兰	22	97	35	57	22	106	19	104	15	112	16	124
里斯本	23	96	28	95	17	120	29	82	6	123	34	53
泰州	24	94	21	114	1	148	21	95	39	60	36	30
无锡	25	94	9	129	18	113	23	91	25	88	38	28
伊西莱穆利诺	26	94	38	38	24	104	30	79	18	108	2	160
伯明翰	27	93	37	43	8	128	12	117	40	60	6	134
奥胡斯	28	91	29	95	37	45	11	118	33	82	9	131
利物浦	29	91	40	30	23	105	2	157	38	62	7	133
武汉	30	91	11	125	15	124	35	69	29	84	41	24
都灵	31	90	31	76	19	111	27	87	10	119	32	61
镇江	32	89	5	136	29	85	25	89	26	87	39	27
上海浦东	33	87	19	115	10	126	40	50	27	86	35	32
科隆	34	84	32	76	39	39	26	88	17	109	12	126
金华	35	82	3	140	40	38	36	68	35	77	29	71
珠海	36	82	16	115	25	102	38	57	28	84	40	27
里昂	37	77	30	81	35	57	33	75	36	70	26	104
腓特烈港	38	70	39	38	34	61	32	75	34	80	24	113
马拉加	39	67	36	57	41	33	31	79	14	113	30	71
桑坦德	40	63	33	76	36	52	39	56	41	59	31	68
维罗纳	41	51	41	19	38	44	41	31	12	117	33	61

根据 CIQES-3.0 测评结果整理，2015。

中国与欧洲城市的可持续发展分析 *

Analysis of the Sustainable Development of Chinese and European Cities

敖翔　曹布阳　Otthein Herzog　吴志强

摘　要　中国在过去的几十年间经历了十分迅速的城镇化。截至2017年年底，中国的城镇化水平已经达到了58.52%，而根据"十三五"规划，这一数字还将于2020年突破60%。在这一过程中，中国遇到了一定的问题，这些问题可能包括污染和环境恶化，区域发展不均衡以及不合理的城镇体系等。根据国际经验，以上问题可能会在未来的城镇化过程中恶化甚至集中爆发。因此，有必要借鉴来自具有较高城镇化水平和发展水平的其他国家的经验，特别是城市对间的协同合作。然而不同城市可能具有各异的城市特征和发展模式，因此谨慎选择配对的城市十分重要。该研究比较分析了七对来自中国和欧洲，并具有良好合作关系的城市发展状况。从经验上看，这些城市被认为具有比较相似的特点。为了证实这一结论，我们从数据层面展开了分析和比较。为方便分析和比较，我们首先从经济，社会，环境和基础设施四个方面收集了城市的定量数据，并对数据进行了清洗处理。此外我们应用了曼－惠特尼U检验（非参数检验的一种）来识别城市对之间的相似性和其他特征。本研究中使用的方法在将来可识别具有相似城市发展趋势，并从理论角度为城市提供可持续发展指导的潜力。

关键词　可持续发展；城镇化；非参数检验；数据分析

1　背景介绍

中国在近几十年经历了十分迅速的城镇化过程，1996—2014年，平均每年城镇化提升1.37个百分点（Wei，2018）。一方面，中国的城镇化在2017年年底已经达到58.52%，并预计在2020年突破60%（中华人民共和国中央人民政府，2016）；城镇化水平快速增长的同时浮现了一定的问题，这些可能会影响中国未来可持续发展的问题包括环境的污染和恶化，区域发展不均衡以及不合理的城镇体系等（Guan 等，2018；Wei，2018；Zhu 等，2011）。另一方面，随着中国城镇化步伐放缓并进入转型阶段（表1），城镇化的速度和质量被视为同等重要（Wei，2018）。因此，有必要借鉴来自具有较高城镇化水平和发展水平的其他国家的经验。城镇化水平以及城市发展水平较高的欧洲城市具有为中国城市可持续发展提供宝贵经验的可能性，中欧城市对间的有效合作具有十分重要的意义。然而不同城市可能具有各异的城市特征和发展模式，因此谨慎选择配对的城市显得十分重要。

* 本研究是欧盟项目"Urban EU−China 可持续城镇化创新平台"的一部分。该项目由欧盟地平线2020研究和创新计划资助（编号733571）。

表 1　中国城镇化增长率变化（第 9 至第 12 个五年计划期间）
Table 1 Urbanization growth rate in China

五年计划	年份	年平均城镇化增长率（%）
9	1996—2000 年	1.44
10	2001—2005 年	1.35
11	2006—2010 年	1.39
12	2011—2013 年	1.26

来源：中国统计年鉴和 2013 年中国国民经济和社会发展统计公报，由 Wei (2018) 整理。

本研究比较分析了七对来自中国和欧洲城市对的发展状况，即贝尔法斯特和沈阳，德累斯顿和杭州，利兹和杭州，曼彻斯特和武汉，曼彻斯特和天津，米兰和上海，尼斯和湛江。这些城市对彼此建立了良好的合作关系，如杭州和利兹自 1987 年以来就结成友好城市。从经验上来看，这些城市被认为具有比较相似的特点和发展形态。为了证实这一结论并为后续的中欧城市间的有效合作提供参照，我们从数据层面展开了分析和比较。

为便于分析和比较，我们首先从经济，社会，环境和基础设施四个方面收集了城市的定量数据，并对数据进行了清洗处理。此外我们应用了曼－惠特尼 U 检验（非参数检验的一种）来识别城市对之间的相似性和其他特征。

2　研究方法

如图 1 所示，整个研究的流程包括四个步骤：建立城市可持续发展指标体系；收集数据；清洗并处理数据；进行检验并得出结论。图 1 呈现了这四个步骤的详细内容。

2.1　建立城市可持续发展指标体系

城市可持续发展指标反映了环境、社会制度、经济、人类福祉和生活质量等方面的主要趋势，被视为衡量可持续发展进展的主要有效工具，因此，合理选择城市可持续发展指标尤为重要（Shen 等，2011；Tran，2016）。由于对可持续发展目标的不同解读，以及各类数据的可获得性不同，城市可持续发展指标的选择也因研究而异（Tanguay 等，2010）。在本次研究中，从数据的全面性和可获得性出发，从社会、经济、环境和基础设施中，项目的合作伙伴谨慎地选择了以下指标，构建为一个多层级的城市可持续发展评价指标体系（表 2），这些指标将用于对于中欧城市对分析的数据依据。

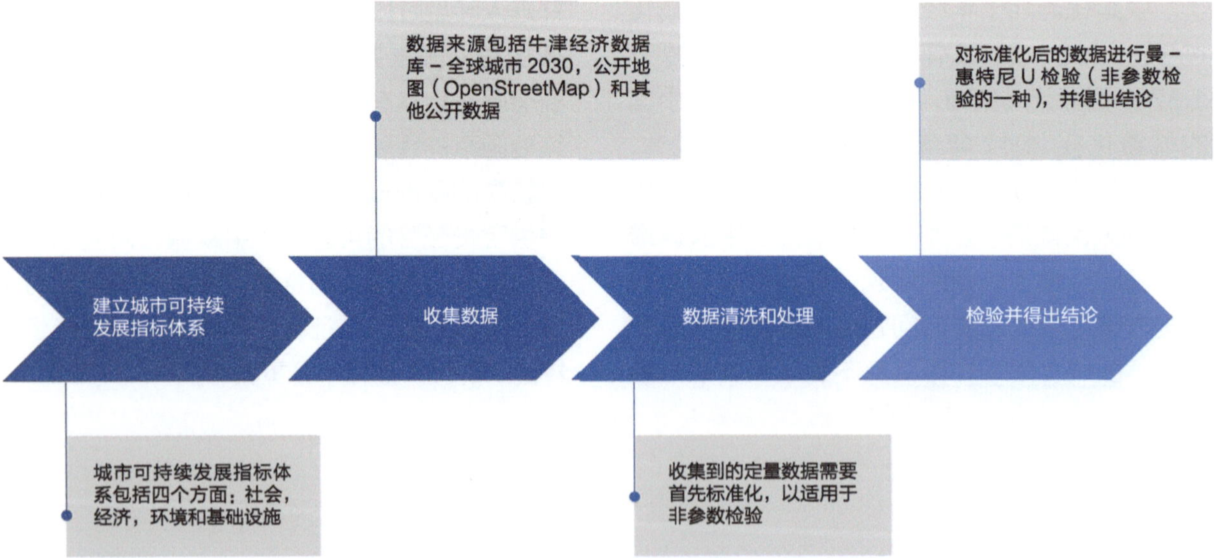

图 1　研究流程
Fig.1 Workflow of this research

表 2　城市可持续发展指标体系
Table 2 The SDI (Sustainable Development Indicator) system

	主要因素	指标		主要因素	指标
社会	人口增长	• 总人口 • 人口增长率	基础设施	道路	• 全市铺装道路面积占比
	人口结构	• 15~64 岁人口占比		供水	• 总供水量 • 人均供水率 • 供水接驳率
	净移民	• 净移民率		废物管理	• 城市垃圾回收率
	受教育程度	• 受教育程度在高中水平以上的人口占比		通信	• 平均下载速度 • 平均上传速度 • 宽带网家庭覆盖率
	失业率	• 失业率			
	贫困率	• 收入低于国家平均水平 30% 的家庭占比			
经济	国内生产总值	• 国内生产总值 • 国内生产总值增长率	环境	绿地	• 全市绿地面积占比 • 人均公园面积
	人均国内生产总值	• 人均国内生产总值 • 人均国内生产总值增长率		循环	• 垃圾处理率 • 工业固体垃圾处理率
	国内生产总值结构	• 第三产业生产总值占比		空气质量	• 年均 PM2.5 值 • 年均 PM10 值
	就业结构	• 第三产业就业人数占比		水质	• 饮用水占比
	收入结构	• 平均家庭收入		能源	• 全市电力消耗量 • 可再生能源占比
	消费支出结构	• 总消费支出 • 恩格尔系数			
	就业增长	• 总就业人数 • 就业人数增长率			

2.2　数据收集

所收集的数据大部分来自牛津经济数据库 – 全球城市 2030，该数据库记录的指标涵盖国内生产总值、劳动力市场、人口、收入、消费支出和零售等多个方面，同时因为其提供了全球 770 个城市的历史和预测数据，运用一致的指标比较不同城市间的发展水平因此变为可能（表 3）。其他主要数据来源包括公开的地图数据（open street map）、统计年鉴、权威报告以及其他官方网站。

表 3　来源于牛津经济数据库 – 全球城市 2030 的指标
Table 3 Oxford Economics Global Cities 2030 Indicators

维度	指标
国内生产总值	• 地方生产总值 • 按部门划分的总附加值
劳动力市场	• 总就业人数 • 按部门划分的地方就业人数（农业；工业；交通运输；仓储；信息和通信服务；金融和贸易服务；消费者服务；公共服务等）

（续表）

维度	指标
人口	• 总人口 • 不同年龄段人口（0~14，14~54，65+） • 出生和死亡数 • 净移民 • 总家庭数 • 平均家庭规模
收入	• 家庭收入 • 家庭平均可支配收入和总可支配收入 • 收入在 1 000 美元 ~25 万美元内各段的家庭数
消费支出	• 按以下产品或服务划分的消费支出：食品和不含酒精的饮料；酒，香烟和非法商品；衣物；居住、水、电、燃气和其他燃料；家具，家用装备和其他住房支出；交通运输和购置车辆；通信产品和服务；娱乐和文化产品和服务；教育；餐厅和旅馆；其他产品和服务
零售	• 总零售额

2.3　清洗和处理数据

首先，并非所有数据都适合用于统计检验。按照惯例，如果某一指标的数据在一半以上的研究城市中缺失，则该指标须被剔除在外。其次，在接下来的标准化处理中需要使用到各个指标在国家范围内的极值，如果某一指标的极值难以获得，则也需要被剔除，例如“过去 15 年内地区生产总值的平均增长率”这一指标。

经过数据清洗之后，为满足非参数检验对于输入数据的要求，原始数据需要进行标准化处理。根据城镇化的发展规律，我们在此把各类指标根据分为“正向指标”或是“负向指标”进行不同的标准化处理。“正向指标”是指数值增长表征城市发展水平提升的一类数据，例如地区生产总值、垃圾处理率等；“负向指标”则是指数值减少表征城市发展水平提升的一类数据，例如失业率、恩格尔系数等。具体标准化过程如下：

$$x_{i,n}=\frac{x_i-x_{min}}{x_{max}-x_{min}} \quad（正向指标）$$

$$x_{i,n}=\frac{x_{max}-x_i}{x_{max}-x_{min}} \quad（负向指标）$$

式中　$x_{i,n}$——标准化后的数据；

x_i——原始数据；

x_{min}——某一指标的极小值；

x_{max}——某一指标的极大值。

这里使用的某一指标的极小值和极大值是研究城市所处国家内的极值，因此，标准化后的数据最终会体现研究城市在特定方面在其所处国家内的相对排位，从而不同单位的不同指标得以直接进行比较。

2.4　检验并得出结论

非参数检验是一种不需要假设所使用的数据服从正态分布的检验，因此这种检验尤其适用于像本研究中使用的现实数据（Miah，2016）。非参数检验被广泛应用于检查两个数据集内的数据分布是否具有相似性，以探究它们是否有相同的来源。

本次研究使用的是非参数检验中的一种——曼 - 惠特尼 U 检验。在该检验中，首先将假设参与检验的城市对的数据分布具有相似性，随后将会计算 P 值（P-value）以检验该假设是否成立。P 值越高，则说明假设越有可能成立。作为非参数检验的结果，P 值一定程度上反映了城市对间的相似程度（图 2）。其中的上半部分的两个城市，根据 P 值我们可以断

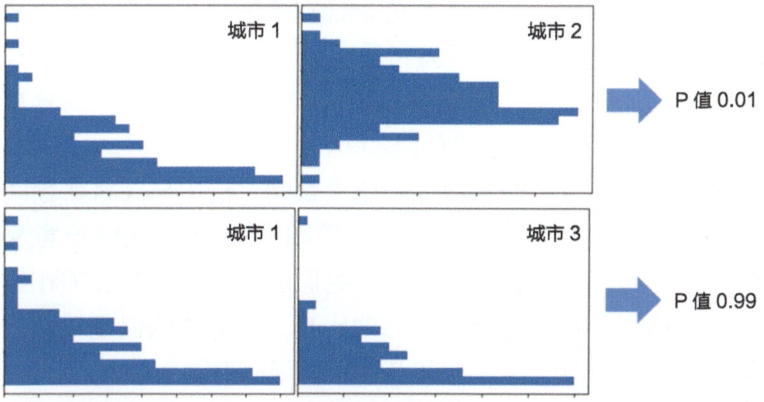

图 2　不同情况下的非参数检验结果
Fig.2 Results of non-parametric tests

定，他们的数据分布在统计意义上不具有相似性，从而我们推翻原假设，也就是这两个城市不相似。而下半图说明原假设是成立的，从而得出了这两个城市发展形态具有相似性。

3　研究结果与讨论

3.1　沈阳和贝尔法斯特

从图 3 可以看出，贝尔法斯特的失业率、年均 PM2.5、年均 PM10、平均上传速度等指标表现较好，但在平均下载速度、15~64 岁人口比例等指标表现较差。此外，贝尔法斯特的 GDP 总量和人口总量排名相对较低，说明贝尔法斯特不属于规模最大的英国城市之一。同样，沈阳也不在体量很大的中国城市之列。沈阳在 15~64 岁人口比例、年均 PM10、平均下载速度等指标表现较好。

沈阳和贝尔法斯特从数据分布来看具有一定的相似性：双方的大部分数据都低于 0.50（全部 10 个指标中沈阳有 8 个，贝尔法斯特有 5 个低于 0.50）。

非参数检验的结果表明该城市对的 P 值为 0.820，说明沈阳和贝尔法斯特的相似性较高（见图 4）。

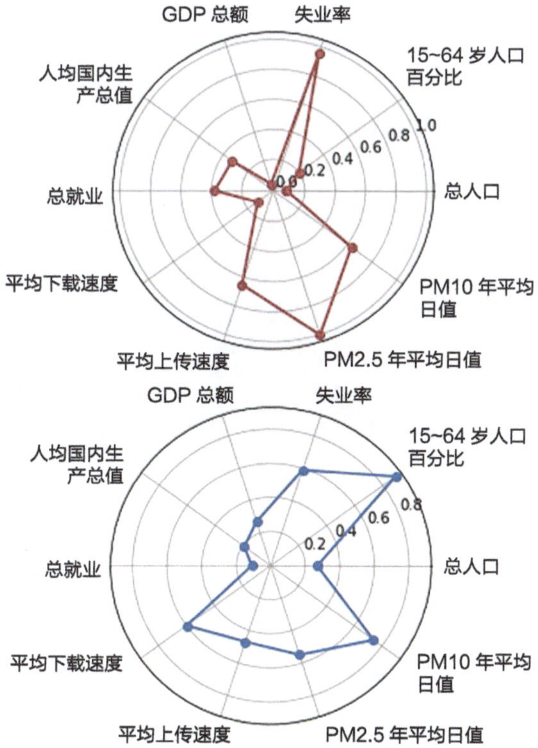

图 3　贝尔法斯特（红色）和沈阳（蓝色）的主要发展绩效评估
Fig.3 Performance comparison of Belfast (in red) and Shenyang (in blue)

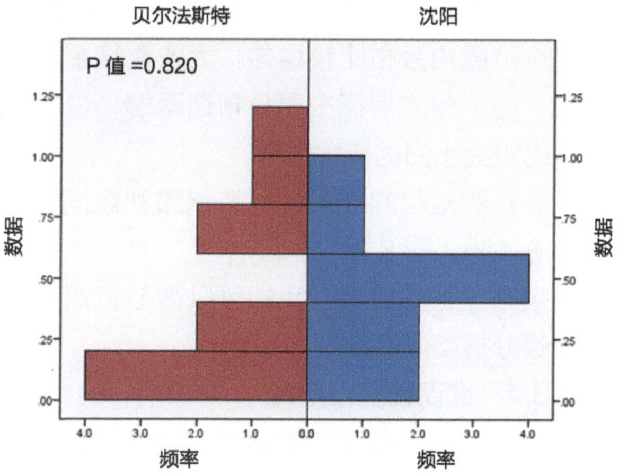

图 4　贝尔法斯特（红色）和沈阳（蓝色）的数据分布和 P 值
Fig.4 Data distributions and p-value of Belfast and Shenyang

3.2 杭州和德累斯顿

从图 5 可以看出，德累斯顿与经济相关的指标较弱，表现在地区生产总值和就业相关的指标排名较低。而另一方面，其年均空气质量 PM10 指标表现较好。相比之下，杭州总体表现较好，尤其是在失业率、15~64 岁人口比例、年均 PM2.5 和年均 PM10 等指标上面。

从直方图可以看出，德累斯顿大部分指标都低于 0.75，并呈现出一定程度的金字塔分布 - 排名越高的指标数量越少。而对于杭州来说，其指标分布呈现出一定的两极化，10 项指标中有 3 项在 0.75 和 1 之间，有 5 项则分布在 0.25 和 0.5 之间。

非参数检验结果表明，杭州与德累斯顿间的 P 值为 0.384（见图 6）。尽管从统计意义上说，我们不能拒绝原假设。但是与沈阳和贝尔法斯特这城市对比较，它们的相似度就弱一些。这个从图 6 也可以观察到这个结论。

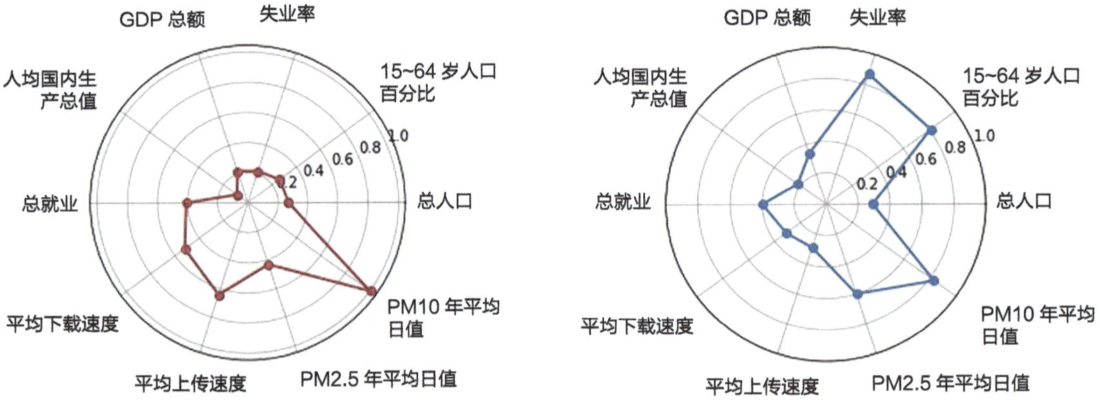

图 5 德累斯顿（红色）和杭州（蓝色）的主要发展绩效评估
Fig.5 Performance comparison of Dresden (in red) and Hangzhou (in blue)

3.3 杭州和利兹

从图 7 可以看出，利兹具有较低水平的失业率、而 15~64 岁人口占比、年均 PM10 和 PM2.5 指标表现出了一定的不稳定因素。

对比两者的分布图可以发现，利兹的指标在各个范围内分布比较均匀，大致遵循金字塔分布。而杭州的指标主要分布在两端，说明杭州有比较突出的优势和劣势。

非参数检验的结果表明杭州和利兹间的 P 值为 0.405（图 8）。

根据以上的结果，我们可以得与杭州和德累斯顿分析类似的结论。

3.4 武汉和曼彻斯特

图 9 显示，曼彻斯特总体就业状况较好，比较在总就业人数和失业率指标排名较高。而武汉则是在失业率和 15~64 岁人口比例等指标上表现出比较突出的优势。

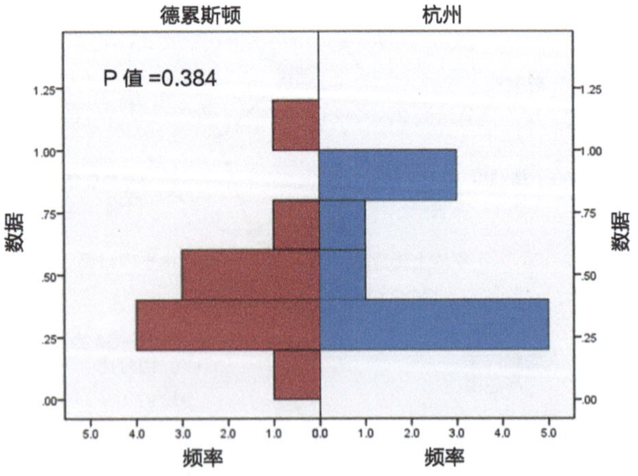

图 6 德累斯顿（红色）和杭州（蓝色）的数据分布和 P 值
Fig.6 Data distributions and p-value of Dresden and Hangzhou

武汉和曼彻斯特的指标分布的相似性仅在于两者的许多指标低于 0.50（全部 10 个指标中，武汉有 7 个低于 0.50，曼彻斯特有 4 个低于 0.50）。而分布的差异性相对来说更大，

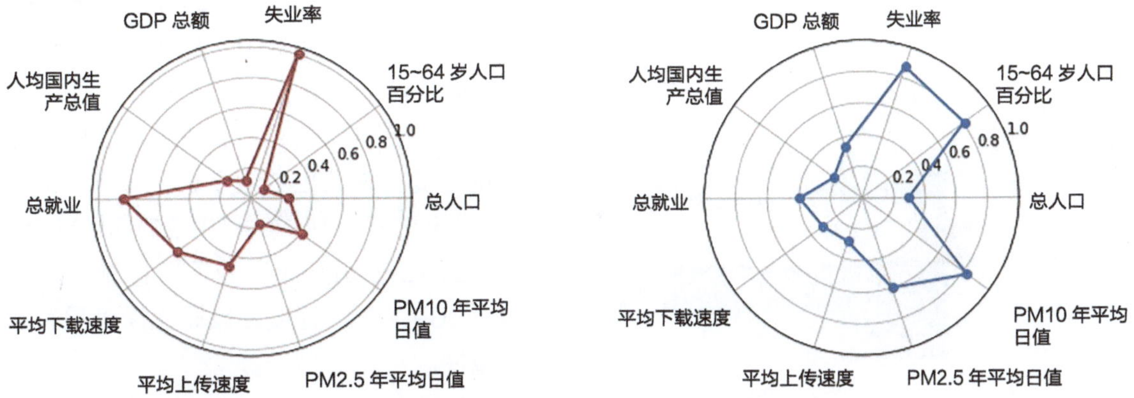

图 7　利兹（红色）和杭州（蓝色）的主要发展绩效评估
Fig.7 Performance comparison of Leeds (in red) and Hangzhou (in blue)

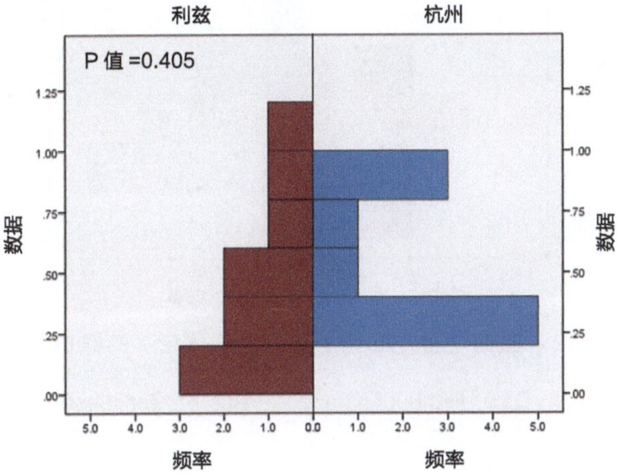

图 8　利兹（红色）和杭州（蓝色）的数据分布和 P 值
Fig.8 Data distributions and p-value of Leeds and Hangzhou

在全部 10 个指标中武汉有 6 个低于 0.25，相比之下，曼彻斯特的指标总体来看分布更均匀（图 9）。

非参数检验的结果表明，武汉和曼彻斯特间的 P 值为 0.307（图 10）。从统计意义上，这两个城市的发展形态具有弱相似性。

3.5　天津和曼彻斯特

图 11 显示，相较于曼彻斯特在就业状况方面具有比较突出的优势，天津在 15~64 岁人口比例，失业率和网页的平均下载速度等指标均表现较好。

天津和曼彻斯特的指标分布表现出一定程

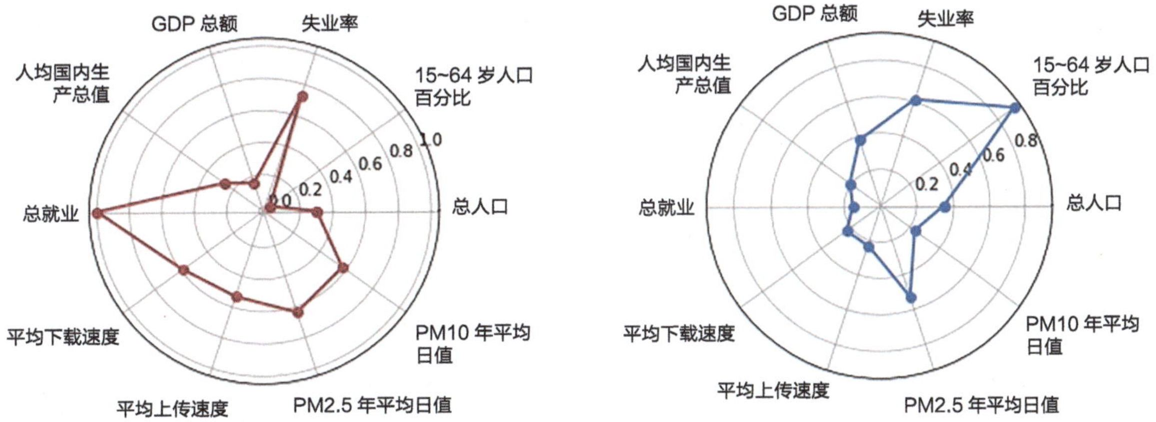

图 9　曼彻斯特（红色）和武汉（蓝色）的主要发展绩效评估
Fig.9 Performance comparison of Manchester (in red) and Wuhan (in blue)

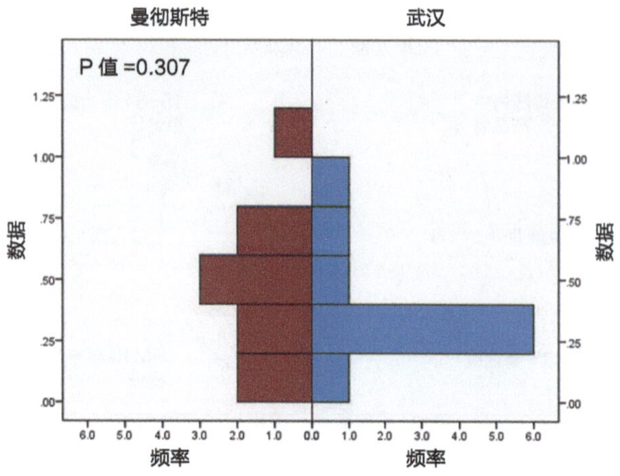

图 10 曼彻斯特（红色）和武汉（蓝色）的数据分布和 P 值
Fig.10 Data distributions and p-value of Manchester and Wuhan

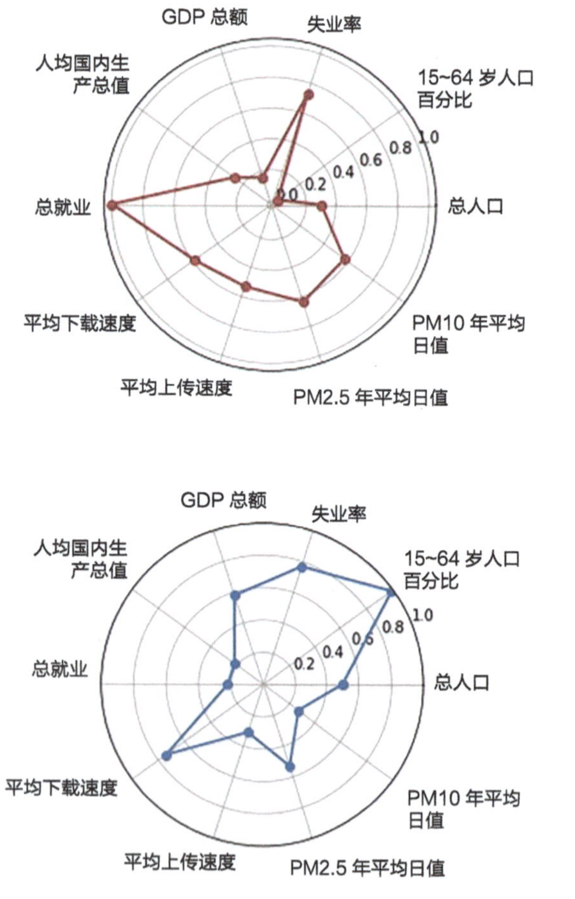

图 11 曼彻斯特（红色）和天津（蓝色）的主要发展绩效评估
Fig.11 Performance comparison of Manchester (in red) and Tianjin (in blue)

度的相似性。首先，两者的大部分指标在 0.50 以上（全部 10 个指标中，天津有 8 个高于 0.50，曼彻斯特有 6 个高于 0.50），说明两者在各自的国家中综合排位较高。其次，两者的指标都在一定程度上表现出“金字塔”分布，即排位较低的指标较多，排位越高相应的指标越少。

图 12 表明天津和曼彻斯特城市对的 P 值为 0.909，一定程度上反映出两者具有较高的相似性。

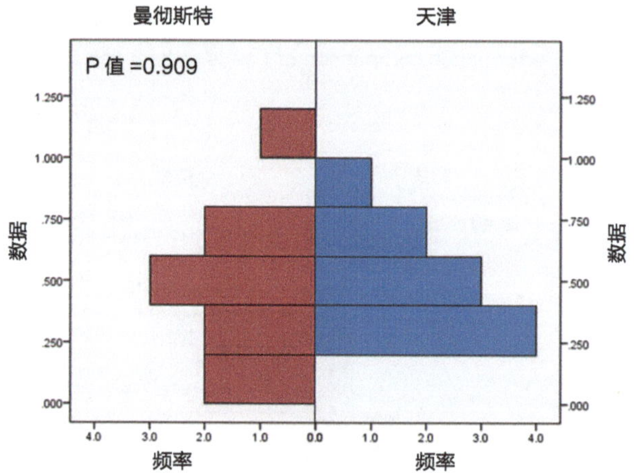

图 12 曼彻斯特（红色）和天津（蓝色）的数据分布和 P 值
Fig.12 Data distributions and p-value of Manchester and Tianjin

3.6 上海和米兰

图 13 显示出米兰在受教育程度在高中以上的人口占比以及人均地区生产总值方面领先于大部分的意大利城市。至于上海，其大部分指标在中国城市中位居前列（包括失业率、受教育程度在高中以上的人口占比、总人口、平均上传和下载速度以及地区生产总值），表现出总体具有较高的城市发展水平。

两者指标分布的相似之处在于，大部分的指标均在 0.50 以上（全部 9 个指标中，上海有 5 个高于 0.50，米兰有 6 个高于 0.50）。此外，都表现出中间较多，两端较少的特征（两者在 0.75 左右的指标都有 3 个，高于 0.75 或者低于 0.50 的指标相对较少）。

非参数检验的结果表明上海和米兰城市对的 P 值为 0.657（图 14），根据此结果我们可

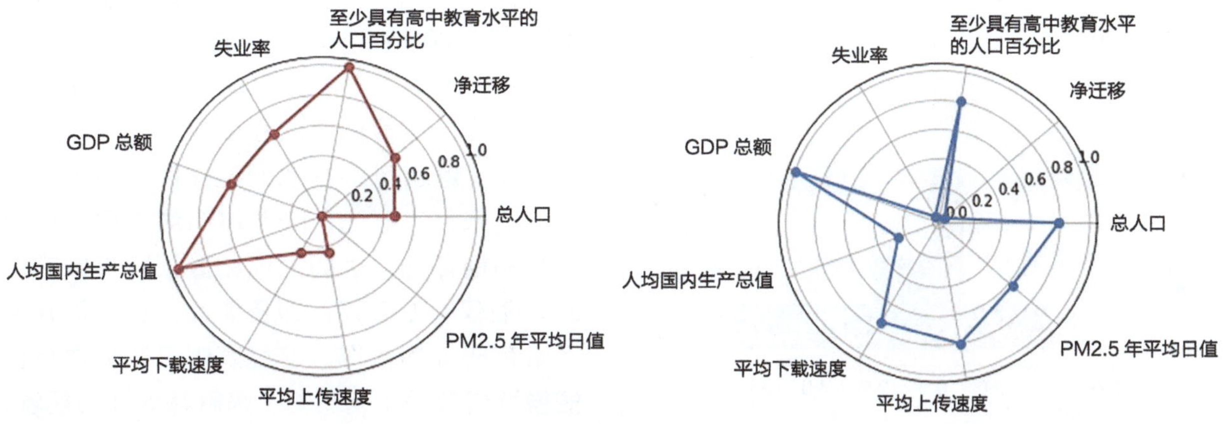

图 13　米兰（红色）和上海（蓝色）的主要发展绩效评估
Fig.13 Performance comparison of Milan (in red) and Shanghai (in blue)

以认为上海米兰之间具有较高的发展形态的相似度。

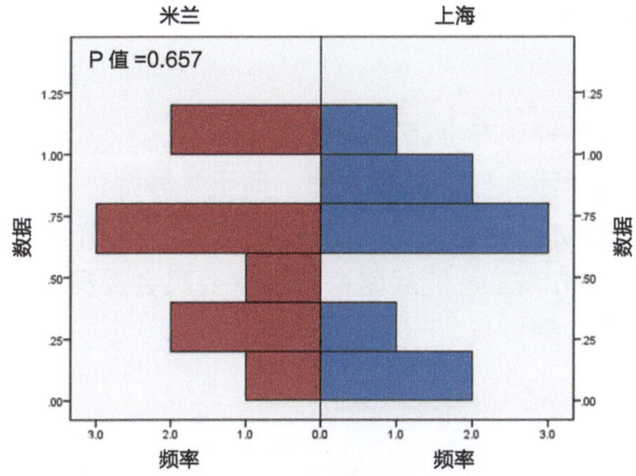

图 14　米兰（红色）和上海（蓝色）的数据分布和 P 值
Fig.14 Data distributions and p-value of Milan and Shanghai

3.7　湛江和尼斯

从图 15 中可以看出，尼斯在平均家庭收入，网络的平均下载速度和年平均 PM10 等指标在法国城市中位居前列，而在与经济相关的人均地区生产总值、地区生产总值和失业率方面相对排名靠后。湛江方面，其总体指标均排名相对较低。

湛江和尼斯指标分布间的相似性并不明显。总体来看，二者均有较多的指标低于 0.50（全部 9 个指标中湛江有 9 个，尼斯有 6 个低于 0.50），然而在尼斯高于 0.50 的三个指标中有两个达到了极大值，表现出二者指标分布的差异性较大。

图 16 显示出湛江和尼斯的 P 值为 0.375。

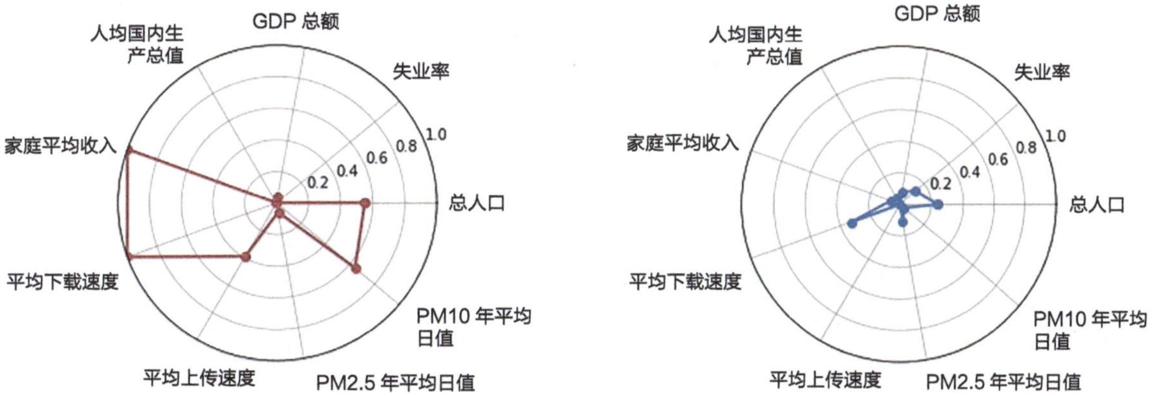

图 15　尼斯（红色）和湛江（蓝色）的主要发展绩效评估
Fig.15 Performance comparison of Nice (in red) and Zhanjiang (in blue)

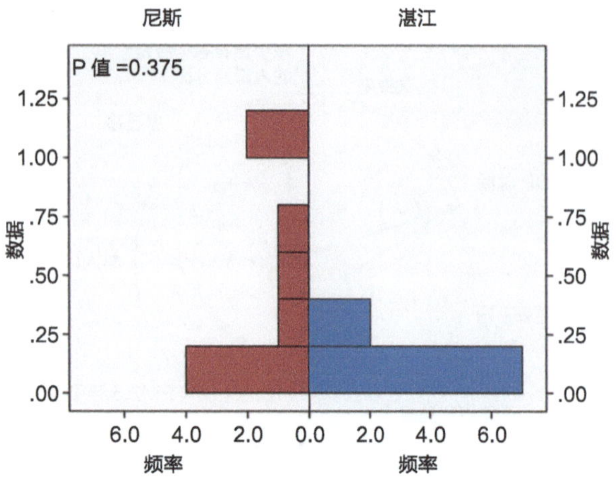

图 16 尼斯（红色）和湛江（蓝色）的数据分布和 P 值
Fig.16 Data distributions and p-value of Nice and Zhanjiang

4 结论

非参数检验的方法为匹配城市提供了一个新颖的分析角度，即城市配对不仅有基于人为经验的判断，也有统计理论上的支持。这样的方法展现出了在未来应用于选择配对城市以借鉴经验指导可持续发展的一定潜力。

研究表明，大部分的城市对都具有一定的相似性，尽管相似的程度或多或少有一定的偏差，这也可能是他们建立良好城市合作的先决条件。然而，一些城市对表现出具有较少的相似性，例如武汉和曼彻斯特城市对的 P 值仅有 0.307，即便如此，它们仍开展了富有成效的合作。这也表明可能需要其他的模型或数据（驱动力）来解释这样的现象，或者有其他因素，如个体对城市合作的推动，在这样的城市合作中发挥了重要作用。因此，为了在一定程度上预测城市对建立良好合作的可能性，在未来有必要对成功的城市合作中重要的模型和因素进行更深入的研究，为中欧城市间的有效合作提供具有指导性的参照信息。

作者简介：**敖　翔**　同济大学建筑与城市规划学院城乡规划专业硕士研究生；
曹布阳　同济大学建筑与城市规划学院高峰团队核心研究人员，博士生导师；
Otthein Herzog　国际计算机学会（ACM）会士，德国工程院院士，同济大学 CIUC 峰会教授，上海市人工智能战略咨询专家委员会委员；
吴志强　中国工程院院士，同济大学教授、副校长。

参考文献

[1] GUAN X, WEI H, LU S, et al. Assessment on the urbanization strategy in China: Achievements, challenges and reflections[J]. Habitat International, 2018, 71: 97-109.
[2] MIAH A Q. Applied statistics for social and management sciences [M]. Berlin: Springer, 2016.
[3] SHEN L—Y, OCHOA J J, SHAH M N, et al. The application of urban sustainability indicators—A comparison between various practices[J]. Habitat International, 2011, 35: 17-29.
[4] TANGUAY G A, RAJAONSON J, LEFEBVRE J—F, et al. Measuring the sustainability of cities: An analysis of the use of local indicators [J]. Ecological Indicators, 2010, 10: 407-418.
[5] TRAN L. An interactive method to select a set of sustainable urban development indicators[J]. Ecological Indicators, 2016, 61: 418-427.
[6] WEI H. Urbanization in China: The Path to Harmony and Prosperity [M]. Berlin: Springer, 2018.
[7] ZHU Y—G, IOANNIDIS J P A, LI H, et al. Understanding and Harnessing the Health Effects of Rapid urbanization in China[J]. Environmental Science & Technology, 2011, 45: 5099-5104.
[8] 中华人民共和国中央人民政府．中华人民共和国国民经济和社会发展第十三个五年规划纲要 [M]. 北京：人民出版社，2016.

第四章　智能系统

CHAPTER 4 INTELLIGENT SYSTEM

智能城市

INTELLIGENT CITY

社区能源综合规划及其方法初探 *

Discussion about Community Energy Planning and its Operation Method

于航　黄子硕　彭震伟

摘　要　社区能源规划是低碳生态城市规划建设的重要内容之一。基于社区能源规划的已有研究和实践，阐述了能源规划的主要任务和内容。通过社区能源规划与一次能源规划的对比分析，指出社区能源规划是对一次能源规划的补充和延伸，可视为二次能源规划，即社区能源综合规划。总结了近年来国内外社区能源规划的计算工具及其结构特点，对比分析了社区能源规划中自上而下与自下而上两种工作模式的特点，指出两种模式的融合将有助于推动社区能源规划的广泛实施。

关键词　社区能源规划；二次能源规划；计算模型；规划模式；节能

社区节能减排不仅要降低用能个体（如建筑）的碳排放，也需要考虑通过系统综合优化的方法降低整体（社区）的碳排放。国际能源署建筑和社区节能项目（IEA-ECBCS）的研究指出，社区能源系统整体优化所产生的节能潜力远大于单个用能对象节能改造所产生的节能效果[1]。因此，如何通过社区能源规划对社区范围内的能源资源实施有效调控已经引起众多学者的关注。本文对国内外社区能源规划的研究成果进行了归纳总结，为深入研究提供参考。

1　社区能源综合规划的概念

社区能源规划（community energy planning）一词来源于国外，原指通过对社区空间设计和市政设施规划的优化来促进能源的有效利用。加拿大、英国、丹麦等国对社区能源规划进行了较早的探索和实践[2]。国内区域能源规划和低碳生态城区规划研究的重点是实现城区能源系统效率最大化的方法，以及利用可再生能源、清洁能源替代传统的化石能源减少社区碳排放的策略[3]。

社区能源规划研究涉及社区开发的各个阶段，各阶段能源规划内容如图 1 所示。在低碳生态城市建设的背景下，总体规划中一般都包含节能低碳的要求。在详细规划阶段，针对社区整体和各个分地块设定具体的节能目标，提出控制和引导策略是该阶段能源规划的主要目的，也是将低碳目标落实到规划地块和具体项目的重要依据。在后续开发建造阶段的主要目标是建筑节能。在社区的运营使用阶段强调用户的行为节能和能源系统设备的运营维护。

社区能源规划可归结为 3 个 W 问题[4]：

（1）When：设施建设的时间进度，在什么时候进行相关的建设。

原载于《暖通空调》2014 年第 44 卷第 12 期。

* 国家科技支撑计划课题子课题（2013—2016）：村镇宜居社区建设支撑体系规划技术研究（编号：2013BAJ10B01－02），高密度区域智能城镇化协同创新中心 2013 年第一批课题：面向区域能源规划的能流模型构建研究（编号：CIUC20130003）

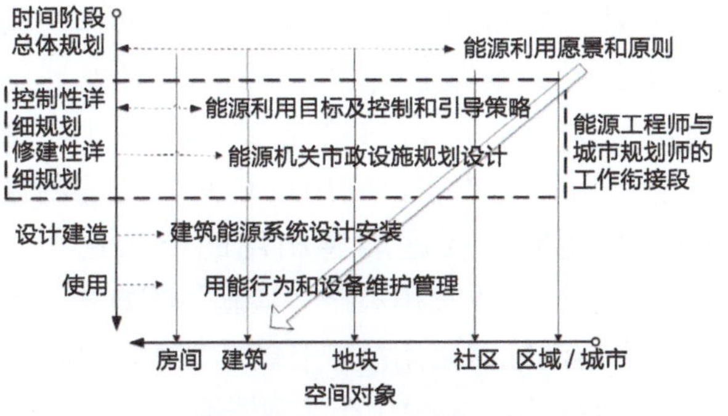

图 1　社区能源规划在各个时空阶段的规划重点示意图
Fig.1 Main content of community energy plan in different stages of urban development

（2）Where：在什么位置进行相关设施建设。

（3）What：建设什么样的能源设施，选择多大的容量，能源设施包括锅炉、热电联产机组、制冷机房、房间空调器、太阳能光伏板、太阳能集热器、小型风电设备、地源热泵、输配管网和换热设备等能源利用相关设施。

2　与一次能源规划的对比

一次能源规划基于能源供给必须满足能源需求的理念，规划的重点在于通过统筹协调获得足够的能源供应渠道，并规划建设相应的能源设施，保证城市能源安全[5]。各类能源（燃气、电力、热力）由对应的能源部门分项规划建设，满足社区内各类用户的能源需求。一次能源规划一般不考虑不同能源种类间的相互替代，也较少考虑城市内部可再生能源资源的综合利用，通过对一次能源的开发、调运的合理规划，以经济合理的手段解决能源供需矛盾。

社区能源规划可视为建立在一次能源规划基础上的基于需求侧的二次能源规划，是对一次能源规划的补充和延伸。规划对象是可直接供给用户侧使用的冷、热、电等二次能源。通过对靠近用户的二次能源的生产、输配方案的综合规划，满足用户的能源需求。二次能源的生产是指将化石燃料、太阳能等可再生能源资源转换为用户可以直接使用的冷（热）量、电力、家用燃料等能源产品。社区能源规划与一次能源规划的对比见表 1。

表 1　社区能源规划与一次能源规划的对比
Table 1 Comparison of community energy plan and traditional energy plan

能源规划	能源生产	能源消费	能源运输	时空尺度
一次能源规划	矿藏开发，火电、水电、核电、风电等电厂建设	化石燃料需求，电力需求	公路、铁路、水运运输，长距离燃气管网，国家电网骨干网	国家、地区、城市等 10 km 以上空间尺度。10 年或者 20 年中长期能源战略规划
社区能源规划（二次能源规划）	热量、冷量、燃料、部分电力生产	冷量、热量、电力及燃料	城市市政热力管网、配电网络、燃气输配管网	城区、社区、相邻建筑等 10 km 以下的空间尺度。较短期内能源设施建设规划

如图 2 所示，社区能源综合规划是在一次能源规划的基础上，对用户侧的能源转换利用行为进行具体详细的指导和约束，用能主体通过能源转换设备将商品燃料、电力等转化为满足生产生活需要的冷量、热量、电力等二次能源，并通过低碳节能技术的合理应用降低社区碳排放。

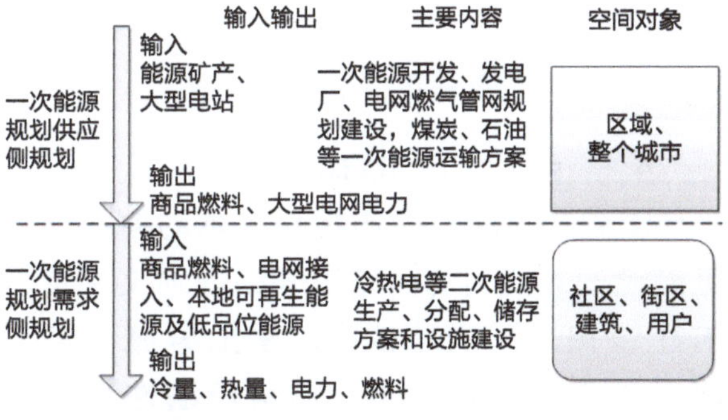

图 2　二次能源规划与一次能源规划的衔接
Fig.2 Community energy plan is supplement to traditional energy plan

3 社区能源综合规划在城市规划中的地位

一次能源规划通过统筹协调，将所需的燃气、电力等能源输入城市，驱动城市的正常运转，为城市的发展提供能源安全的保证。通过上文的对比分析可以看出，社区能源综合规划通过对社区用户侧的能量需求进行综合管理，为能源的高效利用提供保证。

如图3所示，社区能源综合规划的实质是将城市总体节能减排目标分解落实到具体的地块和具体的项目建设中。将总体目标分解细化是实现城市节能减排总目标的根本保证，有助于切实降低能源利用所产生的碳排放。社区能源综合规划针对各用能对象设定能效提升、可再生能源利用、污染物排放的量化指标，给出实现方法和措施，对社区用户侧的能源利用进行引导和约束。

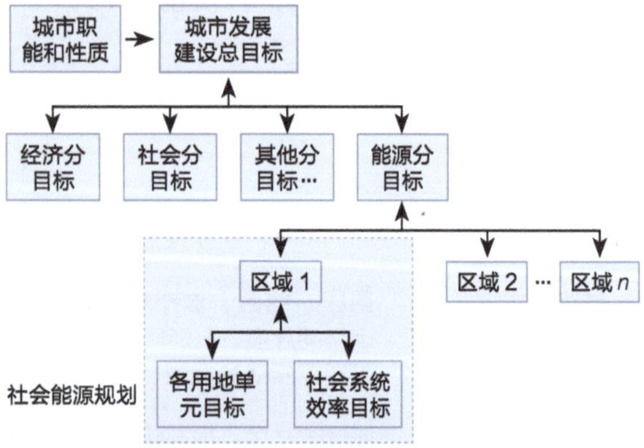

图3 社区能源综合规划在城市规划中的功能和定位
Fig.3 The role of community energy plan in urban planning sustem

4 二次能源规划的工作模式

4.1 自上而下的模式

该模式是通过城市规划的驱动力实现社区能源规划的目的。城市详细规划文件是城市建设和发展的总依据，是指导城市各项建设工作的法定文件，具有普遍性和强制性。在城市详细规划中增加社区能源结构优化、节能技术应用、绿色建筑的相关内容可以有力推动低碳社区的建设工作，实现社区能源规划的目的。通过城市规划学者的努力，在现有的城市规划体系中，增加节能减排的内容，利用规划文件的强制性和普遍性推动社区能源利用的低碳化[6-9]。通过“目标—政策和策略—措施”的方式，自上而下推动社区采用高效节能的技术，增加可再生能源利用，减少化石能源消耗。

4.2 自下而上模式

该模式是由从事建筑节能技术研究的学者构建社区能源系统优化模型，通过定量化计算分析，确定社区能源供应系统中各类能源适宜的结构和数量，选择社区能源系统集中（分散）的结构形式以及技术方案。这种基于工程技术发展水平制定社区能源规划目标和政策的模式即为自下而上的工作模式。

5 社区能源规划模型

国外学者将社区能源规划的研究重点放在区域能源系统优化分析模型的开发及对应的计算机工具软件的编制，Goncalo Mendes 等人对用于社区能源系统综合规划的模型和工具进行了总结和讨论[4]。笔者分析了几种目前社区能源系统技术经济模型（又称为自下而上模型，bottom-up model），包括 HOMER、DER-CAM、EAM，MARKAL/TIMES、RETScreen、H2RES 等，对其开发机构、模型特点、应用时使用者主观性对结果的影响等进行了汇总和比较，结果见表2。

这些可用于社区能源系统优化的计算机工具的模型结构如图4所示。按照能源生产、分配和消费环节进行划分，结合模型内置的能源转换利用技术库，在冷、热、电等需求确定的情况下，使用者从技术库中选择一种或几种技术进行组合形成技术方案，通过模型模拟计算比较，获得较优的社区能源供应系统。

由于区域能源系统建模对象是一个复杂的热力系统，具有多维度、内部关系复杂、系统庞大等特征，对于不同对象所涉及的能量系统

表 2　社区能源系统综合优化计算软件比较
Table 2 Comparison of computer tools for community energy plan

软件名称	优化目标	求解方法	计算类型	计算时间段	分析对象	主观性	开发者
HOMER	最小现金流	对比，解释	模拟	1a，步长可选	社区	高	美国可再生能源实验室
DER-CAM	最小成本	MILP	情景分析 / 模拟	1a，逐时	社区	中等	美国劳伦斯伯克利实验室东京大学
EAM	最小成本	MINLP	情景分析 / 模拟	1a，逐时	社区		
MARKAL/ TIMES	最小成本	MILP	情景分析 / 模拟	长期，50a，自定义	多种	中等	国际能源署
RETScreen	最小成本	对比，解释	情景分析	长期，50a，逐月	多种	高	加拿大环境资源部
H2RES	可再生能源最大化	能量平衡	情景分析 / 模拟	无限制，逐时	社区和区域		南斯拉夫扎格拉布大学
EnergyPLAN	最小成本	解释	情景分析	1a，逐时	区域	高	丹麦奥尔堡大学
SynCity	费用、碳排放多目标	MILP	情景分析	逐时，自定义	区域，社区	较低	英国帝国理工未来实验室

特点不同，基于能源设备构建的能源系统模型不能完全反映出对象能量利用的本质特点。特别是在规划阶段的初期，由于能源供需及转换能力的不确定性，在相关要素发生变化时须重新构建模型，因此该类模型存在通用性和灵活性不足的问题。此外，因该项工作专业性强，要求使用者具有丰富的能源规划经验和能源技术基础，大大增加了使用难度，一般用户很难利用这些技术分析软件。

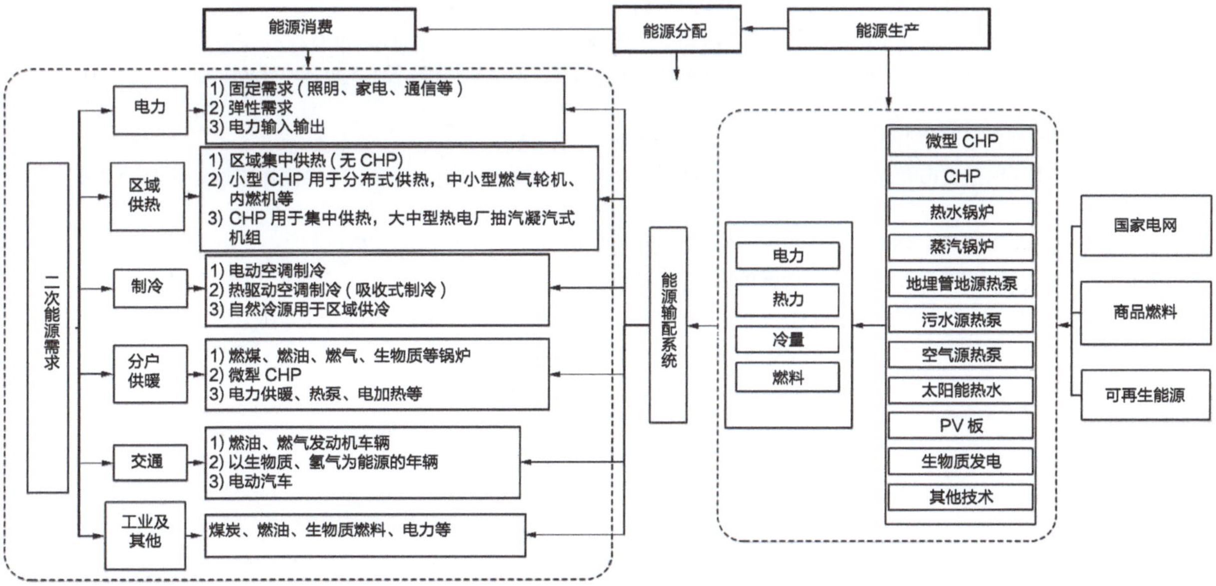

图 4　社区能源规划模型结构示意图
Fig. 4 The principle of community energy system designing models

6 社区能源规划的新模式展望

城市规划具有公共政策的属性，具有强制性和法律效力，相对于具体的节能减排技术，更能在宏观方面发挥其公共政策的作用，作为一种有效的调控工具，对节能减排，降低碳排放起到综合协调、上层指导的作用。因此，以社区能源系统模型定量计算为支撑，将社区能源系统分析的结果按照当前城市规划的模式融入城市详细规划文件中，充分发挥城市规划文件普遍性和强制性的优势。这种自上而下与自下而上相融合的模式将有助于更好地解决社区能源规划问题。

两种模式融合的关键是社区能源系统分析的模型，应具有较好的普遍性，其分析过程和结果应具有足够的健壮性。该模型应能从能量转换利用的本质出发，将能源转换传输利用技术进行数学抽象，结合情景分析获得理论上最优的能流图或㶲流图。基于这种理论能流图，探讨并确定对应环节的能量转换利用效率参数。在情景分析时，通过调整关键参数，观察能流图结构的演化和输出数值的变化范围。基于完全抽象化、理论化的模型架构，可以减少输入数据的量，简化分析过程，更适于早期规划阶段应用。

因此，构建适应于城市详细规划阶段应用的社区能源系统规划分析模型仍具有重要意义。

作者简介：**于　航**　同济大学机械与能源工程学院教授、博士生导师；
黄子硕　同济大学建筑与城市规划学院助理教授；
彭震伟　同济大学建筑与城市规划学院教授、博士生导师。

参考文献

[1] IEA ECBCS Annex 49: Low exergy systems for high performance buildings and communities [R/OL]. [2013-10-22]. http：//www. ecbcs. org/annexes/annex49. Htm.

[2] Natural Resources Canada, Community Energy Planning Guide [R/OL]. [2014-03-18]. http：//www.nrcan. gc. ca/sites/www.nrcan.gc.ca/files/canmetenergy/files/pubs/Community Energy Planning Gide_en.pdf.

[3] 龙惟定 . 绿色生态城区的智能能源微网 [J]. 暖通空调 , 2013, 43(10)：39-45.

[4] Mendes G, Ioakimidis C, Ferrao P. On the planning and analysis of integrated community energy systems：a review and survey of available tools[J]. Renewable and Sustainable Energy Reviews, 2011, 15(9)：4836-4854.

[5] 邱大雄 . 能源规划与系统分析 [M]. 北京：清华大学出版社 , 1995.

[6] 徐彦峰 . 能源规划在城市规划中的功能定位及编制思路 [C]// 和谐城市规划——2007 中国城市规划年会论文集 . 2007：1183-1190.

[7] 叶祖达 . 低碳生态空间：跨维度规划的再思考 [M]. 大连：大连理工大学出版社 , 2011.

[8] 黄聪健 . 区域分布式综合能源系统视角下的控制性详细规划编制研究 [D]. 广州：华南理工大学 , 2012.

[9] Marlena Rogowska. District energy within the planning context：exploring the barriers and opportunities for district energy and community energysolutions in Ontario, Canada[D]. Canada：Ryerson University, 2013.

应对人类生存危机的新交互设计 *

Designing Interactions to Counter Threats to Human Survival

娄永琪

摘　要　本文提出了一种新的交互设计框架，以直面在“真实世界”中实现可持续发展所遇到的挑战。本文首先考察了全方位地影响着人类生活的四系统——自然、人类、人造物和赛博（Cyber）系统之间的交互关系。由于人类无止境地追求经济增长的活动，已然威胁到了人类自身的生存。因此想要重塑四系统之间的平衡，必须要推动每个人以及人类作为一个整体的生活方式发生彻底的转变。但有很多因素阻碍人们在这两个层面采取积极行动，特别是以下这些与人相关的因素：可见性、驱动力、协同性和持续性等。为了更好地应对这些挑战，本文认为应鼓励可持续社会交互设计这个全新的设计方向，特别是运用交互设计的思想、方法和工具，激励并维系四系统之间的良性互动，以此来实现人类社会可持续发展。通过赛博系统在社会层面链接各种不同的交互系统，为促进这一议程提供了新的可能性。本文还进一步指出，将虚拟世界和物质世界糅合在一起的交互式复合社区的营造能在多层次的参与者之加深沟通，巩固联系，加强反馈，促进共识，因此对可持续交互解决策略的孵化和迭代提供了一种新的思路。

关键词　四系统；人机交互；Design X；可持续社会交互设计；社区营造

1　四系统及其交互关系

纵观历史，人类的进化就是逐步将自己与自然分离，创造和发展文明的进程 [1]。在将自然世界转化为更宜居环境的过程中，人类创造了人造物世界，并通过其与自然世界互动，人造物世界也因而成为人类文明的载体和表现。人类、人造物世界和自然世界三者之间密切的互动，定义了人类生活的大部分内容，包括经济、社会和文化方面。

自 20 世纪 40 年代以来，赛博系统开始逐步发展和成型。信息与通信技术（特别是近些年来移动网络、大数据、云计算和人工智能 AI 技术）的迅速发展，使得高度互联的赛博世界逐渐从人造物世界中脱离出来。这个赛博系统已经发展成为一个与人类、人造物和自然系统充分结合的一个全新的等量齐观的系统。这个新系统的发展极大地丰富了我们在这个星球上交互作用的方式与意义。本文称之为“四系统”——自然、人类、人造物和赛博系统，它们的交互影响着人类活动、生命、生产和存在的每个方面。图 1 显示了四个系统的演变。

每个系统都需要建立起相应的知识体系，才能被理解，它们之间的交互也是如此。不同的学科往往关注四系统交互的某一部分。自然科学关心的是自然规律，其主题涵盖了所有物质性和非物质性的存在，其中包括人类和他们的物质性创造。社会科学主要研究人类系统内

* 本文基于作者 2015 年 4 月 18—23 日在韩国首尔举行的第 33 届 ACM CHI2015 国际人机交互大会（33rd Annual ACM Conference on Human Factors in Computing Systems）的开幕主旨演讲修改发展而来。

图 1　自然、人类、人工世界和智赛博世界的演进
Fig.1 The evolution of the nature，human，cyber，and artificial systems. Copyright © 2018 Yongqi Lou.

的交互（如心理学和社会学），以及人与人造物之间的交互（如经济学关心的是货物和服务的生产、分配和消费）。随着人造物世界繁荣发展，更多的学科被建立起来，用于研究人造物系统的各个方面，如工程、建筑、城市规划等。更新的学科分支展开了对赛博系统的各个方面的研究，计算机科学在全世界的大学都是如日中天（图 2）。

将世界视为四个彼此交互的系统本质上是一种主观的视角。与其说系统是一个客观现实，不如说是一个主观的认知框架。“系统”这一概念提供了一种结构性的参考，使我们能够理解它们所描述的世界维度，并看到自己所处的位置。从自然的角度来看，人类不过是生活在地球上数以亿计的物种中的一个。植物和动物物种也会创造有形和无形的产品，并消耗它们在环境资源中的份额。对于大自然而言，人类的伟大成就与蚁冢、由数百万菌根真菌以及树木和植物根系所构建的地下巨大无形网络没有什么不同。我们，和我们的人造物，都是自然的一部分。

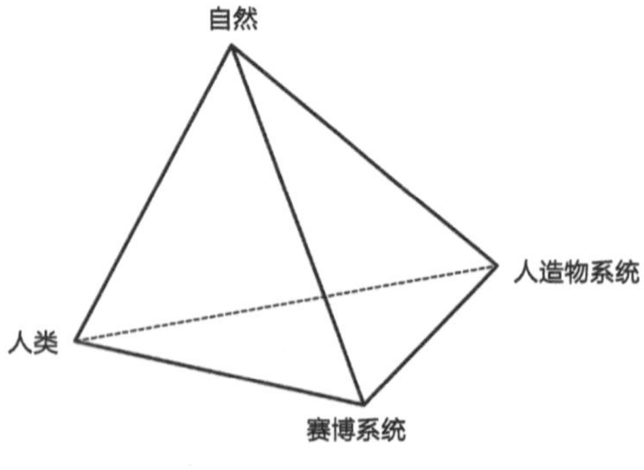

图 2　四个（自然，人类，赛博和人造物）系统之间的交互
Fig.2 The interactions of the Four (nature，human，cyber，and artificial) Systems. Copy– right © 2018 Yongqi Lou.

只有从人类的视角来看，人类、人造物和由人工智能所建构的赛博世界才显得有超越自然的价值。人类创造的人造物和赛博这些系统虽与大自然不同，却与其关联，已经成为深入参与人与自然之间交互的主要机制，对于地球上人类这一物种的可持续性至关重要。这种以人为中心的观点，不可避免地将我们的注意力引到人造物之外的事物上，包括人类、人造物、赛博和自然这四系统之间的交互，这些交互或是由人造物促成的，或就是以人造物为中心。而这些交互，正是各种设计实践的工作对象。

（1）人类系统与人造物系统之间的交互构成了许多传统设计实践的基石，包括视觉传达设计、产品设计和环境设计。后来，又出现了服务设计和人机界面设计。在这些设计领域中，人造物起到了中介的作用，调适着人—物关系以及人际关系。

（2）人造物系统与赛博系统之间的交互是智能系统（如物联网 IoT 系统）设计的重点。其核心是网络—物理系统（CPS），主要是连接到计算机网络系统，并由其控制的物理和软件组件之间的通信、集成和交互 [2]。

（3）“人机回环（human-in-the-loop）”模型将人类整合到了赛博—物理系统中。将人类、人造物系和赛博三个系统之间的交互纳入考量，不仅会给赛博—物理系统的交互增加一个参与者，而且由于为系统增加了新的驱动力，因而显著增加了系统的复杂性 [3]。从技术上讲，该领域的设计关乎有效的人机协作 [4, 5]。此外，人类世界与网络世界（人工智能世界）之间的交互引发了新的伦理问题，这些问题可能会影响到整个人类社会。这种伦理规范对于复杂的社会技术系统的设计是不可或缺的基础。

（4）大多数现有的交互设计实践和研究都侧重于人类、人造物和网络系统之间的交互，但很少关心自然抑或地球这一人类赖以生存的系统的资源是有限的。就如一些先驱（如罗马俱乐部）指出的那样，资源的限制将成为人类发展的核心制约因素[6]。重新定位人类在自然（将之视作一个系统、环境和一系列条件）中与周围环境的各类互动，将对各个层面的交互设计产生深远的影响，并产生新的设计原则。

2 人类世界正面临着生存危机

人类活动对自然世界产生了重大影响。在过去的 300 年里，人类似乎已然征服了自然，主宰着自己生活的世界。人类在努力地不断将自然资源转化为生产力和人类发展的物质基础的过程中，创造了“经济”——这个代表我们的生产、分配和消费的活动，它归根结底取决于从自然中攫取资源和能源的效率。图 3 展现了道琼斯工业平均指数（DJIA）从 1918 年到 2018 年的变化。尽管在经济危机期间经济增长曲线存在波动，全球经济发展仍呈现持续增长态势。事实上，我们似乎理所当然地认为经济将一直处于永久增长的状态。然而，“任何有形物或能源消耗的增长都无法在一个封闭的系统无限期地持续下去”[7]。“地球上经济指数级的增长违反了物理和数学的基本定律”[8]。事实上的确存在着一个终极的天花板，它限制着所有扩张的可能性[9]——这就是资源和环境容量的限制。过去，乐观主义者认为这个天花板距离我们尚远，今天，由于科学家的不懈研究和警告，我们已经开始越来越清晰地了解了增长的极限。

在 2009 年的《自然》期刊中，斯德哥尔摩应变中心（Stockholm Resilience Centre）的约翰·洛克斯特伦（Johan Rockström）和同事们[10]提出了一个“行星九边界”的框架：一组环境控制变量，其波动将会对我们物种生存产生影响。每个边界都划定了一个安全的操作空间，“在这个空间中，人类能一代又一代地发展壮大”[11]。根据他们的研究，以下几个方面存在可容忍的限度：①平流层臭氧消耗；②生物圈完整性丧失（生物多样性的丧失与灭绝）；③化学污染和新型实体的排放；④气候变化；⑤海洋酸化；⑥淡水消耗与全球水文循环；⑦土地系统变化；⑧氮磷流入生物圈和海洋；⑨大气气溶胶负荷[12]。2015 年，该研究小组在《科学》期刊上发表了一篇更新的文章[13]，文中指出，人类活动导致了四个边界互相交叉：气候变化、生物圈完整性丧失、土地系统变化与生物地球化学循环（磷氮）变化。在这四种交叉中，有两个与科学家相关的核心边界：气候变化和生物圈完整性。他们认为，这种核心边界的重大变化可能直接破坏地球的稳定。他们的结论是，这些问题最终会限制人类这一物种的发展。

当下，人与自然的关系已经充满了危机和挑战[14-16]。关于这个问题，几十年来科学家一直在强化共识。例如，《世界科学家对人类的警告 1992》一文以“人类与自然世界正处于碰撞过程中”开篇[17]。目前的危机意味着地球将变得不适合人类居住[18, 19]。问题不在于地球本身的生死，而在于人类这一物种的生死。地球已存在了 46 亿年。虽然许多物种随着时间的推移而消失，地球仍将存在。因此，当我们谈论可持续时，我们面临的挑战不是一个价值伦理的问题，而是一个生存伦理的问题。对于人类来说，这是一场生存危机。可持续发展的目标是确保人类物种具有生存能力。从长远来看，实现这一目标意味着人类能够作为一个物种生存，同时继续进行意义建构的可持续生产。

地球上存在的每个元素都无时无刻不在与自然系统中的其他元素交互。自然系统中的所有交互也都受自然规律影响。研究这种互动，预测其后果，属于自然科学的领域。如果我们以四系统间的交互这一视角来看待人类的生存危机，我们就会发现核心问题：它们之间的平衡受到了（严重）破坏。人类活动过度追求经济发展和增长，忽视人类环境的整体安全，已将人类世界推向了安全的边缘，威胁到了人类的生存。科学家们可能会更多关注危机客观事实，但这都只是表面，更深层的原因都是“因为人！”——每一个问题都与我们的生活和生产的方式，包括对健康、食物、住房、卫生、教育等需求有关，而其中最重要的原因也许就是我们想要成为有意义的存在。现今，人类福祉的每个维度现在都呈现在显微镜之下。

中国有一句古话，叫作“解铃还须系铃人”。在四大系统中，人类是迄今为止唯一具有主观自主能力的系统。如果我们想要通过优化四系统间的交互，为生态平衡做出贡献，那么人类必须要采取有别于以往的集体行动。这需要我们对构成“美好生活”和福祉的标准重新定义。新的交互必须采用“修复性”的模式来实现增长和发展，包括减少材料消耗的速度，减少有害物排放，寻求替代性能源，提高环境净化能力，以及使线性经济模型循环化等。最重要的是，达到这种平衡需要人类生活方式发生根本转变。

3　集合式的行为改变及其障碍

四系统之间关系的失衡对人类的生存构成了严重威胁。为了重建平衡，我们必须真正认识人类不可持续的生活方式带来的灾难性后果，进而调整四系统之间彼此交互的方式，特别是人类系统与其他系统交互的方式。

现代消费主义社会有一些长久以来被奉为圭臬的习以为常的信条，诸如“快比慢好”“贵比便宜好”“大比小好”，以及“方便比麻烦好”等。所有这些都代表了与“质量”这一概念相关的标准、价值观和原则，而所有的这些都必须在当前语境中重新定义。

就现代国家而言，这种转变意味着要使人们的生活、工作、行动，能够与促进人类可持续发展的价值相符，而不是与当代经济标准所建立起的价值相符。这种策略要求人类作为四系统之一，有意识地改变集合式行为。这些改变还需要人类重塑四系统之间的交互，以求实现新的平衡——一个可持续发展的人类世界。

让我们先考虑一下人类系统。我们的决策通常基于纯粹的人类目标，与政治、经济和社会条件相关。而在个人的决策过程中，情感、价值和工具理性都会影响我们的选择。与个人决策不同，集合式的行为改变往往涉及大规模的系统和社会行动。

我们通常使用两种路径来推动改变。一是通过国家和地方政府、企业等机制和组织的力量，自上而下地开展工作；另一种是通过反思性的调控，自下而上地推动改变[20-25]。不管哪种方式，人的因素永远是第一位的。人类不仅仅是“有需求要被满足”的生命体，更具备改变世界的主观能动性。我们必须充分发挥好这种主观能动性，来引导我们的行为，以实现正确的共同目标。这种能力涉及人性中的批判、伦理和道德成分，也就是弗洛伊德所的“超我（superego）”[26]。

实施大规模改变取决于所采取措施的有效性——尤其是集合式的变革。这意味着既要在系统层面采取行动，包括重新设计系统本身；同时，也要激励正确的个体式行为，也就是改变日常行为。但是，有很多因素，其中主要是与人有关的因素，阻碍着人们在各个层面采取有效行动。

第一个因素是“我们看不到”。“地球生态出现了危机，人类遇到了麻烦！”这个观点已经是老生常谈，但大多数人都会选择“左耳进，右耳出”。这里有一个“可见性”问题。例如，人们虽然普遍认为十年前世界科学家在很大程度上已就气候变化达成了共识[27]，但全球变暖的争论仍然激烈。人们显然无法察觉环境危机的深度。为什么？因为：

（1）我们很难看到整个系统——我们的感知框架存在盲区。虽然我们人类在处理信息方面有惊人的能力，但我们认知气候变化的数据库却非常不完整。“人类和地球之间的代谢断层

（metabolic rift）使我们整个社会的呈现一种认知失明的状态”[28]。

（2）眼不见则心不烦。鉴于全球经济发展的长期不公平现象，居住在北半球的大多数人并不能直接感受到他们生活方式造成的负面影响。因为这些生活方式的后果，比如环境影响，很可能发生在地球的其他地方[29]。

（3）对于科学界以外的许多人来说，危机的信号太微弱，或者说它的过程太缓慢了。由于我们感官能力太狭隘，数字、百分比和媒体报道又太抽象，我们无法理解它们的重要性。

（4）我们在情感上没有令人信服的方式来传达出人类世界与自然世界之间危机的各个维度。

第二个因素是“未能采取行动”。这是一个驱动力问题。尽管越来越多的人开始承认人类活动对环境的影响，但在认识到这种影响，与采取具体行动减轻我们继续造成的损害之间，仍然存在一条巨大的鸿沟。这可能是因为我们不想牺牲我们当下的生活质量，或者感到不知所措，或者因为我们缺少所需的渠道和平台，来推动我们这个物种和地球所迫切需要的根本性的变革。

第三个因素是“未能实现有效的协作。”除了个体层面的反应之外，更需要在足够的规模上推动切实有效的变化，这需要社会各个层面做出协调一致的、包容性的反应[30, 31]，需要自上而下，自下而上，一起发挥作用。影响和推动社会大部分人参与行动的机制的缺乏，限制了我们解决危机的能力。

第四个因素是“未能坚持”。有很多证据表明在全世界范围内，有很多应对环境危机的创新行为正在此起彼伏。然而，很多项目常在运行一段时间后就已停滞或遭抛弃。无论是个体层面还是集合层面，可持续行动都很易于开始，却很难持续。对于那些自下而上的项目，情况更是如此。

以上几个问题归纳起来就是：可见性、驱动力、协同性和持续性。所有这些因素都要求人因交互发生根本变化，无论从个体还是集合层面皆是如此。但人类无法靠独善其身就能清晰地看到变革的方向，必须将其置入一个更为宽广的环境加以考察——这就是互相关联、互相依存、互相作用的四系统交互的框架。下文我将详细阐述设计如何通过在社会，以及人类与人造物、赛博和自然系统之间，创建新的互动来应对这些挑战。我将特别强调人类与赛博系统之间的互动在这种转变中可以发挥的作用。

人类通过漫长的进化，造就了其改变所生活世界的能力。然而，即使我们为了人类的共同福祉，在可持续发展伦理的感召下，开启社会规模的行为改变，我们仍然难以协同一致地朝着正确的方向持续努力。在我们认识到事实，与我们（共同）愿意并且能够实现改变之间，存在巨大的脱节。正如维克（Karl E. Weick）所说，“人们一致认为这些是大问题。这就是问题所在”[32]。

4 设计能做什么，以及需要什么样的设计

当人们意欲改善某些东西时，就会使用设计来实现这一目标。赫伯特·西蒙说得最好——“所谓设计，就是一系列把现有情境往更好的方向引导的行为”[33]。全人类都面对一个非常现实的可能性，就是我们的家园将变得不适合居住。现在是我们用设计和设计思维来应对这种存在性挑战的时候了！那么，在改变我们的集合式行为方面，设计能做些什么呢？

设计并没有自己的专有工作对象；它的工作领域是广泛的[34]。大量的理论研究阐释了，设计的关注点已经从有形事物扩展到了各种角色之间的交互或关系的拓展。在这里，“人本设计”[35]是其中最具影响力的理论。例如，唐·诺曼（Don Norman）在《日常生活心理学》中介绍了以用户为中心的设计（后来修订为人本设计），他提出设计令人愉悦的产品需要将“人类需求、能力和行为放在第一位”[36, 37]。理查德·布坎南（Richard Buchanan）[38]丰

富了这一思想，他将产品元素的视角（考虑形式、材料、功能和方式）与产品体验形式的视角（包括有用性、可用性和理想尺寸）联系起来。因此，设计在特定的自然、社会和文化环境中协调制造商的意图和用户的期望。设计可用于改变交互语境，以及人与四系统中其他系统的交互方式。

转型往往都是一个人类可以通过设计做出调适的决策过程，尤其是那些旨在影响意志力和情感的设计。人本方法可以用来使设计师解决可见性、驱动力，协同性和持续性等问题。例如，传达设计可以通过更清晰地显示或加强信号，使人们能够更容易地看到问题；产品设计可以创造合适的人造物和工具，以提高人们改变世界的能力；环境设计可以创造和培育起真实的生活空间环境系统，支撑人类各种活动的需求；战略设计可以提供系统性的方法，在现有系统中对长期目标进行干预；系统设计有助于调适各子系统的关系，并在整体层面上实现改变……

设计可以通过解锁隐藏机会来创造价值，但更重要的是，设计还可以创造意义，并通过其对他人产生影响。这些意义是社会变革有力的推动引擎。满足人类需求是人本设计方法的第一原则，但这里的“需求”需要被更全面的认识。在很多情况下，人们可能会牺牲生理需求来换取精神回报。比如说人们发明了高跟鞋，它需要花钱，还会伤到穿着者的脚，使行走变得困难，同时使得自由受到限制。但人们还是会为了美而对其趋之若鹜。有一位女士对我的同事迈克尔·利萨克（Michael Lissack）说：“没有穿它，我就不是我了。”这个例子说明了人们是有可能牺牲物质来追求非物质的回报的，只要精神回报足够大，他们是可以做出相当大的生理层面的牺牲的。

想象一下，可持续性——低消费、低能耗、显著减少污染的行为——变得时髦和富有吸引力（尽管要耗费巨大的物质利益）。这可能促使许多人做出他们迄今尚未做出的牺牲。据尤瓦尔·赫拉利（Yuval Harari）说[39]，人对虚构的故事具有独特的认知能力，这有助于人类开展大规模的合作。时尚和宗教都善于说服人们去感知和相信形而上学的价值，并善于运用设计来创造故事和经历，以此形成大规模的人类协作系统。使用设计方法创建一个新的、更合适的奖励系统对可持续发展而言会是一个很有发展潜力的方向。

人类世界的大多数问题没有明确的界限；它们很难定义和划分，并且往往缺乏连贯的结构。更为重要的是，人们的观点和价值观，以及他们提出的解决方案，通常都是多种多样的。虽然自然科学和社会科学中的大多数现有学科都在特定界限内进行考察，试图在特定的系统中发展关于角色和交互的知识，设计的边界却正在变得越来越模糊。这种跨学科的关注点——基于新的生产性目的，将来自各个领域的知识整合到一起[40]——这在计算机网络系统出现之前很久就已经很明显了。尽管设计历史上有很长一段时间都是在关注人造物的创造，但人造物如何与人及其周围环境交互以更好地实现其效用也一直是设计产品和设计流程关注的问题。

今天的设计面临的挑战远不仅仅是满足个体的需求，而是需要在不断扩大的语境下运作。人类最紧迫的挑战中的每一个，都涉及大量的社会利益相关者和组织机构。这些挑战发生在技术和社会组织系统高度混合交织的复杂网络中。在我们复杂的社会技术系统中，所有元素之间存在高度的网络化、非线性的交互，其所产生的影响正在不断出现。如果设计要从单纯的创作，转向人类世界面临的各种大问题的解决，就需要探索一种全新的设计文化。作为众多尝试之一，2014 年在同济大学，我和一群学者提出了一项名为“DesignX”的联合倡议，旨在讨论面向复杂社会技术系统设计所需发展的新知识和新方法[41]。

可持续发展是一个典型的复杂社会技术系统挑战。从战略角度来看，实施可持续发展目标有助于我们走向更美好的未来；从实践角度来看，可持续发展则意味着现有发展模式的转变。需要重新设计四系统之间的关系和交互，实现修复性的社会变革转变，减轻人类生存的根本威胁。该使命将会开启一个全新的设计议程：可持续社会交互设计。

尽管我们的技术手段不断改进，但交互设计的本质维度并没有改变——从人类经验和反馈的角度来看，它仍然是"基于关系的设计"。技术革命用新的形式和内容赋予交互关系、经验和反馈。今天，在交互设计的主流中，人们关注的是如何更好地满足人们的欲望，迎合人们的需求。而当认识到重塑人类世界与自然世界之间关系这样的使命时，我们必须从系统安全的角度考虑一种全新的交互逻辑 –"环境制约型的交互"。这些考虑将使我们对"增长"这一价值观产生根本的怀疑。

可持续社会交互设计运用交互设计的思想、方法和工具，来创造和管理可持续的人类世界，以刺激和维持四系统内的积极互动。它将人类活动与自然世界之间的关系视为一个相互关联的系统。这种设计实践的目标是通过将集合式人类行为引向可持续发展方向，来重新调适整个复杂世界。它需要在社会层面上产生影响，并与经济和政治制度相结合，才能发挥充分的效用。

5 充满希望的虚拟世界

对复杂社会技术系统的兴趣并不是什么全新事物。70 多年来，它们一直受到密切关注。彼得 · 切克兰德（Peter Checkland）[42]、C. 韦斯特 · 彻奇曼（C. West Churchman）[43, 44]，以及在信息系统、软系统研究，而且交互社群中的许多学者[45]都作出了开创性的研究，比如露西 · 萨奇曼（Lucy Suchman）的作品《计划和定位行动》[46]等。此外，各地的实验室，如 MindLab 和赫尔辛基设计实验室（虽已关闭但不会被遗忘）就做了许多有价值的设计理论和实践工作。

但是，信息网络技术的发展和应用，使这一议题再次呈现出特别的价值，这也极大地扩展了社会技术构成的内涵[47]。人类在与自然系统进行交互的过程中创造了人造物系统，进而又发展了赛博系统：信息、通信和数字技术（设备、平台、应用程序等）和互联网。我们在大数据、开放数据处理、云计算、深度学习和群集智能方面取得了长足的进步。大规模联网的计算机系统使我们能够在更大规模上进行协作，从而得以同时从多个方向解决更复杂的社会技术问题方向。当各个层级的参与者能一起协同工作时，复杂问题的解决会更加迅速和有效——正如南希 · 罗伯茨（Nancy Roberts）所说，"我们将整个系统放在了房间里"[48]。高度技术性或专业性问题曾经是闭门造车的研究人员和利益相关者的专利，但现在，在一个游戏化、可视化和人工智能的情境中，这些问题可以由成千上万的人共同努力解决。这方面有一个意义重大的例子，是在线蛋白质折叠电子游戏 Fold It[49, 50]，它利用在线游戏玩家输入的数据来解决棘手的分子生物学问题。一个更近期（和相关）的例子是谷歌的环境洞察探险家，这是一个为应对气候变化而创建的全民科学工具[51]。我们可以通过设计调整人与自然之间的关系，实现可衡量的影响。

赛博系统的出现和扩散为人类在个体和集合两个层面思考、观察和行动提供了新的可能性。了解人类活动的整体状态及其影响原先是个不小的难题，而现在可以通过数据和算法技术实现前所未有的透明度。数据检测、挖掘、处理和分析工具和算法使我们能够更好地了解和理解人类行为的动态，并获得有关复杂系统运作和潜在可能性的宝贵反馈。开放数据意味着公共和私人组织可以利用大数据来追求有针对性的长期环境解决方案。基于认知科学、智能科学和复杂科学的社会计算研究和应用程序，大大增强了我们分析和管理社会和经济活动的能力，因此人类将更有能力应对复杂的社会技术挑战。

赛博系统的另一个潜力是它能够增强四个系统之间的连接——这可以有效地提升系统的弹性[52, 53]，特别是针对网络物理系统的行动研究[54]。利用嵌入式计算机、网络传感器和自动化控制，物联网（IoT）实现了人造物、自然和人类系统的互连——而赛博系统在其中扮演了神经系统的角色。运用人机回环，我们不仅可以协调和监控系统之间的交互，而且可以更有效地实现基于集合式社会行为和规范的复杂社会技术目标。换句话说，我们可以采取更大规模的举措，以更好地适应本地社区和本地文化，从而获得更为广泛的响应[55]。这为我们打开了一扇新的窗口，让我们可以通过设计调整"人和自然的耦合系统（CHANS）"内的各种关系[56]。

赛博系统的第三个潜力在于，人工智能可以帮助我们更好地了解情况，预测可能性，提供反馈，甚至做出决策。杭州市现在正在使用阿里巴巴的 ET 城市大脑来改善交通管理。城市大脑是一个整合了整体计算平台、城市数据资源平台、人工智能服务系统和开放式 IT 服务平台的网络系统，可以预测实时交通，优化流量，检测事故[57]。人工智能的最新发展，如谷歌的 DeepMind，结合了深度学习和语境增强，能够实现大规模的数据响应。这种研究与学习的结合，使我们能够将为大数据而开发的模型迁移到更小的数据场景中。通过这种方式，人工智能开始摆脱对大数据的严重依赖。重要的是，由于人工智能和社会计算，人们可以"看到"反馈，"预测"某项行动的影响，并通过人工智能"管理"一个复杂的系统——这是我们之前从未做到过的事情，在社会层面则更是如此。

总的来说，赛博系统既丰富了所有四系统之间的相互联系和相互作用，又具有将四系统整合为一个整体的潜力。它可以通过特定的机制、反馈回环、平台等方式连接到各个子系统。这可算得上是亚瑟 · 库斯勒（Arthur Koestler）所说的整体单元（holon），能够同时兼任部分和整体[58]。赛博系统可以通过实时大数据监控、数据挖掘和数据可视化系统，更清晰地传达地球上社会和自然系统的状况，从而为世界建立互联。因此，网络成为人类、人造物和自然世界之间的中介。通过这个中介，大规模的社会变革的信号——如系统层面的可持续发展倡议系统——可以转移到每个系统的子系统和各个元素上，集合式行动也因此更容易得以实施。

现在的人工智能已经进入曾经专属于人类职责范畴的工作领域，甚至开始占据了主导地位。当下，人工智能在决策过程中取代人的能力还相对较低，应用范围有限。然而，在未来，人工智能作为与人类竞争的自治系统，其潜力是不可估量的。人类正在习惯于逐渐放弃部分管理世界的权力，而将这种权力转移给了赛博世界。不过，如何正确、合乎伦理地使用这部分权力是一个重大问题。这挑战了人类是唯一能够做出决策，或采取具有决策力的行动者的假设。此外，被赋予了人工智能的事物到有了独立意识的时候，也会主张自己的权利。可以想象，如果亚马逊丛林中的树木可以思考和行动，它们的可持续发展战略可能是将人类扩张视为最大的威胁，对其进行限制。也许在不久的将来，智能机器作为共生协议的成果，也能参与到政治生活中去。

6　作为可持续交互与社会创新孵化器的混合社区营造

人类的主观能动性是四系统中的最为主要的动力（如果不是唯一的话）。我非常赞同玛格丽特 · 米德（Margaret Mead）的观点，她说："永远不要怀疑一小群有思想、有责任感的公民能够改变这个世界。"[59] 但是，我们如何使这些群体变得更为可见、互联、协作、有力？我们需要一个社区！社区是一个拥有类似价值观、兴趣、文化、身份、规范和愿景的人们的社会。今天的虚拟社区——建立在社交媒体、角色扮演游戏、维基百科、内容共享网站等之上——挑战着传统社区，如家庭、居住区、公司，组织，或政府所建立起的规范。互联网的存在，支持了哈贝马斯（Jürgen Habermas）的观点，他将公共领域定义为“虚拟或虚构的社区，不一定存在于任何可识别的空间中”，其中也包括物理空间[60, 61]。安东尼吉登斯称之为脱域[62]——“社会关系从彼此互动的地域性关联中，从通过对不确定的时间的无限穿越而被重构的关联中‘脱离出来’”。虚拟所构成的现实是一个事实。在我看来，虚拟的出现本身并不是一个问题——它实际上扩展了我们社会交互的能力，以及我们通过吸引多方利益相关者和促进共识，来管理复杂问题的能力——真正的问题是虚拟世界和现实世界的脱节！

今天，人类面临着许多紧迫的关乎存亡的威胁。气候变化或许是其中最关键的，但绝不是唯一的[63, 64]。设计研究和实践的挑战在于，要激励整个社会拓展人类长期利益的概念，其中包括要在所有四系统中保持和保护可持续性。如果我们能够建立或实现一个结合虚拟世界和现实世界的混合社区，同时加强和丰富人类—自然—人工—网络系统之间的相互联系，我们就能拥有一个鼓励负责任的行为和社会交互的孵化器。有了它，我们将能够推动（或驱动）社会在更大规模上更容易和有效地实现可持续的变革。作为一个新的公共领域，交互型混合社区可以通过多种方式促进可持续集合式的行为改变。

6.1　加强沟通

为什么人们经常对当今世界面临着的复杂挑战表现得无动于衷？是因为我们今天使用的沟通方式和平台并没有清楚地、有效地呈现出问题的重要性和紧迫性，未能有效地增强各种嵌入的弱信号，也未能呈现众多现象的结构化关系和集合效应。混合社区将为更好地呈现信息创建多个语境。通过跨越语境地重复、增强、优化信息传播，我们可以更全面地了解我们所面临的威胁，普及解决危机的各种思考、方法和专业知识，并实现自然且无所不在的沟通和交流——这往往比说教更有说服力。

6.2　多方参与

传统社区根据人们的兴趣、价值观、愿景、利益或项目聚集到一起。相比之下，互动式混合社区的成员在学科、职业、文化、阶层等方面将会呈现出更为宽广的多元性。在这个多方参与、多学科、多层次的社区中，知识、社会地位和文化背景的多样性，意味着他们将贡献各种观点和资源，为共同的社会议程做出贡献。新的工具，如数字沉浸式平台可以更好地实现信息可视化、设计干涉的评估、对未来趋势的预测和推演，以及助力各利益相关者之间的协作互动。在这个社会创新过程中，如何降低各类人才使用技术的门槛是一个重要课题。

6.3　巩固连接

我们目前的可持续性危机主要是在于各子系统之间缺乏足够和有效的连接和互动，因而形成了一个个孤岛。实现四系统更好的链接，成为一个完整的大系统，“人本的信息沟通”是最为重要的纽带。技术解决方案或许善于创造“硬连接”，但不善于创造软性连接，尤其是情感联系。例如，人们知道清洁能源的重要性，但他们对清洁能源的使用在很大程度上取决于他们的心态和日常习惯。互动式混合社区可以促进各种想法在其中充分萌芽、生长和传播。它还能帮助人们更好地理解和干预系统，并进一步支持系统往更好的方向重构。

6.4　优化反馈

对人们的行动给予响应的积极反馈或奖励是鼓励人们采取、重复或持续某项行动的关键。混合社区的建立有助于在各个社交圈层鼓励各种精神和利益激励，诱导人们调整自己的日常行为实现更负责任地生活。例如，各种社会网络化的可持续性应用程序正在层出不穷地被开发出来，各种社群也随之产生——如JouleBug（能源消耗）、Changers CO_2（福祉与二氧化碳管理）、HowGood（杂货可持续性衡量标准）和 Rippl（可持续就业搜索引擎）都是朝向这个方向的努力。但是，可持续生活和生产方式要在社会层面上真正成为一种共同的选择，乃成为一种时尚还有待时日。

6.5 促进共识

有很多方法可以促进共识，其中社区营造是最有效的方法之一。我们还是孩提的时候，在家庭或学校学习社区规范，我们潜移默化地就理解了社会化的力量。在这个过程中，我们根据共同的价值观来调整社会或社群的规范。可持续发展要真正实现，离不开在不牺牲根本目标的前提下的多重妥协。社区成员之间充分有效的沟通是达成更深层共识的关键，充分发挥混合交互环境的孵化器效应，可以达到事半功倍的效果。举例来说，一个将独占文化转向分享文化的提案，因为触及了"局部利益"的牺牲，只有通过充分的沟通，得到各个利益相关者的广泛的支持，其制定、接受和实施才能变得可能。

7 结语

人类现在正面临着环境问题的重大挑战，而要有效地解决这些问题也存在着重大障碍。设计师应该是有能力解决这些问题的一股重要的有生力量。但是，我们对设计师这个角色也要提出新的要求——我们越来越需要更多的"社会 / 技术系统设计师"，他们不仅要将设计置入生态、环境问题和技术发展的场景中考察，他们也要能够更为深刻地理解经济、政治、文化和宗教对设计的影响，并能更为主动与这些力量协作。

除了新的设计专家，我们还需要新的设计社区和社群。设计应该在互动式混合社区营造过程中发挥积极作用，这将极大地促进人、自然、网络和人造物系统的结合，形成自下而上的草根力量，推动可持续的社会创新。社区与自上而下的组织一起，能为人类未来的社会、经济和日常体验做出重大贡献。对设计而言，这将是一个重要的新机遇和新舞台。

我们还需要全新的设计准则和设计方法。与任何其他战略一样，实施是关键。在人类历史上，设计活动还从未变得如此必要。如果我们不能主动地运用设计介入各种危机的解决，四系统之间的不平衡发展将继续蔓延。面对人类的生存危机，我们不能根据过去的经验来预测未来和解决未来的问题，也不能因噎废食，因为害怕设计行为可能出错而推迟行动。面对危机，真正的错误是不采取行动，或者不及时评估所采取行动的结果。

当潘多拉的魔盒关上的时候，新的问题并不会呈现出来。但任何不考虑新问题的线性解决方案都是站不住脚的。因此，为了应对不确定和不熟悉的问题，我们应该采取新的策略，应该边观察，边行动，在行动中探索新的解决策略，通过综合分析各种行动的反馈，及时调整我们的行动以及目标。这正是邓小平先生在中国推动改革开放的路径——摸着石头过河！

作者简介：**娄永琪** 同济大学设计与创意学院院长。

参考文献

[1] Carl Sagan.Dragons of Eden: Speculations on the Evolution of Human Intelligence[M]. New York: Random House, 2012:11-19.
[2] Lee E A. Cyber Physical Systems: Design Challenges[C]// Object Oriented Real-Time Distributed Computing (ISORC), 2008 11th IEEE International Symposium on. IEEE, 2008: 363-369.
[3] Schirner G, Erdogmus D, Chowdhury K, et al. The Future of Human-in-the-Loop Cyber-Physical Systems[J]. Computer, 2013, 46(1): 36-45.
[4] Behymer K J, Flach J M. From Autonomous Systems to Sociotechnical Systems: Designing Effective Collaborations[J]. She Ji:The Journal of Design, Economics, and Innovation, 2016, 2(2): 105-114.
[5] Flach J M, Behymer K J. From Designing to Enabling Effective Collaborations[J]. She Ji:The Journal of

Design, Economics, and Innovation, 2016, 2(2):119-124.
[6] Ernst Ulrich von Weizsäcker, Anders Wijkman. Come On! Capitalism, Short-Termism, Population and the Destruction of the Planet—A Report to the Club of Rome[M]. New York: Springer Nature, 2018.
[7] Thackara J. How to Thrive in the Next Economy: Designing Tomorrow's World Today [M]. London: Thames and Hudson, 2015: 10.
[8] Tom Murphy. Can Economic Growth Last?[EB/OL]. (2011-07-14)[2018-10-20].https:// dothemath.ucsd.edu/2011/07/ can-economic-growth-last/.
[9] Ernst Ulrich von Weizsäcker, Anders Wijkman. Come On! Capitalism, Short-termism, Population and the Destruction of the Planet[M]. New York: Springer, 2018: 44-55.
[10] Rockström J, Steffen W, Noone K, et al. A Safe Operating Space for Humanity[J]. Nature, 2009, 461(7263):472-475.
[11] Stockholm Resilience Centre. Planetary Boundaries Research[EB/OL]. [2018-10-22].https://www.stockholmresilience. org/research/planetary-boundaries.html.
[12] Stockholm Resilience Centre. The Nine Planetary Bound-aries[EB/OL]. [2018-10-22].https://www.stockholmresilience. org/research/planetary-boundaries/planetary-boundaries/about- the-research/the-nine-plane- tary- boundaries.html.
[13] Steffen W, Richardson K, Rockström J, et al. Sustainability. Planetary Boundaries: Guiding Human Development on a Changing Planet[J]. Science, 2015, 347, (6223).
[14] Carson R. Silent Spring(40th Anniversary Edition)[M]. Boston: Houghton Mifflin, 2002.
[15] Union of Concerned Scientists. World Scientists' Warning to Humanity [EB/OL]. 1992. https://www.ucsusa.org/about/1992-world-scientists.html#.W4Jsw5MzYnu.
[16] Ripple W J, Wolf C, Newsome T M, et al. World Scientists' Warning to Humanity: A Second Notice[J]. BioScience, 2017, 67(12): 1026-1028.
[17] Union of Concerned Scientists, "World Scientists' Warning (1992)."
[18] Wallace-Wells D. The Uninhabitable Earth: Famine, Economic Collapse, a Sun that Cooks Us: What Climate Change Could Wreak—Sooner than You Think[EB/OL].(2017-07-09)[2018-10-22] http://nymag.com/intelligencer/2017/07/climate-change-earth-too-hot-for-humans. html?gtm=top&gtm=top.
[19] Frank A. Earth Will Survive. We May Not. [EB/OL].(2018-06-12). https://www.nytimes. com/2018/06/12/opinion/earth-will-survive-we-may-not.html.
[20] Shove E. Beyond the ABC: Climate Change Policy and Theories of Social Change[J]. Environment and Planning A, 2010, 42 (6): 1273-1285.
[21] Whitmarsh L, O'Neill S, Lorenzoni I. Climate Change or Social Change? Debate within, amongst, and beyond Disciplines[J]. Environment and Planning A, 2011, 43(2): 258-261.
[22] Shove E. On the Difference between Chalk and Cheese—A Response to Whitmarsh et al's Comments on "Beyond the ABC: Climate Change Policy and Theories of Social Change" [J]. Environment and Planning A, 2011, 43(2): 262-264.
[23] Wilson C, Chatterton T. Multiple Models to Inform Climate Change Policy: A Pragmatic Response to the "beyond the ABC" Debate[J]. Environment and Planning A, 2011, 43(12): 2781-2787.
[24] IPCC. Summary for Policymakers of IPCC Special Report on Global Warming of 1.5℃ Approved by Governmentse[EB/OL]. news release 2018/24/PR, October 8, 2018. https://www. ipcc.ch/news_and_events/pr_181008_P48_spm.shtml.
[25] Watts J, Taylor M. World Leaders "Have Moral Obligation to Act" After UN Climate Report[EB/OL]. The Guardian, October 8, 2018, https://www.theguardian.com/ environment/2018/oct/08/world- leaders-have-moral-obligation- to-act-after-un-climate-report.
[26] Schafer R. The Loving and Beloved Superego in Freud's Structural Theory[J]. The Psychoanalytic Study of the Child, 1960, 15 (1):163-188.
[27] Oreskes N. The Scientific Consensus on Climate Change [J]. Science, 2004, 306(5702): 1686.
[28] Thackara J. How toThrive in the Next Economy[M]. London: Thames & Hudson, 2017: 154-155.
[29] Diamond J. Collapse: How Societies Choose to Fail or Succeed [M]. London: Penguin, 2011.
[30] Smith A, Voss J P, Grin J. Innovation Studies and Sustainability Transitions: The Allure of the Multi-Level

Perspective and Its Challenges[J]. Research Policy, 2010, 39(4): 435-448.
[31] United Nations Department of Economic and Social Affairs. World Economic and Social Survey 2013: Sustainable Development Challenges. 2013[2018-10-17]. http://www. un.org/en/development/desa/publications/world-economic-and-social-survey-2013-sustainable-development-challenges.html.
[32] Weick K E. Small Wins: Redefining the Scale of Social Problems[J]. American Psychologist, 1984, 39(1):40-49.
[33] Simon H A. The Sciences of the Artificial[M]. 3rd ed. Cambridge, MA: MIT Press, 1969: 111.
[34] Buchanan R. Wicked Problems in Design Thinking[M]. Design Issues, 1992, 8(2):16.
[35] Maguire M. Methods to Support Human-Centred Design[J]. International Journal of Human-Computer Studies, 2001, 55(4): 587-634.
[36] Norman D A. The Psychol ogy of Everyday Things[M]. New York: Basic Books, 1988.
[37] Norman D A. The Design of Everyday Things, revised ed[M]. New York: Basic Books, 2013: 8.
[38] Buchanan R. Design Research and the New Learning[J]. Design Issues, 2001, 17(4): 3-23.
[39] Harari Y H. Sapiens: A Brief History of Humankind [M]. New York: Random House, 2014.
[40] Buchanan R.Wicked Problems in Design Thinking[J].Design Issues, 1992, 8(2):5-21.
[41] Norman D A, Stappers P J. Design X: Complex Sociotechnical Systems[J]. She Ji: The Journal of Design, Economics, and Innovation, 2016, 1(2):83-106.
[42] Checkland P. Systems Thinking, Systems Practice [M]. New York: John Wiley & Sons, Inc., 1981.
[43] Churchman C W. The Design of Inquiring Systems: Basic Concepts of Systems and Organization [M].New York: Basic Books, 1971.
[44] Churchman C W. The Systems Approach and its Enemies [M]. NewYork: Basic Books, 1979.
[45] Checkland P, Scholes J.Soft Systems Methodology in Action [M]. NewYork: John Wiley & Sons, Inc.,1999.
[46] Suchman L A. Plans and Situated Actions: The Problemof Human-Machine Communication [M]. Cambridge, UK: Cambridge University Press, 1987.
[47] Ernst Ulrich von Weizsäcker, Anders Wijkman. Come On! Capitalism, Short-termism, Population and the Destruction of the Planet[M]. New York: Springer, 2018: 44-49.
[48] Roberts N. Wicked Problems and Network Approaches to Resolution[J/OL]. International Public Management Review 2000, 1(1): 13. http://journals.sfu.ca/ipmr/index.php/ipmr/article/view/175.
[49] Cooper S, Khatib F, Treuille A, et al. Predicting Protein Structures with a Multiplayer Online Game[J]. Nature, 2010, 466(7307): 756.
[50] Khatib F, DiMaio F, Cooper S, et al. Crystal Structure of a Monomeric Retroviral Protease Solved by Protein Folding Game Players[J]. Nature Structural & Molecular Biology, 2011, 18(10): 1175.
[51] Meyer R. Google's New Tool to Fight Climate Change[EB/OL].The Atlantic. (2018-09-25), https://www.theatlantic. com/technology/archive/2018/09/google-climate-change-green-house-gas-emissions/571144/.
[52] Haimes Y Y. On the Definition of Resilience in Systems[J]. Risk Analysis, 2009, 29(4): 499.
[53] Linkov I, Bridges T, Creutzig F, et al. Changing the resilience paradigm[J]. Nature Climate Change, 2014, 4(6):407-409.
[54] Rajkumar R R, Lee I, Sha L, et al. Cyber-Physical Systems: The Next Computing Revolution[C]. // DAC' 10: Proceedings of the 47th Design Automation Conference. New York: ACM, 2010:731-736.
[55] Ubiquity staff. Michael Schrage on Innovation[J/OL]. Ubiquity: Information Everywhere, 2004(12). https://ubiquity.acm. org/article.cfm?id=1040565.
[56] Alberti M, Asbjornsen H, Baker L A, et al. Research on Coupled Human and Natural Systems (CHANS): Approach, Challenges, and Strategies[J].The Bulletin of the Ecological Society of America, 2011, 92(2): 218-228.
[57] Alibaba-Clou. ET City Brain[EB/OL]. [2018-11-29]. https://www.jfdaily.com/ news/detail?id=67901.
[58] Koestler A. The Ghost in the Machine, reprint ed[M]. London: Hutchinson, 1990: 48.
[59] Mead M. Continuities in Cultural Evolution[M]. New Haven: Yale University Press, 1964.
[60] Soules M. Jürgen Habermas and the Public Sphere[EB/OL]. [2018-11-09]. https://www.media-studies.ca/articles/habermas.htm.

[61] Jürgen Habermas. The Structural Transformation of the Public Sphere: An Inquiry into a Category of Bourgeois Society [M]. New York:John Wiley & Sons, Inc., 2015:1-26.
[62] Giddens A. The Consequences of Modernity[M]. Stanford, CA: Stanford University Press, 1990:21.
[63] Rockström M J, Steffen W, Noone K, et al. A safe operating space for humanity[J]. Nature, 2009, 461(7263):472-475.
[64] United Nations. Sustainable Development Goals[EB/OL]. [2018-11-22]. https://sustainabledevelopment.un.org/sdgs.

供给侧视角下的国内智慧养老发展实践概况及推进建议*

The Practice and Suggestions on the Smart Nursing Care for Elderly in the Perspective of Supply Side

周向红　陈蔚蔚　刘琼

摘　要　老龄化程度的加深为当前中国社会保障提出了新的挑战。在信息技术快速发展的时代背景下，“互联网＋养老”成为老龄化的可能破解之道，“智慧养老”也应运而生。尽管政府、企业都积极参与智慧养老的建设，但是系统性思考的缺乏阻碍了智慧养老的后续发展。本文首先通过文献梳理明确“智慧养老”的概念，进而分析智慧养老产品的概况及图景；其次从供给侧角度描绘智慧养老及实践现状；最后通过借鉴英国、日本等发达国家的经验给出中国智慧养老发展的政策路径。

关键词　智慧养老；供给侧现状；政策建议

1　研究背景

在老龄化程度加深和信息技术的快速发展时代背景下，将信息技术融入养老服务的“智慧养老”应运而生。我国政府相继出台了一系列政策，将智慧养老作为养老行业四项重点工作之一。国务院印发《关于积极推进“互联网＋”行动的指导意见》，明确提出了“促进智慧健康养老产业发展”的目标任务；2013 年 8 月，全国老龄工作委员会办公室出台《全国智慧化养老实验基地建设规范》，力争 5 年内在全国建设 100 家“智慧化养老实验基地”；2014 年 10 月 30 日，民政部等部委共同发布《关于开展养老服务和社区服务信息惠民工程试点工作的通知》，推动养老和社区信息化。这些政策均为智慧养老的产生和推广提供了政策背景和政策支持。上海是我国老龄化程度最高和信息化程度最高的城市，也是最早一批开展智慧社区养老的城市，早在 2013 年就开始试点推进 10 个左右“智慧养老社区”。

2　智慧养老缘起及概念界定

智慧养老最早由英国生命信托基金会提出。基金会计划构建一种全智能化老年公寓，公寓将采用计算机技术、无线传输技术等多项现代技术手段，通过在地板和家用电器中植入电子芯片装置，使老年人的生活处于远程监控的状态，无须任何护理陪伴，也能拥有足够的个人生活空间。如果老人走出房屋或者摔倒，地面安全传感器会立即通知医护人员和老人亲属；

原载于《智慧城市评论》2017 年。

* 基金项目：国家自然科学基金面上项目——电子商务生态链减贫作用机理、实现路径及影响评估研究（项目号：NSFC71473177）；同济大学可持续发展智库专项项目“基于‘互联网＋’城市分享经济研究”（项目号：1200219317）。

安装在冰箱和厨房的传感器会对翻倒洒出的牛奶或灶上无人看管的锅发出警报；自动化“药剂师”可以提醒老人准时吃药；娱乐传感器还可以为老人调节灯光……如同一个如影随形的家庭保姆，让老人能够在自己家中过上高质量高享受的生活。

国内智慧养老缘起智慧城市，报刊媒体多种定义混杂其间，如智能养老、智慧养老服务、虚拟养老、智慧养老服务平台、智慧养老产业等。以“智慧养老”“智慧社区养老”“智能养老”“智能化养老”“互联网＋养老”作为主题关键词，在中国知网（CNKI）上进行检索，跨库选择为期刊及特色期刊、硕博士论文库、国内外会议及学术辑刊，共搜索得到文献342篇。学者对应传统养老将其划分为智慧居家养老、智慧社区养老、智慧机构养老。文献梳理显示国内关于智慧养老的研究文献中，绝大部分文献集中在智慧养老的概念和模式分类、智慧养老实践的介绍和智慧养老的定量分析三个部分，尤以前两个部分为主。

2.1　关于智慧养老的概念及模式

左美云和张驰将养老服务按照技术支持水平分为传统养老、科技养老和智慧养老。提出智慧养老是指利用信息技术等现代科技技术（如互联网、社交网、物联网、移动计算等），围绕老人的生活起居、安全保障、保健康复、医疗卫生、娱乐休闲、学习分享等各方面支持老年人的生活服务和管理，对涉老信息自动监测、预警甚至主动处置，并认为智慧养老是未来养老模式发展的必然趋势[1]。在此基础上提出了智慧养老具有居家模式、社区模式、机构模式和虚拟模式，并分别就社区模式举了上海市“智慧养老社区”的例子；北京昌平汇晨老年公寓与日本电气股份有限公司（NEC中国）合作建立的首个智能老年公寓信息化系统为智慧养老的机构模式；兰州市城关区虚拟养老院为智慧养老的虚拟模式等[2]。席恒等提出了智慧养老是随着养老服务相关技术的发展而兴起的新兴概念，是智慧城市实践的重要实践形式[3]。

2.2　智慧养老的实践介绍

吴蕾蕾以杭州市上城区的智慧居家养老模式，包含居家养老服务平台、一键通呼叫器和热线电话在内的服务内容为例，发现智慧居家养老使老人享受了更优质的服务，也使社会资源得到有效整合，政府公共服务得到完善[4]。罗琼在借鉴了台湾智慧养老发展情况后，对天津目前的智慧养老项目（南开区、汉沽寨上街道社区和河北区王串场街社区三个项目）进行了简要介绍，认为津台应当尝试合作共建智慧养老社区[5]。张艳介绍了苏州市社区养老服务的发展现状和存在问题，论述了沧浪区“邻里情”虚拟养老院的现实情况和优势[6]。蒲瑶琼等介绍了重庆市南岸区的智慧养老建设情况，并对其整体进行了简要评价[7]。

2.3　智慧养老的定量分析

毛羽和李冬玲以武汉市2013年起推广的智能服务项目“一键通”为例，在整合型技术接受与使用模式（unified theory of acceptance and use of technology，UTAUT）的基础上，增加了感知安全、感知信任两个因素，构建“一键通”服务的用户接受模型，分析影响用户使用“一键通”服务的关键因素，从而为智慧养老服务提供建议和对策。其他定量研究较少[8]。

结合国内外文献，课题组认为智慧养老定义为：利用先进的信息技术手段，研发面向居家老人、社区的物联网系统平台，提供实时、快捷、高效、低成本、物联化、互联化、智能化的养老服务，通过“养老”和“健康”综合服务平台这两条信息化高速公路的建设，将政府、医疗机构、服务商、个人、家庭连接起来，从而带动整个养老和健康产业。总体而言，智慧养老是一个系统工程的概念。目前北京、上海、广州智慧养老在构建多元化、多层次服务供给体系的同时，也初步形成智慧养老产业链（图1）。

智慧养老服务平台定义为：以社区居家养

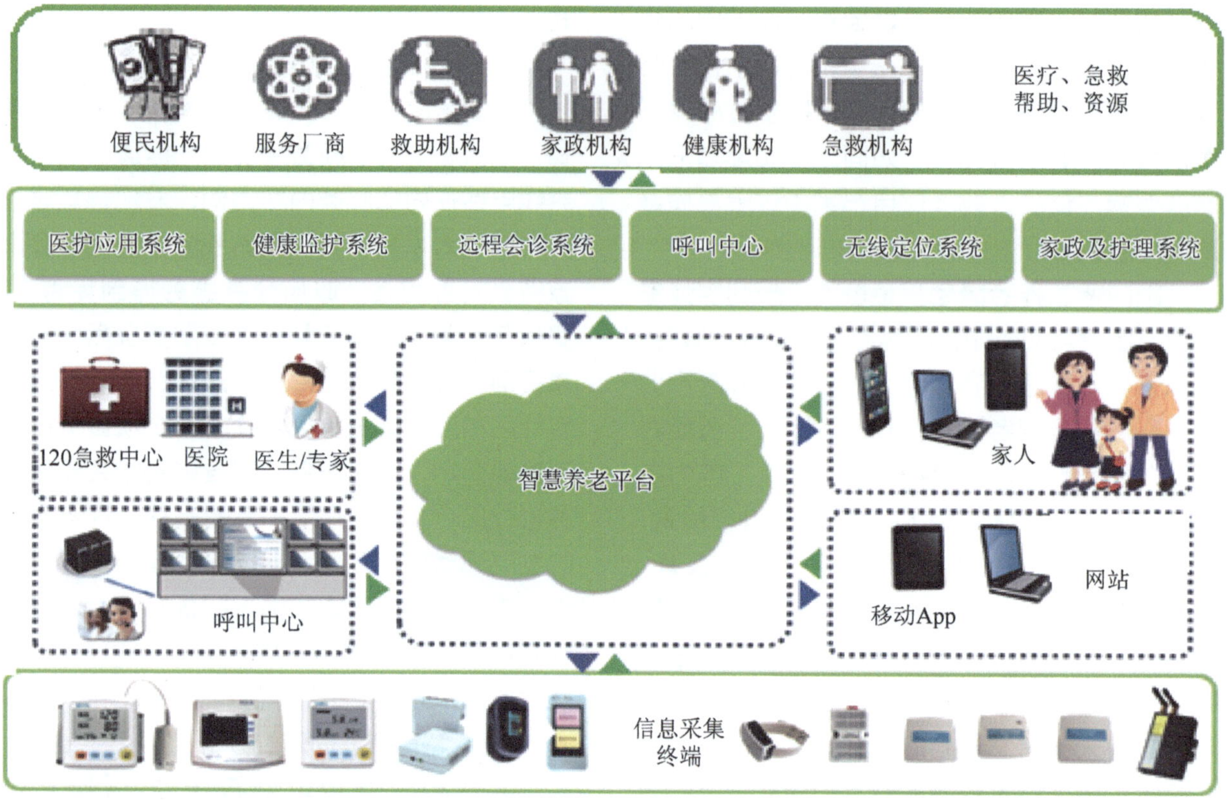

图 1　智慧养老服务平台示意图

Fig.1 Schematic diagram of smart nursing care for elderly platform

老群体为服务对象，接入各种终端健康监测产品采集并整合老年人安全、健康相关信息，将专业医疗健康服务机构、康复中心、家政服务、急救服务与个人、家庭随时随地连接起来。通过宽带信息网络，充分利用视频监控技术、地理信息系统（GIS）、全球定位系统（GPS）、计算机技术、通信技术和多媒体技术等现代信息技术，整合和利用现有跨系统的信息化资源，统一构建智慧养老基础平台（图 2）。

3　智慧养老产品概况及图景

3.1　智慧养老服务供给及产品链

围绕吃穿住行，目前主要涉及以下五个方面。

（1）智慧养老地产：包括智慧家居、智慧社区、智慧养老综合体，如微家园、长者照护之家、退休社区、收费型老年公寓、老年集体住宅、老年福利院、养老院、托老所、昼夜看护服务旅馆；老年人现有住宅改造等。

（2）互联网老年金融：针对老年金融资产的投资管理和各种老年险种等互联网金融业务，以及强制长期护理险等一系列衍生产品。

（3）互联网 + 家政服务：线上及线下结合一系列服务，如助餐、助浴、助游、助学等服务。

（4）智能老年用品产品：各种智能器械、器具、智能看护床、轮椅、拐杖、多功能便池等，如智能腕表、项链。

（5）精神慰藉应急类服务：电话定时呼叫、短信定时提醒、陪聊、应急呼叫、视频电话等一系列服务。

3.2　依据马斯洛需求层次理论的智慧养老产品及服务供给

参考马斯洛需求，考虑老年人自身存在一定的行动障碍或认知障碍，较难独立地保障自身的生命安全。课题组研究发现老年生理需求

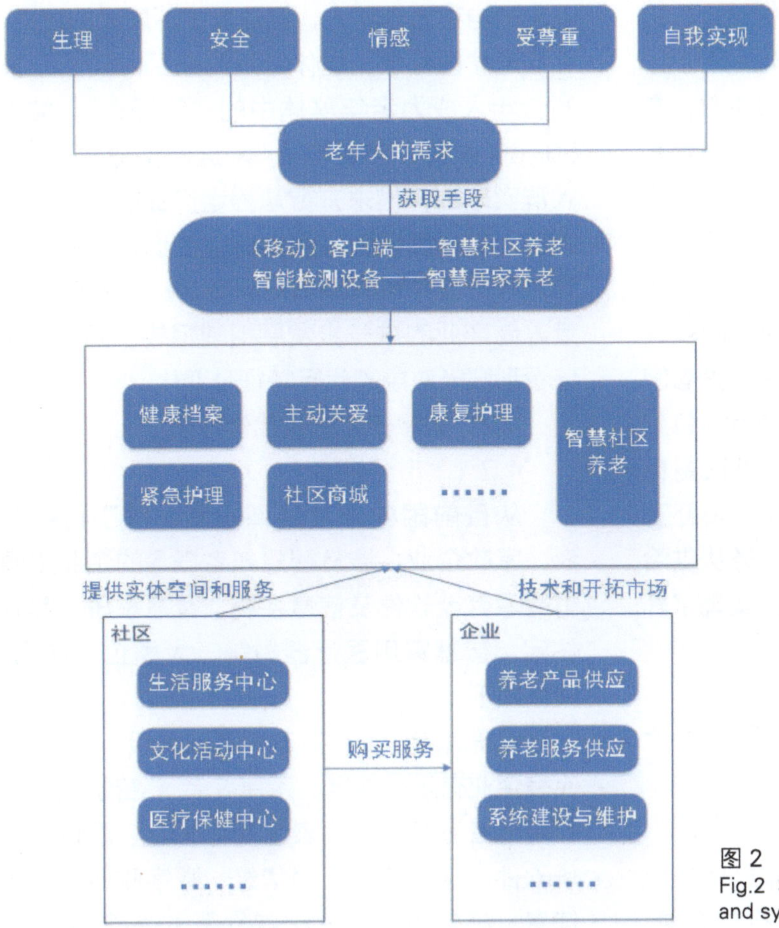

图 2　智慧养老平台和体系简略图
Fig.2 Sketch of smart nuring care for elderly platform and system

还应包含护理需求。此外老年人对于情感的需求要比一般人更为强烈。相比传统养老，智慧养老借助信息技术极大拓展需求响应的范围，加深了层次，丰富了服务（图 3）。一是精准化

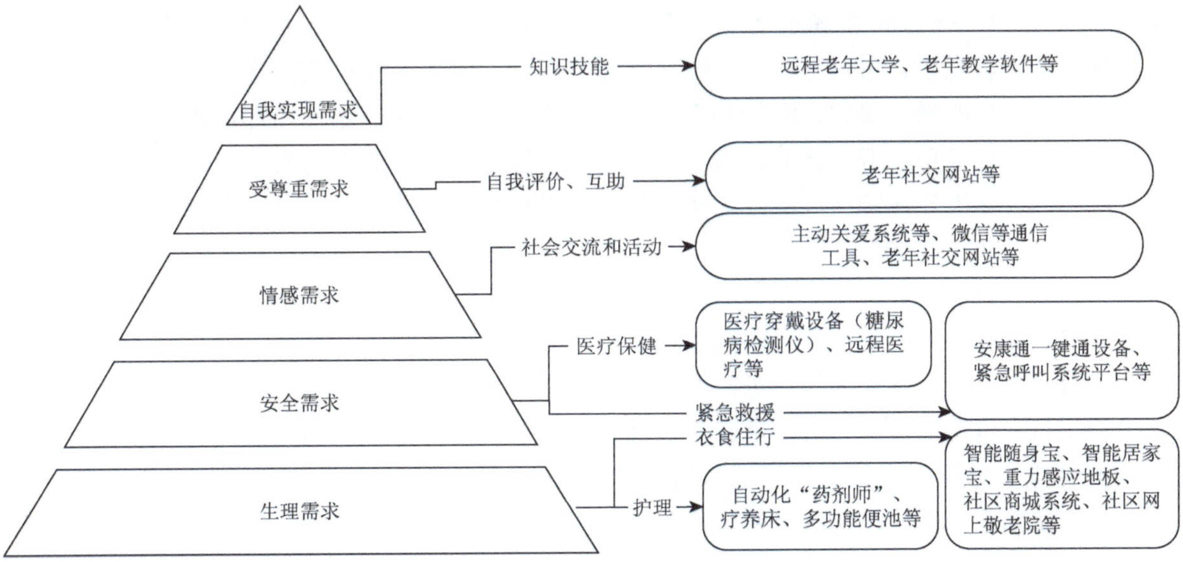

图 3　老年人需求层次
Fig.3 Level of needs of the elderly

地满足老年人生理需求，丰富服务供给；二是高端化地满足老年人安全需求，推动医养结合；三是创新性地满足老年人情感需求和尊重，充实精神生活；四是虚实结合满足老年人自我实现需求，拓展交流空间。

总体而言，智慧养老理念的提出从理论和实践两方面打破了传统养老的模式。这种区别主要体现在：第一，化解了老年人面对的多样化养老风险，满足了老年人更高层次的养老服务需求；第二，实现了服务从“点对点、包到包”到“包对点”的转变，使得供需匹配更精准及高效；第三，打破养老空间限制，填补了家庭养老功能；第四，实现了养老服务从供给到需求的平台集成；第五,一定程度上实现了养老服务的质量监督。

4 供给侧视角下智慧养老描述及难度分析

4.1 智慧养老的需求侧分析

（1）一般人群的一般需求。老年群体具有鲜明的自身特征，由于生理机能的不断衰退，对养老类产品和服务的需求本来就日益增加，成为一般老年群体的一般需求。与此同时，他们习惯稳定，行动理智，自主消费性强，注重实用，追求使用便利，因而，在智慧养老产品和服务的设计中，一方面要满足老年人多层次、多样化的一般需求；另一方面要根据其特点，重点考虑产品的操作简单，服务的手续简化。针对老年人在信息获取、智能设备使用方面存在的障碍，在老年人购买产品或服务的同时，要跟进并提供服务支持。

（2）特殊人群的一般需求。对于一些失能失智、无法自理的特殊老年群体，对智慧养老需求较为强烈，具有刚性需求的特征。公办养老院价格虽低，但排队难进，民办养老院往往又将这些特殊人群拒之门外。面对这一群体，在医养结合方面具有明显优势的智慧居家养老模式市场空间较为广阔。

（3）一般人群的特殊需求。目前，60 周岁以上的均称为老年人，但随着生活质量的提高、平均寿命的延长、退休年龄的推迟，60~70 岁的老年人成为老年群体中的“年轻人”。加上 50~60 岁的“准老年人”，这两部分“未老”人群实际上将是未来智慧养老产业的主力服务人群。与“已老”人群相比，他们在信息获取能力等方面都会有所提升，而且这种提升与智慧养老产业的进一步发展相辅相成。因而，应该看到服务对象的代际特征及变化。

4.2 智慧养老的供给侧分析

4.2.1 市场供给

从目前国内外发展情况看，除了传统养老、家政企业，涉及智慧养老概念的企业主要有智慧养老软件及信息系统、智慧家居 + 养老住宅、智慧家用医疗器械等三大类企业涉足。具体如下。

传统养老企业（家政服务、残疾人护理等，代表企业有乐德养老、禾康养老）；智慧城市供应商或者运营商（代表企业有 IBM、思科、东华软件、绿江股份、易华录、数字政通、万达信息、延华智能、卫宁软件等）；智慧家庭或智慧家居产品供应商（代表企业有海尔、日立等，代表产品有海尔 U-home 智能家居系统等）；通信运营商（代表企业有移动、电信、联通等）；由养老地产、旅游地产延伸而来的房地产企业，其核心产品为智慧社区，除了万科、保利、中海、绿城等房地产企业，泰康、太平、平安等保险企业也已布局，还有中铁建、北京控股、上海实业等越来越多的知名企业近日也披露加入养老地产的布局考虑未来的增长点、提前布局养老产业的金融企业，将养老产业作为重点投资领域（代表企业包括渤海股份）；航天、卫星企业，主要涉及 GIS 等（代表企业有普天等）；安防等延伸企业（代表企业有易华录等）；平台类企业（代表企业有深圳壹零后，近日刚获 A 轮风险投资），这些公司提供居家养老、养老住区、医养结合等专业化智慧养老解决方案及云服务产品。

值得指出的是，河南旅居会展服务有限公

司成为中国第一家专业养老挂牌上市公司，主要服务对象是成功人士和中老年旅行居家人群。公司致力于打造中国智慧养老专业化机构，推动老年产业的健康快速发展。目前河南旅居会展挂牌后尚无实质性交易。

4.2.2　政策供给

2000 年,《中共中央　国务院关于加强老龄工作的决定》首次提出“老年服务业的发展要走社会化、产业化的道路”“培育和发展老龄消费市场”。2006 年,《关于加快发展养老服务业的意见》进一步提出“大力发展社会养老服务机构……促进老年用品市场开发……推动养老服务业加快发展”。2011 年，“十二五”规划纲要进一步强调“加快发展社会养老服务，培育壮大老龄服务事业和产业……鼓励社会资本兴办具有护理功能的养老服务机构”。2015 年，国务院发布《关于加快发展生活性服务业促进消费结构升级的指导意见》指出，以满足日益增长的养老服务需求为重点，完善服务设施，加强服务规范，提升养老服务体系建设水平。在政策密集扶持的助推下，随着“互联网 +”不断升温以及政策对医疗养老的深入发展，智慧养老新消费将崛起，智慧养老将迎来机遇[9]。以新修订的《中华人民共和国老年人权益保障法》为标志，2012 年以来国家在推动养老服务信息化建设方面相继出台了一系列政策措施，特别是信息惠民、互联网 + 行动计划、促进大数据发展等政策颁布，有力地支持了以互联网为主的智能养老产业的蓬勃发展。2015 年，首部智能养老蓝皮书发布，提出“我国智能养老产业发展的主要瓶颈在制度碎片化”“老年远程医疗的发展前景广阔”等观点。

4.3　智慧养老的利益相关者分析

从图 4 可以看出利益三方目标不一，相互矛盾博弈。政府既需要履行政府职能，向社区老人提供优质服务，又需减少财政支出，缓减政府压力；企业既想要通过参与提供公共养老服务获得良好社会口碑，又必须实现企业利润最大化；老人则希望以最低的代价获得最优质的服务。

在利益相关者分析框架下，有以下四种模式可选择。

第一，政府直接提供面向第一层面的基本智慧养老公共服务。政府与老年人直接产生服务供需关系。

第二，政府购买社会组织服务，间接提供第一层面的智慧养老公共服务。政府补贴的是需方，而实际产生供需关系的是老年人和社会组织。实行政府定价或政府指导价，对家庭经济条件困难的老人由财政给予一定补贴。

第三，由社会组织提供第二层面的公益性养老服务。目前上海两家主要的智慧养老企业

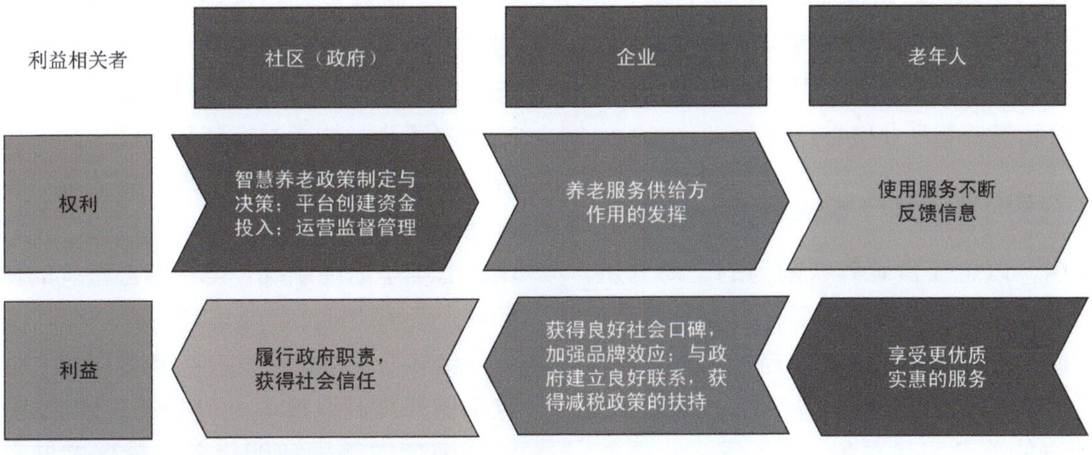

图 4　智慧养老的利益相关者分析
Fig.4 Stakeholder analysis of smart nursing care for elderly

（海阳、爱照护）实际上都是以社会组织的方式，介入社区养老领域，运营管理社区层面的智慧养老服务平台、养老综合体、长者照护之家、日间照护中心等。除此之外，嘉定区江桥镇的“江桥微家园”（智慧社区生活服务中心）项目也由社会组织运营。这种模式里的政企互动关系，实际上通过社会组织的形式表现出来，服务于全体老年人。

第四，由企业提供的面向第三层面的智慧养老服务。海阳、爱照护等企业实行交叉补贴互补商业模式，多数盈利项目都在此层面。这块市场目前还处在成长阶段。最后的闭环有待于社区养老综合体形成。

在智慧养老服务领域，由于政策限制等，服务供给以上述第一、第二、第三种模式居多。特别值得注意的是，企业介入智慧养老领域，实际上是通过社会组织这一“中间人”实现与政府的互动，社会组织成为智慧养老企业的“代言人”。

总之，目前智慧养老企业来源庞杂，且多采用交叉补贴商业模式，经营范围涉及较广，老年人多元化、多层次、多样化需求还需线上与线下无缝对接，由于针对养老专业服务的老年长期护理保障制度尚未建立、鼓励个人养老储蓄的税收递延政策尚未落地、养老投资的税收减免政策缺失、部分养老领域的医疗服务项目未纳入医保范围等因素，市场势能还有待进一步放大。虽然已初步形成互联网入口、场景优势，但还需塑造体验层次感并开发与之相对应的产品；同时借助社区公共空间形成用户黏性，提升智慧养老产业核心竞争力。

5 国内外实践经验及启示

国内，以走在智慧养老前列的上海为例，目前已涌现出海阳、爱照护等一批智慧养老产业。同时，先后出现了一批政府主导智慧社区养老项目，如虹口区“网上养老院”，通过搭建便捷新兴的养老服务平台，采取无偿、低偿、有偿的服务形式，为全区老年人提供就近、便利、诚信的优质服务，让老年人足不出户就能享受到敬老院式的服务；江桥镇“微家园”，从社区居民的实际需求出发，以智慧社区网络信息技术为支撑，整合政府、市场、社会各自资源，多元化提供与社区居民之间直接相关的生活服务内容的便民机构，它诞生的根本宗旨是创新基层治理模式，解决服务居民“最后一公里”的问题，在探索解决老年人医、食、学、娱等方面都进行了有益的尝试，在“居家养老”方面初步取得了一定成效；静安区曹家渡“东方网智慧屋”，集自动售菜机、快递自提柜、自助服务终端机、助医网、家政服务、中国人寿保险客户服务等于一体。

美国是率先开发智慧养老物联网技术的国家。针对美国人居住分散的特点，从 1999 年开始，美国各大城市陆续建立了老年人移动医疗服务车队（移动医联网）。目前该医疗服务车队已经覆盖了美国 50 个州，1 000 多个城市，包含 12 500 多个分支机构，为老年人提供上门的养老照护和医疗保健服务。智能技术首先应用于公寓大楼，并于 1984 建起了世界上第一个智能大厦。将智能化理念引入公寓设计进而顺推到老年公寓，并首提持续照护性质的社区（Continuing Care Retirement Communities，CCRCS）。老人能享受到智能科技的高质量持续照顾，服务功能齐全的复合式老年社区。通过计算机网络技术、智能通信技术、远程控制技术和遥感影像技术实现家居智能控制、安全监控等，通过安装在墙上的智能控制屏，可以调节室内温度、监测老年人的室内活动，并通过安装在房间内的感应装置收集老年人的活动状态信息，据此为每个老年人建立健康档案。同时，美国已经开始尝试使用家庭电子监控系统，电子监控系统的使用费用与人工护理相比要便宜得多[10]。

坐落于亚利桑那州的老年大型社区太阳城，这个由开发商以度假地产为初衷建立的社区，已经演变成美国智能化养老社区的典范。截至 2009 年，太阳城人口已达 16 万人，目前无论面积还是人口都在继续猛增。目前，这里的建筑规划完全按照老年人的需求设计，小区内实现无障碍设计：无障碍步行道、无障碍防滑坡道，低按键、高插座设置，社区住宅以低层建筑为主。同时，社区内的空间导向性被强调：对方位感、交通的安全性、道路的可达性均进行了安排，实施严格的人车分流。除了硬件设施完备，还有专门为老人服务的综合性医院，心脏中心、眼科中心以及数百个医疗诊所遍布大街小巷。患有心脏病等严重疾病的老人，脖子上佩戴着一个项链一样的报警装置，遇到危险，只要按一下“项坠”，救护车就会立即赶到。疗养院和老人照顾中心分布在城区各地，需要照顾的老人可根据自己的身体状况和经济承受能力选择各种水平的服务。太阳城的成功，与美国相对独立的代际关系、不与孩子共同居住的习惯有直接关系，加上普遍较高及稳定的退休收入、较为完善的社会保障机制，老人就有能力享受更完善的养老养生服务，而这种现实的市场就催生了对应的服务。

此外，英国和日本等国进入老龄化社会相对较早，一些政策也更全面。英国老人通过地方政府一系列评估后，可选择居家远程护理Telecare。老人可获得政府免费提供护理需要的设施设备，包括通信设备、远程监护设备、花费小于 1 000 英镑居住类护理设备，及用于残疾人在家独立行动的康复设施和设备。远程监控设备又涵盖固定安装的警报器、穿戴式警报器、防止滑跌的监测器、低位监测器、癫痫发作监测器等。英国政府承担服务费用标准和老人收入、税收和失能程度有关。日本由于长期实行可覆盖居家护理服务和设施护理服务的长期护理保险制度，借助经济、福利政策，间接刺激了老年的消费欲望，逐渐形成较为完善的福利体系。日本不仅鼓励机构采用先进的技术提高服务，近年来还逐渐形成“东京模式”智慧居家养老社区。在社区内设置一天 24 小时、365 天的综合服务窗口。在银发族综合住宅中充分利用科技设备，除了设置危险呼叫警报器具，还配备具有智能传感功能、能够检测出老人的血糖水平以及血压和身体脂肪的智能坐便器等。全部数据第一时间通过内置的电子互联网设备，以电子邮件方式发送到家庭医生计算机中。独居老人不仅可获得及时周到的服务，也享受居家养老的安全舒适性和独立自给性。

国内外的经验说明智慧养老发展过程中微观层面政策设计非常重要。课题组调研显示，老年群体具有鲜明的消费特征，既有一般人群的普通需求，如助餐、助行等，也有特殊人群的特殊需求，如失能失智老人特别护理需求。不过，老年人由于受计划经济长期形成公共服务福利惯性思维、现实状况下公立养老服务价格相对较低、老人退休后普遍收入不高等多重因素影响，尽管对智慧养老产品相对认可，但可接受的价格与企业成本尚有一段距离。智慧养老产业是养老产业、智慧城市双重叠加，符合“十三五”规划上海发展方向。如果转换思路，智慧养老实际上是“三个老人和一个年轻人的故事”。这个故事规划得当不仅可以解决上海老龄化的问题，也避免城市衰落，使上海保持可持续发展。智慧养老的出现，实质是顺应了社会服务的线上扩展，实现了社会服务便捷化、智能化、个性化、以人为本的服务理念。无论是服务价格正本清源，还是社区公共空间合理规划，抑或是利益相关者的协调机制，都需要政府积极介入。这是中国特有的国情决定的。

6　结论与讨论

互联网的一切优势就是效率优势。互联网+企业的利润多来自减少或消灭传统行业的信息不对称。这两点对于政府而言可能是非常痛苦的。因此政府首先必须放弃基于信息不对称的既得利益，形成开放的格局，即政府需要构建一个制度框架，让价格、利润、数据、企业家、用户成为市场运行的主体。相对于传统社会权力和权威来源于有形的财富，大数据时代权力更多地来源于数据；而数据价值不仅体现在占有，更体现在使用过程中。打车软件将用户与司机直接联系在一起，通过信息技术平台将牌照和监管直接略去，改变了出租行业的市场规则。信息技术在促进传统养老转型过程中，也在帮助行业避开政府管制重塑市场。政府与其被动接受不如主动改变。政府需要从线下优势转换到线上布局，成为信息平台的结构端点，成为游戏规则的制定者。以智慧养老产业发展为例，社区公共空间、信息技术培训是促进产业闭环的关键环节。政府可结合城市规划、公私混合机制进行适当诱导和布局，促进基本公共服务均衡化，也避免银色数字鸿沟加剧。

其次，积极回归政府本质。如果说华为2014年《用趋势赢未来、数字化重构新商业》、埃德蒙·费尔普斯《大繁荣》都曾指出商业过程本质价值是创造和价值传递，而哈耶克《通往奴役之路》谈到政府的本质是创造保护创新的制度在大数据时代仍然有效。毋庸讳言，政府在这过程将面临跨界人才短缺，而且需要面对组织结构转型，以及对电子商务平台经济、交叉补贴商业模式、共享经济带来监管、征税等一系列新问题再认识再学习再决策的过程。

调研发现一种有趣的不均衡。私人养老企业提供的商品服务，丰富而又多层次；公共部门的商品却只能满足残羹冷炙。这就是市场的魅力。一个劳动分工程度很高的社会中，各类决策的协调是相当复杂的过程；这也是政府比较优势所在。有效市场经济的一个重要特征就是数目众多的各种制度，它们不断演进，从而可以降低交易成本，并促进自愿的交换。在高度专业化的经济体系中，随供需关系随时调整的货币价格体系可以给人们提供相应的信息，使得他们能有效协调各自的计划。这就是智慧养老确立市场主体地位的当务之急。在扭曲的价格下，人们没有动力去寻找，也就找不到更有效的彼此协调方式。

作者简介：周向红　同济大学经济与管理学院教授、博士生导师，智慧城市与电子治理研究所所长；
陈蔚蔚　同济大学经济与管理学院博士研究生；
刘　琼　腾讯研究院高级研究员。

参考文献

[1] 左美云，张驰．养老模式分类的全景图：一个房车模型 [J]. 中国老年学杂志，2015(4)：1104-1108.
[2] 左美云．智慧养老的内涵，模式与机遇 [J]. 中国公共安全，2014(10)：48-50.
[3] 席恒，任行，翟绍果．智慧养老：以信息化技术创新养老服务 [J]. 老龄科学研究，2014, 2(7)：12-20.
[4] 吴蕾蕾．现代物联网技术在居家养老服务中的应用——以杭州上城区智慧养老为例 [J]. 当代社科视野，2014(3)：17-19.
[5] 罗琼．津台“智慧养老”合作研究 [J]. 现代商业，2015(20)：262-263.
[6] 张艳．快速老龄化背景下苏州市社区养老服务体系建设研究——以沧浪区“邻里情”虚拟养老院为例 [J]. 社会保障研究，2011(5)：30-35.
[7] 蒲瑶琼，卢明威，陈东仿．重庆市南岸区智慧养老模式建设探析 [J]. 广西师范学院学报（哲学社会科学版），2015, 36(4)：80-82.
[8] 毛羽，李冬玲．基于 UTAUT 模型的智慧养老用户使用行为影响因素研究——以武汉市“一键通”为例 [J]. 电子政务，2015(11)：99-106.
[9] 人民论坛问卷调查中心．老有所依：公众养老的需求侧与供给侧 [J]. 国家治理，2016(9)：32-41.
[10] 李超．智慧城市背景下社区养老服务智能化研究 [D]. 上海：上海工程技术大学，2015.

第五章　智能技术

CHAPTER 5 INTELLIGENT TECHNOLOGY

基于深度学习的城市时空数据分析

Urban Spatial-Temporal Data Analysis Based on Deep Learning

陆思元　曹布阳

摘　要　随着2015年中央城镇化工作会议提出“尊重城市发展规律，坚持一个尊重五个统筹”，利用城市时空数据分析研究城市规律成为了最新的重要议题。本文针对“城市树”这一新兴概念，打破传统城市研究的行政区划，以研究城市树对应区域作为核心内容，运用深度学习、机器学习等方法进行交叉研究，分析城市发展并探寻城市扩张规律和特征。本文对城市进行栅格化处理建模，得到各城市树区域的各项属性数据，利用双向长短期记忆网络构建分类器，识别了城市发展的主要因素和特征。除此之外，利用动态时间规整对城市树对应的属性数据时间序列进行聚类分析，寻找城市发展的阶段性和规律性的特征，为城市发展规律研究提供参考。

关键词　城市时空数据；深度学习；长短期记忆网络（LSTM）；动态时间规整；栅格化处理

过去30年，中国城市用地迅速扩展，然而对城市土地利用扩展规律的研究较为薄弱和零散，它是伴随着改革开放以来城市土地有偿使用制度的实行、房地产业的迅猛发展和城市用地快速扩展逐渐暴露出土地、环境等各种问题后才开始活跃起来[1]。

而如今随着城市化进程的愈发显著，城市建成区的不断拓展，对城市发展规律以及其影响因素的分析研究显然成为如今最新最热门的研究课题。

2010年的上海世博会开始将城市作为生命体来看待，到2017年同济大学长三角城市群智能规划协同中心通过人工智能技术研究进一步发现，城市的生长是极富有生命规律的。过去，由于条件的限制城市规划师难以发现城市生长的规律，于是便无法将其应用到城市规划的决策当中；而最好的城市规划，既不是以解决当前城市问题的问题导向型，也不是朝着理想化城市设计的理想导向型，而是遵循城市的生命规律[2]。根据城市生命的规律导向设计出的城市构架，通过“大智移云”（大数据、人工智能、移动互联网技术、云计算）等技术手段，能够更好地实现人与自然的和谐、人与社会的和谐、历史与未来的和谐这三大理想。

对城市的时空数据的研究有助于探寻长期而复杂的城市空间扩张演化规律，并对其扩张动态特征进行分析，识别影响城市变化的主要因素和驱动力，对科学合理地指导土地利用规划和决策，控制建设用地规模，保护生态环境，以及提出保护和合理利用土地资源的政策措施建议具有重要的意义。

2017年同济大学的吴志强院士所带领的团队建立世界城市大数据，搭建了CIM（城市智能模型）平台和城市智能推演平台，通过世界上城市的共同标准，描述其每一年的建成区面积，从最早到最新，逐层向上，建立“城市树”的概念，将13 810个城市跨度40年（1975—2015年）的所有数据进行叠加后，每座城市都形成自己的数据树，同时把城市树按照年度展开，根据不同的边缘曲线，通过数据化的展示，总结城市发展历程，有效地辨识城市的生长方式，从而分析出一座座城市的“成长”之树，称之为城市树，发现并归纳出了 7 类城市发展类型及其特征[3]。

鉴于此，本文以“城市树”作为切入点，对其进行交叉分析和研究，通过深度学习、数据挖掘的方法去探究影响城市发展这一长期且复杂的过程的内在因素和城市发展形态之间的关联关系。具体而言，城市时空数据分析可以分为时间序列数据分析和空间数据分析两方面；其中空间数据主要利用栅格化数据分析和空间统计分析等工具来研究城市建成区的空间特征；而时间序列分析则关注于城市的属性数据的变化趋势，通过对属性数据时间序列进行数据转化、相似度量从而实现分类聚类等内容，从而进一步探索城市的发展规律。

1 传统城市时空数据分析技术到深度学习

1.1 传统城市时空数据分析技术

传统的对城市时空数据进行研究主要有以下的几种方法：

（1）将基于 GIS 系统，结合传统的数据分析和建模的方法，应用到城市时空数据分析的具体案例之中。例如 Leao（2004）等结合了 GIS 和元胞自动机（cellular automata）方法模拟了城市未来的空间变化和土地利用变化[4]。

（2）直接利用数学模型来对城市时空数据进行处理和研究分析。例如 Liu（2006）等人结合支持向量机（Support Vector Machines，SVM）以及马尔可夫随机场（Markov Random Fields，MRF）模型来监测森林的病毒传播的时空趋势[5]。

（3）利用模型驱动架构和事件驱动方法，从而进行面向对象的时空数据建模[6]。面向对象的时空数据模型分别由概念数据模型、逻辑数据模型与物理数据模型构成[7]，但其中每一种数据模型中所对应的实体属性和方法、空间关系、逻辑表达、要素特征等内容都需要依靠相关的专业知识和数据采集去预先定义，且其中包含不少难以被定义和表达的地理特征。

从上可见传统的城市时空数据分析往往需要以专业的知识作为基础，同时需要利用地理信息系统，而解决的也往往是特定的问题。

1.2 深度学习在城市时空数据分析中的应用

随着深度学习技术的不断成熟和迭代更新，在对城市发展规律进行时空数据分析和数据挖掘方向，深度学习在近年来也开始逐步受到重视并得到广泛的应用。

来自微软亚洲研究院的郑宇（2016）博士及其团队将城市时空数据与深度学习结合并采用时空深度残差网络模型（ST-ResNet）应用于预测城市人口流动问题[8]。此模型把整个城市划分成很多个网格，多个网格进行同时分析，并模拟出 3 个时间属性，包括平滑性、周期性以及趋势性。

陈工等人（2017）等提出了一种利用深度神经网络对区域进行生态承载力模拟的方法。该方法将深度学习应用于生态承载力计算中，对比了 DNN 和 LSTM 在模拟中的精度，选取了经过最优化的 DNN 模型进行生态赤字的时空模拟[9]。

彭玲等人（2017）等提出利用在物联网、遥感、无人机等技术蓬勃发展下所能获得的多源时空数据，基于数据挖掘和深度学习等技术手段，对交通拥堵、城乡垃圾堆场、城市热岛和社会事件四方面的城市病问题进行探索性的分析研究。并科学地解释了城市脉动结果的变化规律，为有关部门解决现代城市病提供了技术支撑[10]。

Zhang 等人（2017）等结合全连接神经网络（FCN）和长短期记忆网络（LSTM）来预测城市车流密度和车流量[11]。

可见随着深度学习技术的不断发展，深度学习在城市研究应用领域得到了不断的拓展，相比于传统的分析方法，利用合适的深度学习模型更能帮助城市规划师去探寻城市发展、城市问题的内在隐藏的核心问题，并用以诊断并解决城市病，为政府的相关部门提供科学的决策依据。

2 研究方法

2.1 栅格化城市数据建模

由于城市树这一概念所研究的主体是（建成）区域范围而非实际意义上的城市行政区划范围，而实际情况下的统计数据多是以行政城市区划为边界进行统计，因而要对城市树所对应的区域进行属性数据分析，首要的任务就要将相应的城市的属性数据分摊到不同的区域上进行分析。

为解决上述问题，决定采取对地图进行栅格化的处理。具体的方法是：通过 ArcMap 中的 create fishnet 功能来构造足够的 1 km × 1 km 的栅格图层以覆盖整个区域；利用 ArcToolbox 中的 Intersect 叠加分析、Clip 裁剪等工具对地图数据进行预处理，为了处理的方便和效率，通过自定义基于 arcpy 的 Python 工具箱来批量计算面积、覆盖率等栅格基本空间属性。经过上述步骤，可以得到处理后的栅格图层如图 1 所示（以上海市为例）。

其中浅蓝色区域为 2015 年上海建成区栅格，红色区域为 1975 年上海建成区栅格。每一个栅格具有如下基础属性：

- 栅格 ID；
- 栅格中心的 X 坐标和 Y 坐标；
- 栅格面积；
- 栅格中该年份建成区的面积；
- 栅格所属建成区的 CityID。

通过栅格中心的 X、Y 坐标可以定位到单个栅格的周围栅格，并统计周围栅格区域的属性，同时也可以计算该栅格距离某些特定区域的距离。

参考欧盟委员会全球居住人口研究（European Commission Global Human Settlement）中提出的根据城市建成区推算城市各个区域人口的方法来为栅格赋权值[12]，该方法根据栅格的建成区覆盖率，将城市人口分布到相应栅格中。虽然该方法简单且易于理解和实现，但其主要缺陷在于只考虑有建成区的栅格区域，而忽略没有建成区的栅格区域，同时该方法并没有将城市的空间属性、城市中心效应等纳入考量范围。

为改善这一缺陷，我们参考了 20 世纪的单中心同心圆模式，即认为城市围绕单一核心发展，并逐渐向外蔓延，以及随后发展的扇形理论和多核心模型[13]，即引入城市副中心的概念，使城市呈现多中心组团式结构（即多核心城市模型）。同时结合上文 European Commission Global Human Settlement 的统计建模方法，提出了城市栅格权重建模方法。

提取栅格的两方面属性，分别为单个栅格的局部区域属性，以及单个栅格在城市中的整体空间属性，同时借鉴了 European Commission Global Human Settlement 中对城市不同区域的定义方法。

定义 1975 年时建成区覆盖率大于 90% 的连续的 n × n 的栅格范围的区域为该城市的

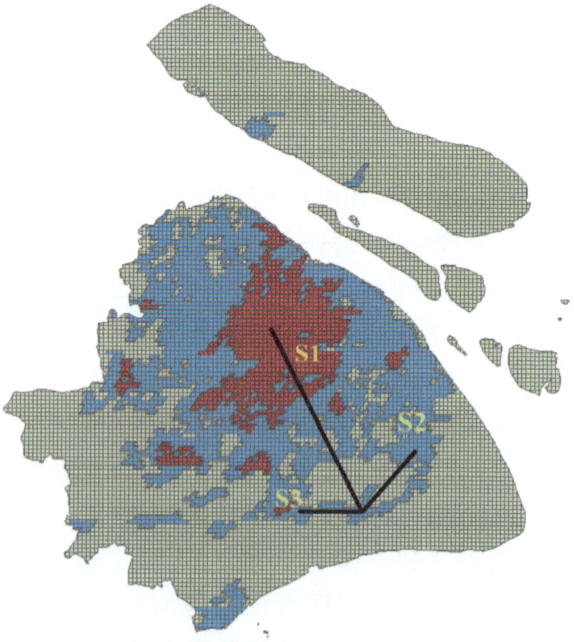

图 1 上海市栅格化处理示例
Fig.1 Gridded data for Shanghai

核心区域，其中 n 取该城市满足上述条件的最大值。

定义当年建成区覆盖率大于 90% 的连续 5×5 个栅格范围为城市中心；

定义当年建成区覆盖率大于 90% 的连续 3×3 个栅格范围为城市区域中心。

根据上面的定义，则有局部区域属性为：

- 单个栅格周围 3×3 的栅格范围内建成区的覆盖率，C_1；
- 单个栅格周围 5×5 的栅格范围内建成区的覆盖率，C_2。

整体空间属性为：

- 从栅格中心到定义的城市核心区域的最近距离，S_1；
- 从栅格中心到当年的城市中心点的最近距离，S_2；
- 从栅格中心到当年的区域中心的最近距离，S_3。

即每个年份的栅格均有上述 5 个维度的属性。利用上述 5 个维度的属性，通过 K-means 算法对每一个城市每一个年份中的栅格分别进行聚类，即 5 个维度类似的栅格将被聚为一类。为使栅格权值易于分配，将聚类数量设定为 10 类。根据每一类的聚类中心的属性进行分析，参考城市中心的同心圆模式判断得出，城市中栅格的属性与其自身的局部区域属性成正比，与其到城市中心的距离成反比，因而我们定义属性 K 如下：

$$K=\frac{C_1+C_2}{S_1+S_2+S_3} \qquad (2-1)$$

根据聚类中心的 K 值从小到大进行排序，并根据排序结果为栅格附加一个权值，其范围从 0.1 到 1，最后将此权值与该栅格原本的建成区的覆盖率相加，得到每一个栅格的最终权值，其取值范围大于等于 0.1，小于等于 2。将单一栅格的权值除以该城市对应年份所覆盖区域的所有栅格的权值之和，从而可以得到每一个栅格在该城市该年份中的权重，将权重乘以对应城市该年份的属性数据，最终可得到该栅格所对应的该年份的属性数据（图 2）。

由于 CityID 为城市树对应区域的唯一标识符，则只需要按照上述方法对所有城市进行处理，并将 CityID 相一致的栅格的各项属性数据按照不同年份进行累加求和，即可得到每一个城市树区域的时间序列属性数据。

2.2 基于双向 LSTM 的分类方法

本文关注的是城市树属性数据时间序列的整体趋势变化，即每一个时间点都与其前后的时间点的数据有关联，因而如果采取只存储当前和过去信息的传统的递归神经网络会导致序列的上下文信息的丢失。考虑到时间序列的趋势性，采用双向长短期记忆网络（BiLSTM）能更好捕捉时间序列的趋势性，从而取得更好的分类预测效果。

2.2.1 模型概述

长短期记忆网络 LSTM 模型是循环神经网络（Recurrent Neural Network，RNN）的一种，对 RNN 模型存在的梯度消失问题而提出改进，用一个记忆单元替换原来 RNN 模型中的隐层节点。由于其对于数据具有记忆

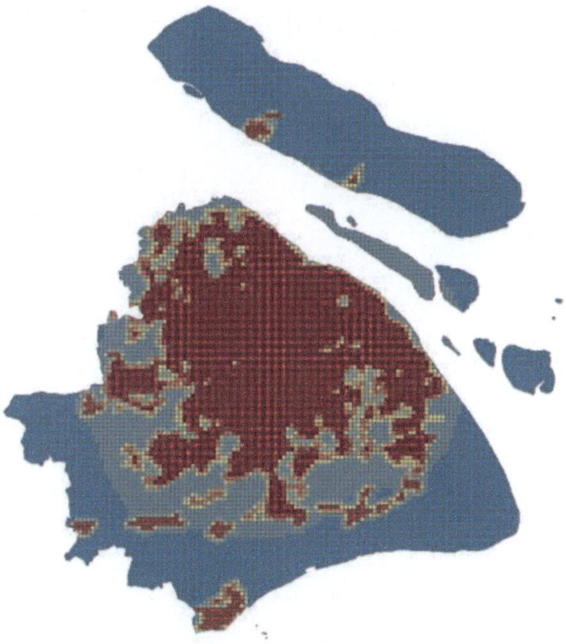

图 2　上海对应的栅格权重热力图
Fig.2 Weighted heatmap of Shanghai gridded data

特性，因而在处理序列数据相关的问题上具有明显优势，现在通常被用于语音识别、机器翻译、文本生成、情感分析等领域。同时在进行城市数据分析时，LSTM 在人流预测、车流预测、轨迹预测等任务上也取得了相当不错的实际效果。

2.2.2 模型结构

BiLSTM 在隐层同时有一个正向 LSTM 和一个反向 LSTM，正向 LSTM 捕获了上文的特征信息，而反向 LSTM 捕获了下文的特征信息，然后通过融合捕获的上文特征信息和下文特征信息最终获得全局的上下文信息[14]。

双向递归神经网络在时间序列上从两个方向连接两个 LSTM，一个递归神经网络从前往后计算隐向量，另一个递归神经网络从后往前计算隐向量，且两个都连接着一个输出层，其中前向隐向量为 $\overrightarrow{h}_t$，反向隐向量为 $\overleftarrow{h}_t$，则输出的隐向量就是由两者拼接而成[15]，可以表示为

$$h_t=[\overrightarrow{h}_t;\overleftarrow{h}_t] \qquad (2\text{-}2)$$

BiLSTM 的结构如图 3 所示。

2.2.3 模型的实现

在我们的具体应用中，将双向长短期记忆网络（BiLSTM）的结构分成如图 4 的几个部分。

（1）LSTM 层

通过最基本的 LSTM Cell 建立两个完全相同且互相独立的 LSTM 结构单元，其中一个用于前向传递，一个用于反向传递。

（2）Dropout 层

Dropout 是指网络中每个数据流中的每个单元在一定概率（keep prob）保持正常工作，否则输出值为 0，即其中每个输入随机丢弃一些特征，以提高模型的鲁棒性。其目的在于改变网络结构，从而减少不同神经元和神经元之间的依赖关系和复杂的共适性，使神经网络能够记忆的不是训练数据本身，而是研究内在的规律。在每一个 LSTM 层之后都应用一个 Dropout 层，是一种被广泛采用的有效的正则化方法，可以有效地避免模型过拟合的产生。

（3）多层 LSTM

一般情况下，单层 LSTM 的学习能力有限，我们需要多层的 LSTM。一般来说 LSTM 模块的层数越多，对高级别的时间序列的学习能力越强。但另一方面，除非数据足够庞大，否则层数的增加不仅不会产生明显

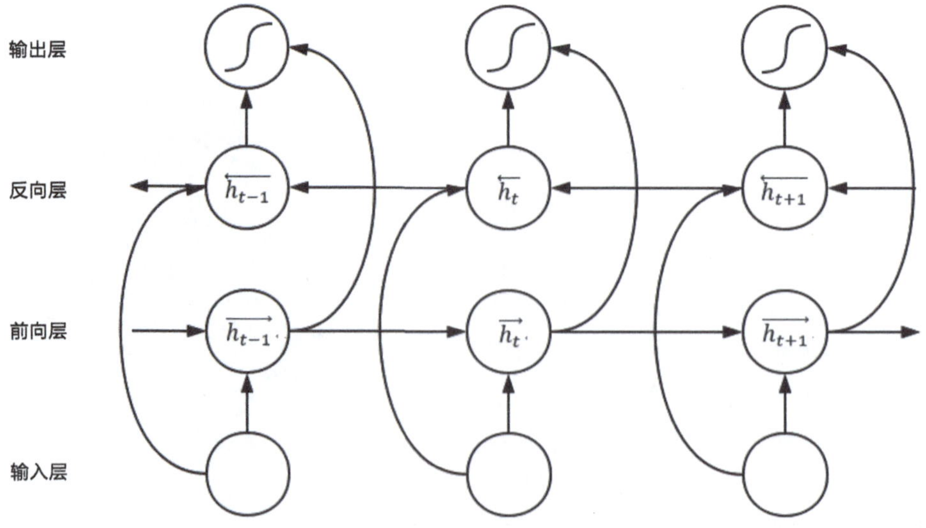

图 3　沿时间展开的双向长短期记忆网络 BiLSTM 的示意图
Fig.3 Expanded BiLSTM along time axis

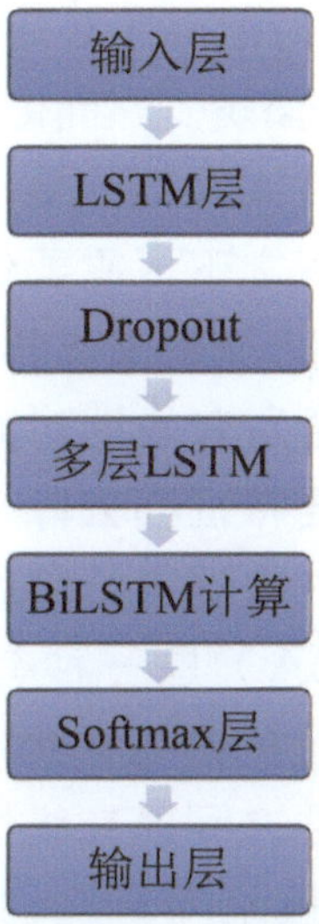

图 4　双向长短期记忆网络（BiLSTM）分类器的整体模型结构图
Fig.4 The configuration of a BiLSTM classifier

变化，还将导致过拟合，模型也会因为优化困难、难以收敛而损害学习效果。因而在没有足够大量的数据的情况下，根据我们的具体应用，本文所采用的模型结构只涉及 2 层的 LSTM 网络，即前一层的 LSTM 得到的输出隐层状态 h，要作为后一层 LSTM 的输入。

（4）BiLSTM 计算

BiLSTM 分别接受前向和反向的两个 cell，分别用于序列的前向传播和后向传播，分别计算两者的 output 和 state，并将两者拼接（concat）成满足模型中数据格式 [time_step，batch_size，hidden unit × 2] 所要求的形式。对于分类任务而言，和传统的卷积神经网络的处理方式一样，经过 BiLSTM 计算后输出的序列会连接到全连接层，再接 Softmax 层，从而得到最后的预测结果。

（5）Softmax 层

Softmax 层用到了 Softmax 回归模型，该模型是 logistic 回归模型在多分类问题上的推广，对上述 BiLSTM 隐层传递来的数据进行计算、优化和学习，通过计算与不同标签的差距，将多个神经元的输出，映射到（0，1）区间范围内，从而计算出待分类数据属于各类别的概率，传递给输出层，最终取概率最高的类别作为待分类数据的预测类别。

Softmax 层也是构建损失函数的基础，在本文所采用的 BiLSTM 系统结构中，我们应用 Adam 算法进行优化[16]。其中 Adam 是一种一阶优化算法，可以替代传统的随机梯度下降法，它可以根据训练数据更新神经网络权重。

2.2.4　模型参数

在深度学习的课题中，模型参数的设置往往会影响深度学习模型最后训练学习的速度以及所取得的效果，在本模型中主要有如下的几个参数：

学习率（learning rate）：学习率决定了参数移动到最优值的速度快慢。如果学习率过大，很可能会越过最优值；反之如果学习率过小，优化的效率可能过低，长时间算法无法收敛；

dropout 概率（Keep_prob）：dropout 算法的连接方式是随机地将输入数据按照一定比例 ρ 置 0，只有其他没有置 0 的元素参与运算和连接；

类别数（class）：表示分类问题中有效分类标签的数量；

时间步长（time_step）：在分类问题中即时间序列的长度，同时也表示 lstm 所记忆的时间跨度；

迭代次数（iteration）：训练次数；

隐藏层中单元的数目（hidden units）：表示在隐含层中用于记忆和储存过去状态的节点个数；

lstm 层数（num_layer）：神经网络的深度；

数据维度（dim_input）：单个 LSTM 单元的输入的数据维度；即城市树的属性数据的个数。

为确定模型中的参数设置，需比较不同参数设置下，模型的学习曲线的状况，来确定最后的参数选择，本文中主要需要调整的参数为隐藏层中单元的数目（hidden units），LSTM 层数（num_layer）。通过参数调优过程，上述参数的具体取值如表 1 所示：

表 1 LSTM 和 BiLSTM 模型的参数设置
Table 1 The parameter settings for LSTM and BiLSTM

参数	取值
Learning rate	0.000 1
Keep_prob	0.5
Hidden units	128
class	4
iteration	600
Num_layer	2
Time_step	26
Dim_input	13

2.3 基于 DDTW 的城市发展类型的聚类方法

2.3.1 相似性度量标准

对于诸如聚类、分类、时序检索等针对时序数据的数据分析任务而言，其本质问题在于对序列相似度的衡量，具体而言，可以概况为时序的微观形状中的相似性以及宏观结构上的相似性；其中微观形状更侧重于短期的波动，而宏观结构则关注长期的变化趋势，DTW（动态时间规整）就是一种用于捕捉时间序列宏观结构上相似度的方法。

动态时间规整 DTW 最早用于语音信号处理领域，用满足一定条件的时间规整函数 W（*n*）描述了两条序列之间的时间对应关系，并求解两条时间序列的累计距离最小的规整函数，实验证明其比传统的欧式距离能更好获取序列变化的特征点，从而获取到序列的全局特征，对于总结与分析时序数据趋势发展变化等任务具有很好的效果。

2.3.2 相似性度量标准

由于我们要对城市的发展趋势进行聚类，需要捕捉时间序列的形态特征，因而决定采用 DTW 距离来作为相似性度量标准，其目的是对时间序列进行聚类。然而传统的 DTW 更多针对的是一维时间序列的情形，因而在本文的实际应用场景之下，需要做出一定的修正以满足多维时间序列的聚类要求。

通常为了更为有效地对数据进行建模和分析，获得主要特征而去除一些影响不大的因素，人们会对数据进行降维处理。虽然主成分分析（PCA）是一种有效的降低数据维数和提取特征的方法，但 PCA 只能在给定数据集的特性之间建立线性的相互依赖关系 [17]。因而直接采用 PCA 将多维时间序列降成一维时间序列再使用 DTW 聚类并不合适。

因此，我们采取如下的方法，我们假设任意一条多维时间数列是一条在 n 维空间中的一维轨迹，则可以定义任意两个多维时间序列之间的 DTW 距离为此两个时间序列每一维度的 DTW 距离之和。记时间序列 $X(t)=(x_1(t), \cdots, x_i(t), \cdots, x_n(t))$，$(i=1, 2, \cdots, n;\ t=1, 2, \cdots, m)$；则两条时间序列 $X(t)$，$Y(t)$ 之间的 DTW 距离则可以通过下式计算：

$$DTW(X(t), Y(t))=\sum_{i=1}^{n} DTW(x_i(t), y_i(t)) \qquad (2\text{-}3)$$

式中 $x_i(t)$ 表示 X 时间序列的第 *i* 维向量的时间序列。

同时比较 DTW 的拓展算法在本课题中的聚类应用效果，引入如下两种相似性度量算法：

- 基于导数的动态时间规整（Derivative Dynamic Time Warping，DDTW）

$$DDTW(X, Y)=DTW(X', Y') \qquad (2\text{-}4)$$

该算法即对每一时刻的时间序列进行求导，再对求导之后的时间序列计算 DTW 距离，因而该算法对时间序列的局部变化的适应性更强，且其时间复杂度同 DTW 相同。

- 带参数的基于导数动态时间规整（parametric derivative dynamic time warping）定义时间序列 X 和 Y 之间的距离 DD_{DTW} 是 DTW 和 DDTW 的组合[18]

$$DD_{DTW}(X, Y)=(1-\alpha)DTW(X, Y)+\alpha DDTW(X, Y) \quad (2-5)$$

其中 $\alpha \in [0, 1]$；

该算法即通过根据不同时间序列的特征，以一定的比例结合 DTW 和 DDTW 两者的特点来更全面描述时间序列之间的距离；通过不断迭代调整 α 值和聚类数目来求取最优的聚类有效性指标 V，这里聚类有效指标定义各时间序列与其对应聚类中心的平均相似性和各个聚类中心间相似性的最小值之间的比值［见公式（2-8）］。

2.3.3 聚类

通过对城市树区域的多维属性数据时间序列进行聚类，并将聚类结果与先前根据城市树建成区变化定义的类型进行比较，可以发现两者之间的相似性和差异性，并可作为进一步探究城市发展必然性和趋势性的基础。

本文采用 DTW 来计算每两个时间序列之间的 DTW 距离，并以此作为时间序列的相似度度量指标；记样本量为 N，时间序列长度为 T，每个城市都有 D 个维度的属性数据，因而要将原数据转换成（N，T，D）的矩阵；计算两两之间的 DTW 距离，构造出对应的大小为 N×N 的 DTW 距离矩阵；DTW 矩阵中的元素可以被用来计算距离或是相似度，最终利用 K-medoids 进行聚类。

其中 K 中心点算法（K-medoids）与传统的 K-means 算法不同，K-means 算法采用样本点的均值计算方法，在原始数据不存在实际的地理坐标时，K-means 在取中心点或质点的过程中会有一些问题。而 K-medoids 则是在样本点中直接选取；即每次迭代后的质点都来自聚类的样本点，而选取的标准就是当该样本点成为新的质点时，可以提高类簇的聚类质量，使得类簇更紧凑；同时对噪声数据具有更好的鲁棒性。

2.3.4 聚类准确性指标

为衡量聚类结果的准确性，采用调整兰德指数（adjusted rand index）。假设实际类别信息为 C，假设 K 是聚类结果，a 表示在 C 与 K 中都是同类别的元素对数，b 表示在 C 与 K 中都是不同类别的元素对数，则兰德指数为：

$$RI=\frac{a+b}{C_2^{n_{samples}}} \quad (2-6)$$

其取值范围为 [0，1]，但对于随机结果，RI 并不能保证其值接近零，为实现在聚类结果随机产生的情况下，指标应接近于零，采用区分度更高的调整兰德指数：

$$ARI=\frac{RI-E[RI]}{\max(RI)-E[RI]} \quad (2-7)$$

采用调整兰德指数来衡量聚类准确率，实质是衡量两个数据分布的吻合程度，其取值范围为 [-1，1]，当其值小于 0 时，表明聚类效果较差，值越大，表明聚类结果越准确。

2.3.5 聚类有效性指标

为确定时间序列聚类的最佳聚类数目，引进聚类的有效性的指标 V。定义各时间序列与其对应聚类中心的平均相似性和各个聚类中心间相似性的最小值之间的比值为聚类有效性指标 V[19]，则 V 可表示为：

$$V=\frac{avg\_dis_{intra}(V)}{dis_{inter}(V)}=\frac{\dfrac{\sum_{i=1}^{\omega}\sum_{s\in c_i} sim(s, c_i^0)}{n}}{\min\limits_{ij}(sim(c_i^0, c_j^0))} \quad (2-8)$$

式中 ω——聚类个数；c_i——第 i 类时间序列；c_i^0——第 i 类时间序列 c_i 的聚类中心；n——序列个数。

$avg\_dis_{intra}(V)$ 表示聚类中各时间序列与聚类中心的距离，其值越小，表明序列间的相似性越大。

$dis_{inter}(V)$ 表示不同类别之间的距离，其值越大，表明各类别的差异性越大。

由此可见 V 值越小，聚类效果越好，则最佳聚类数目为 V 值最小时对应的聚类个数 ω。

3 计算实验及结果分析

3.1 BiLSTM 分类器实验结果分析

3.1.1 LSTM 和 BiLSTM 的分类效果比较

首先我们需要确定最为合适的分类器，在这里我们分别采用了 LSTM 和 BiLSTM 模型（此两个模型的构造以及相应的参数选择在第 4 节做了详细的论述）对于城市树数据做了分类，其效果如表 2 所示：

表 2 不同模型在城市树分类上的平均正确率
Table 2 The average accuracies of different models on classifying city trees

模型	分类准确率
LSTM	0.793 103 46
双向 LSTM（BiLSTM）	0.896 551 7

通过上述的数据比较可以发现在各项参数的选择和设置完全一致的情况下，BiLSTM 的分类预测的效果要明显好于 LSTM，即 BiLSTM 在本文中的应用确实能更好地捕捉时间序列的形态和趋势性。

3.1.2 不同属性的分类效果比较

鉴于通过上述实验比较发现双向长短期记忆网络（BiLSTM）模型的效果要远好于 LSTM 模型，在下面的实验中则利用上述的 BiLSTM 模型，分别对 13 个属性数据中的每一种属性进行训练，并进行分类预测，根据其结果我们认为相应的预测准确率可以基本反映出不同属性与城市树发展趋势之间的相似程度。为达到这一目标，此时只需将输入中数据的输入属性维度 dim_input 从原本的 13 修改为 1，保持其余相关参数设置不变即可，从而可以得到利用单一属性数据对城市树发展类型进行预测的准确率如表 3 所示：

表 3 不同属性进行分类预测的准确率结果
Table 3 The classification accuracies for different attributes

属性	预测准确率
常住人口	0.820 689 664
生产总值	0.613 793 092 6
财政收入	0.565 517
财政支出	0.524 138
全社会固定资产投资总额	0.613 793
社会消费品零售总额	0.558 621
进出口总额	0.448 276
工业总产值	0.641 379
客运量	0.779 31
货运量	0.579 31
总消费支出	0.613 793
就业人数	0.572 414
总家庭可支配收入	0.579 31

根据上述结果，不难发现单纯采用人口这一变量进行分类预测就能达到 80% 以上的准确率，即人口的发展趋势与城市树区域的建成区的发展趋势最为接近，两者的相似程度最高。同样的，单纯采用客运量这一变量进行预测也能达到 75% 以上的准确率，可见客运量的发展变化趋势也与城市树建成区的发展趋势较为接近。通过这两个因素的分析，可见与人口变动相关的因素与城市树建成区的扩张有着密切的关联性。

而诸如进出口总额、财政支出等属性的预测准确率只在 50% 左右，说明这些属性的发展趋势与城市建成区的发展趋势相似性较低。

通过这一分析过程，我们得到了对于建成区发展的影响因素以及它们的重要度或关联度，为后续的建成区的类别分析奠定了基础。

3.2 DDTW 聚类实验结果分析

3.2.1 DTW、DDTW 和参数化 DDTW 聚类效果比较

为了更好地识别建成区的类别以及其发展

规律，我们对每个城市树的属性数据的多维时间序列进行聚类，将聚类数目定义为 4，并假设根据城市树建成区发展定义的 7 种类型为城市树建成区域的真实标签，采用调整兰德指数（adjusted rand index）来衡量同时聚类为 4 类时的聚类准确率，得到结果如表 4 所示：

表 4　不同相似性度量方式的聚类效果
Table 4 The clustering results upon various similarly criteria

相似性度量方式	调整兰德指数
DTW	0.304 818 620 080 083 7
DDTW	0.285 271 814 672 143 9
参数化 DDTW（对应 α = 0.4）	0.312 322 366 665 479 63

可见参数化 DDTW 结合了 DTW 和 DDTW 所提取到的时间序列上的特征，所表现出的聚类效果最好，且通过这三种方法得到的调整兰德指数都反映出通过多维属性数据的时间序列的聚类结果与根据建成区定义的类别的分类结果相似度较高。

3.2.2　DTW 的聚类结果

设聚类数目为 4 到 10，并进行迭代计算，利用上述聚类有效性指标得到示意图如图 5 所示。

根据图 5 结果可见聚类数目为 5（如上面

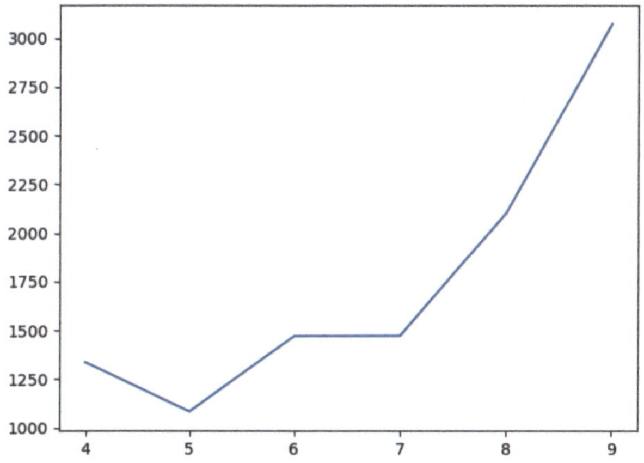

图 5　对城市树聚类的有效性指标变化
Fig.5 The results corresponding to different numbers of clusters

的讨论所述，此指标的最低值表明了最佳的聚类个数）为对城市树属性数据时间序列聚类的最佳聚类数目。

聚类结果如表 5 所示，其中聚类中心是每个簇的代表性建成区。

表 5　对城市树多维时间序列的聚类结果
Table 5 The clustering results upon DTW

聚类中心 CityID	聚类中心 CityName	该类别数量
3 855	绍兴	8
2 953	盐城	54
3 559	苏州	55
3 336	湖州	23
3 727	嘉兴	60

当聚类数目为 5 时，计算与原先类别标签之间的调整兰德指数为 0.225 784 513 161 091 3，发现其与原本定义的类别标签之间的相似度依然比较高。

由于是利用 K-medoids 进行的聚类，聚类中心为实际的样本点，因而我们采取利用对应聚类中心的相关属性来刻画该类别的整体特征；当设定聚类数目为 5 时，5 类的聚类中心建成区初始状态及其建成区增长率变化如图 6 所示，可以发现 5 种类别所呈现出的增长率类别差异性较大，可以认为基本符合 5 种不同的模式。

3.2.3　对城市时间片的 DTW 的聚类结果

为研究每一类别的城市树所对应建成区的发展阶段和过程的相似性、趋势性和周期性，采用将每一个城市树区域的跨度 26 年的时间范围，即按照 1991—2000 年、1996—2005 年、2001—2010 年和 2006—2015 年划分成 4 个跨度为 10 年的时间片，并以此来刻画每一类城市树 25 年的发展趋势过程。

将 N 个城市树区域，每个区域对应 4 个

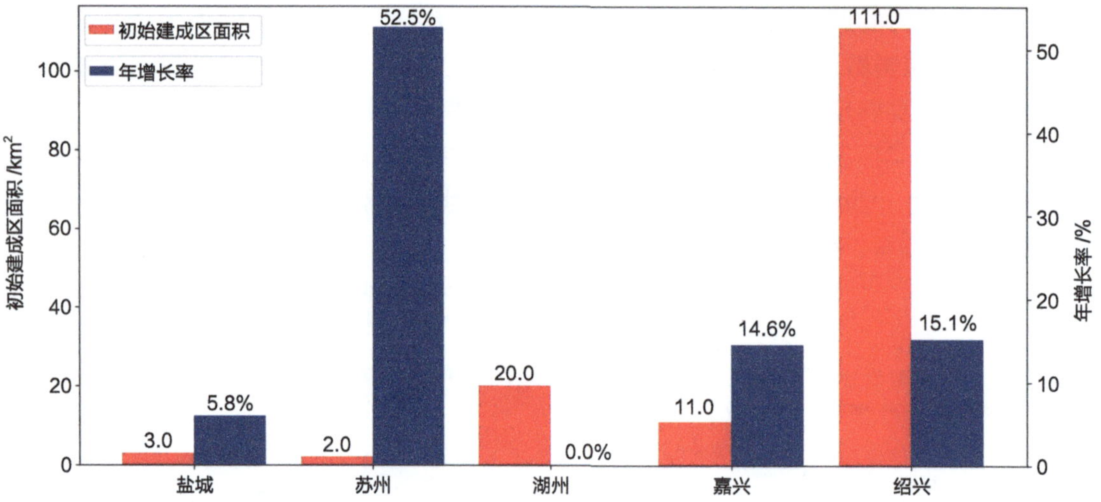

图 6　5 个聚类中心的初始建成区面积及其增速
Fig.6 Built areas and their growths

时间片，共获得了 4 × N 个时间片，在这里我们采用与上述同样的 DTW 方法进行聚类分析，同时根据实验我们设定聚类数目为 4 到 10，并在此范围内并进行迭代计算，利用公式（2-7）有效性指标得到图 7 所示的聚类有效性指标。

可见对城市树时间片的聚类结果显示最佳聚类数依然为 5。对该 5 类的聚类中心进行分析，通过 5 个聚类中心的 13 种属性数据的增长情况分析，分别将 5 类定义为爆发式增长、快速增长、中速增长、平稳增长和低速增长。以进出口总额为例，图 8 呈现了对应与这五种增长类型的进出口总额变化趋势，从图中

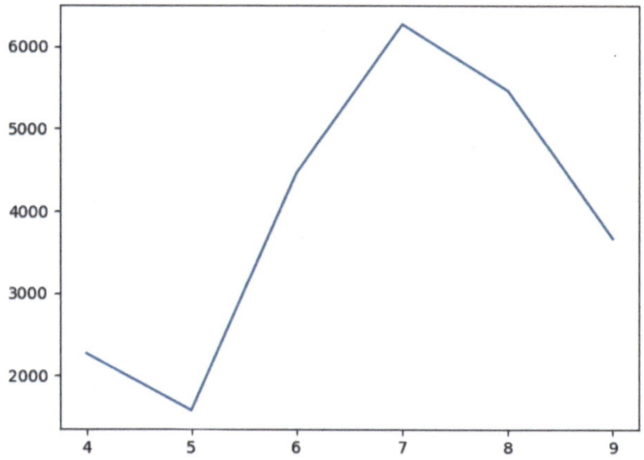
图 7　对城市树时间片聚类的有效性指标变化
Fig.7 The change in clustering metrics varying with the number of clusters to be built

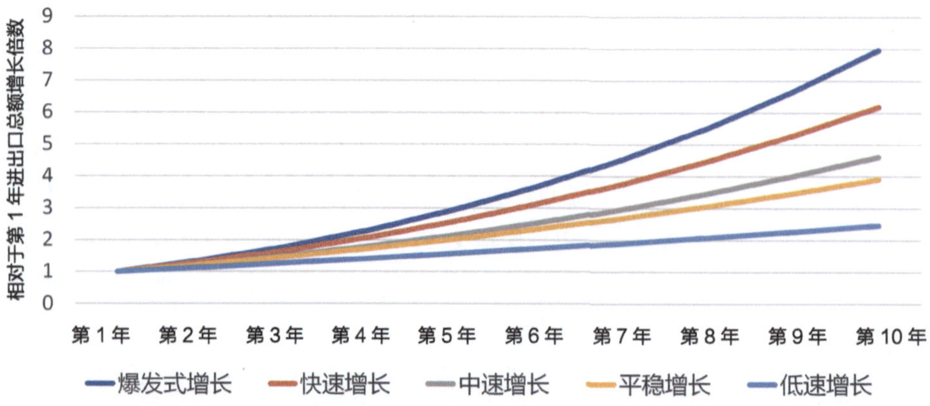

图 8　5 种增长类型在进出口总额上的变化趋势
Fig.8 The international trading for 5 growth categories

我们可以看到 5 种类型的增长趋势间的差异是较为明显的。

将带有标签的每一个城市树建成区所对应的 4 个时间片连接起来，就可以观察得到每一种建成区的发展模式的变化情况，结合原先城市树中所提出的建成区不同的发展类别进行分析，我们可以归纳出每一种类别对应的发展模式（这里以萌芽型、成长型、区域型建成区为例）（图 9– 图 11）。

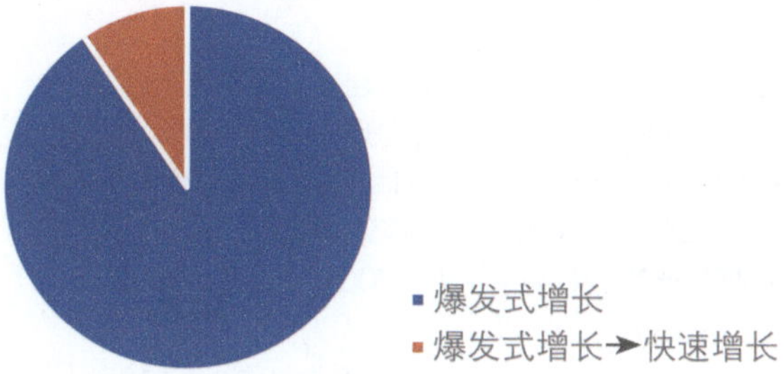

图 9　萌芽型城市树发展模式构成
Fig.9 Development pattern for cities classified as "Bud Type"

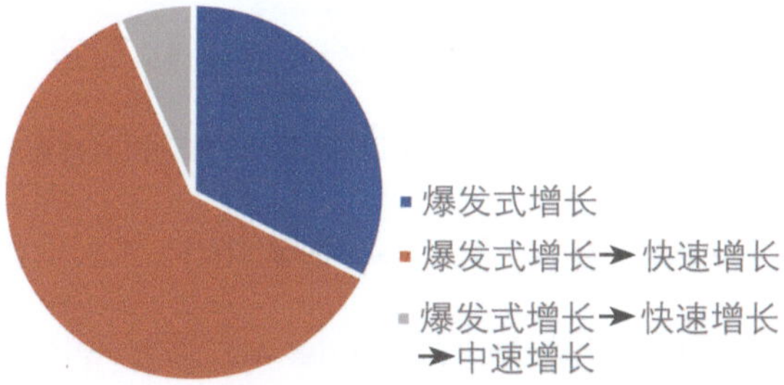

图 10　成长型城市树发展模式构成
Fig.10 Development pattern for cities classified as "Growing Type"

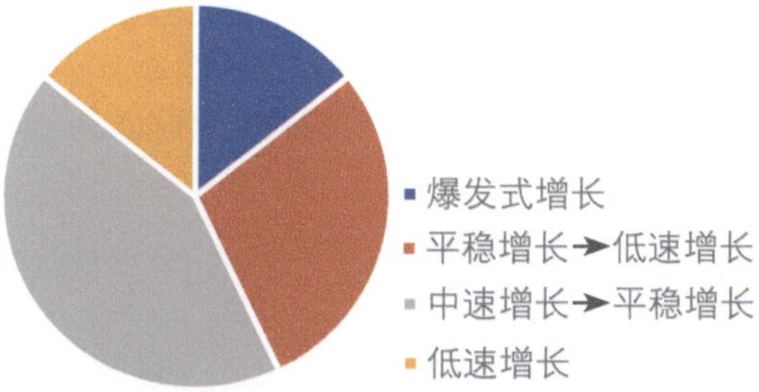

图 11　区域型城市树发展模式构成
Fig.11 Development pattern for cities classified as "Regional Type"

可见对于萌芽型的城市树大多处于爆发式增长的状态；对于成长型的城市则大多处于爆发式增长向快速增长的转型阶段；而对于区域型的城市则由于其本身体量较大，则大多处于向低速增长转型的状态。通过这些分析，我们对于不同的建成区的发展模式有了更为清晰的认识，为有效的城市规划和管理提供了较有价值的参考信息。

4　总结与展望

为了更好地把城市数据应用到相应的建成区中，本文根据城市栅格的空间属性对其进行聚类，并参考聚类结果和其本身建成区的覆盖率为每一个栅格赋权值，最终结果与城市中心模型相接近；依照此模型实现了城市属性数据区域化。

通过对 LSTM 和 BiLSTM 对城市多维时间序列数据的分类效果的比较，发现 BiLSTM 的分类预测效果要好于 LSTM，即 BiLSTM 能更好捕捉多维时间序列的整体形态和趋势，并且利用 BiLSTM 发现了与城市建成区的变化趋势最为接近的一些影响因子或属性，为建成区发展规律的探索奠定了分析基础。

在分析建成区发展规律的过程中，我们利用了三种时间序列相似度的度量方法，即 DTW，DDTW 和参数化 DDTW，对城市多维属性数据时间序列进行聚类。从实验的结果可见，与原本根据建成区发展定义的城市树类型总体上也有较高的相似度。同时对城市属性数据的 10 年为尺度的时间片的聚类结果与预期的城市建成区的发展趋势也极为相似，表现出从爆发式增长逐步到低速增长的曲线过程。

本文提出的针对城市树的分析方法仍待进一步改善，目前的结果与城市树的分类有一些差异，需要进一步扩大研究的数据量，包括数采集的范围、种类，和属性。采集颗粒度更细的数据，即能通过区县、街道等更小维度的空间尺度的数据累加得到每一个城市树建成区的数据，而非对整个城市进行栅格化处理。此外考虑将属性数据与城市树的卫星影像数据相结合进行综合分析，即将城市的形态变化特征作为新维度纳入聚类考量。

作者简介：**陆思远** 同济大学软件学院，网络与机器智能实验室，硕士研究生；
曹布阳 同济大学建筑与城市规划学院高峰团队核心研究人员，博士生导师。

参考文献

[1] 牟凤云，张增祥，迟耀斌，等．基于多源遥感数据的北京市 1973—2005 年间城市建成区的动态监测与驱动力分析 [J]. 遥感学报，2007, 11(2):257-268.
[2] 吴志强，甘惟，张昭，等．21 世纪的世博会走向精神的生态智慧 [J]. 时代建筑，2015(4):20-25.
[3] 吴志强．人工智能辅助城市规划 [J]. 时代建筑，2018(1)：6-11.
[4] LEAO S, BISHOP I, EVANS D. Spatial - temporal model for demand and allocation of waste landfills in growing urban regions[J]. Computers, Environment and Urban Systems, 2004, 28(4): 353-385.
[5] LIU D, KELLY M, GONG P. A spatial-temporal approach to monitoring forest disease spread using multi-temporal high spatial resolution imagery[J]. Remote sensing of environment, 2006, 101(2): 167-180.
[6] 李勇，陈少沛，谭建军，等．事件驱动的城市公共交通时空数据模型研究 [J]. 测绘学报，2007, 36(2):203-209.
[7] 陈军．GIS 空间数据模型的基本问题和学术前沿 [J]. 地理学报，1995(s1):24-33.
[8] ZHANG J, ZHENG Y, Qi D. Deep Spatio-Temporal Residual Networks for Citywide Crowd Flows Prediction[J]. 2016.
[9] 陈工，李琦，金玲艳，等．基于深度学习的区域生态安全时空模拟与预测 [J]. 地球信息科学学报，2017, 19(7):915-923.
[10] 彭玲，吴同，李高盛，等．基于智慧城市多源时空数据脉动规律认知的城市病研究 [J]. 地理信息世，2017(4):29-35.
[11] ZHANG S, WU G, COSTEIRA J P, et al. FCN-rLSTM: Deep Spatio-Temporal Neural Networks for Vehicle Counting in City Cameras[J]. 2017:3687-3696.
[12] European Commission. Global Human Settlement[OL]. http://ghsl.jrc.ec.europa.eu/data.php, 2018-05-02/2018-05-20.
[13] 周素红，郝新华，柳林．多中心化下的城市商业中心空间吸引衰减率验证——深圳市浮动车 GPS 时空数据挖掘 [J]. 地理学报，2014, 69(12):1810-1820.
[14] 田生伟，周兴发，禹龙，等．基于双向 LSTM 的维吾尔语事件因果关系抽取 [J]. 电子与信息学报，2018, 40(1):200-208.
[15] CHEN Q, ZHU X, LING Z H, et al. Recurrent neural network-based sentence encoder with gated attention for natural language inference[J]. arXiv preprint arXiv:1708.01353, 2017.
[16] 邓三鸿，傅余洋子，王昊．基于 LSTM 模型的中文图书多标签分类研究 [J]. 现代图书情报技术，2017, 1(7):52-60.
[17] MEHDIYEV N, LAHANN J, EMRICH A, et al. Time Series Classification using Deep Learning for Process Planning: A Case from the Process Industry[J]. Procedia Computer Science, 2017, 114: 242-249.
[18] GóRECKI T, LUCZAK M. Multivariate time series classification with parametric derivative dynamic time warping[J]. Expert Systems with Applications, 2015, 42(5):2305-2312.
[19] 王玲，孟建瑶，徐培培，等．基于多维时间序列形态特征的相似性动态聚类算法 [J]. 工程科学学报，2017, 39(7):1114-1122.

第六章　他山之玉

CHAPTER 6 CASES WORTH LEARNING

欧洲智慧城市案例及其实践中的主体互动关系*

Study on EU Smart City Cases and the Subject Interaction

吴志强　陆容立　柏旸

摘　要　在智慧城市理念快速实践的背景下，系统性研究智慧城市实践的模式与特征对指导实践发展有重要的意义。以整体反映欧洲智慧城市实践现状为出发点，选取欧洲范围内12例智慧城市实践，对实践计划中312项具体行动作为研究对象。通过将智慧城市实践中的主体互动关系作为研究切入点，选取政府、企业与市民作为互动的主体要素，主体行动、行动满足的功能诉求、技术解决方案作为互动关系的核心要素建立研究框架，具体分析主体互动的类型、模式与特征。

关键词　智慧城市；主体互动；欧洲智慧城市

1　研究背景

智慧城市理念于2008年正式提出并被广泛认可，旨在于将新一代信息技术充分运用在各行各业，成为全球范围应对城市挑战的重要抓手。当前智慧城市实践的数量增长迅速，尤其在亚洲、欧洲与北美地区。仅在中国，由国家住房和城乡建设部2012与2013年先后公布两批国家智慧城市的试点名单已达193个。另外，在实践快速开展的同时，能够支撑与指导实践的理论研究开展较缓，对国际实践的系统性研究存在缺位。

借助新一代信息和通信技术的辅助，信息在城市间的传递更为畅通，由此带来的结果是政府、企业、市民等主体的资源与智慧能够更合理地进行配置与利用，实现城市的分布式创新。因此，本研究以智慧城市实践的主体互动作为切入点，对城市各重要主体间如何互动推进智慧城市实践进行系统化研究，有助于城市各主体更加明确在智慧城市实践过程其所承担的角色，为优化智慧城市主体资源配置提供指导。

2　欧洲智慧城市实践概述

2.1　欧盟相关政策

在建设智慧城市的过程中，欧盟以物联网、云计算等为突破口，制定了较为完善的政策体系，涵盖了从战略计划、资金支持到组织建设的整个过程（表1）。

2.2　项目组织平台

除了欧盟及其相关部门作为全欧洲智慧城市建设的总体协调和组织机构发挥作用之外，非欧盟官方背景的区域性泛城市合作组织也在项目的具体推进和实施过程起到了重要作用。不少城市层面的实践项目直接来自这些泛城市的智慧城市建设协作组织与当地政府或机构的合作；推动项目开展的同时，这些协作组织也主导一部分研究和研发工作。它们是当今欧洲智慧城市建设实践过程中的组织和制度创新之源，是官方机构的重要补充和积极的协调参与方（表2）。

* 本研究受课题支持——国家社会科学基金重点课题“城市社会来临背景下的中国智慧城市理论体系建构及其发展战略研究”（课题编号：11AZD097）、上海市科委课题“崇明岛生态规划及其智慧设计研究”（课题编号：10DZ0583800）。

表 1　欧盟智慧城市建设的政策体系构成
Table 1 Policy Arrangements of Smart Cities on EU level

名称	时间	性质	简　介
E 欧洲 2002 行动计划（E Europe 2002 action plan）	2000.06	战略计划	2000 年，欧盟提出“E 欧洲”概念，即帮助欧洲从信息管理转化为知识管理。两年来，在推进“E 欧洲”行动计划方面所做的主要工作侧重于：价廉、快速地接入互联网；人力的培训等[①]
E 欧洲 2005 行动计划（E Europe 2005 action plan）	2002.06	战略计划	“E 欧洲 2005”行动计划侧重于工作领域，即电子政务、电子教育、电子医疗等
“i2010”战略（i2010）	2005.04	战略计划	提出了欧盟到 2010 年发展数字经济的 3 个重点领域[②]：一是消除内部市场障碍，创建一个统一的欧洲信息空间；二是加大信息通信技术领域的科研投入，大力鼓励企业借助信息通信技术提高劳动生产率；三是在欧盟开展数字扫盲，让欧洲民众都具备一些基本的信息通信技能
欧盟物联网行动计划（Internet of Things -An action plan for Europe）	2009.06	战略计划	提出了包括物联网管理、安全性保证、标准化、研究开发、开放和创新、达成共识、国际对话、污染管理和未来发展等在内 9 个方面的 l4 点行动内容。其中，管理体制的制定、安全性保障和标准化是行动计划的重点。此外，计划还描绘了欧盟物联网技术的应用前景，提出了改善政府对物联网的管理，推动欧盟物联网产业发展的 10 条政策建议（王光辉，2010）
物联网战略研究路线图（Internet of Things Strategic Research Roadmap）	2009.09	战略计划	提出了新的物联网概念，并进一步明确了欧盟到 2010 年、2015 年、2020 年三个阶段物联网的研究路线图，同时罗列出包括识别技术、物联网架构技术、通信技术、网络技术、软件等在内的 12 项需要突破的关键技术，以及航空航天、汽车、医药、能源等在内的 18 个物联网重点应用领域（倪炜瑜，2011）
未来物联网战略	2009.11	战略计划	计划让欧洲在基于互联网的智能基础设施发展上引领全球，除了通过 ICT 研发计划投资 4 亿欧元，启动 90 多个研发项目提高网络智能化水平外，欧盟委员会拟在 2011—2013 年间每年新增 2 亿欧元进一步加强研发力度，同时拿出 3 亿欧元专款，支持物联网相关公司合作短期项目建设（倪炜瑜，2011）
欧洲 2020 战略（European 2020）	2010.03	战略计划	提出了三项重点任务，即智慧型增长、可持续增长和包容性增长[③]。智慧型增长意味着要强化知识创造和创新，要充分利用信息技术。《欧洲 2020 战略》把“欧洲数字化议程”确立为欧盟促进经济增长的七大旗舰计划之一
欧洲数字化议程（the Digital Agenda）	2010.05	战略计划	提出了七大重点领域[④]：一是要在欧盟建立单一的充满活力的数字化市场；二是改进信息通信技术标准的制定，提高可操作性；三是增强网络安全；四是实现高速和超高速互联网连接；五是促进信息通信技术前沿领域的研究和创新；六是提高数字素养、数字技能和数字包容；七是利用信息通信技术产生社会效益，例如信息技术用于节能环保、用于帮助老年人等
欧盟第七框架计划（7th Framework Programme）	2007.01	资助计划	为期 6 年，总预算为 505.21 亿欧元。欧盟第七框架计划是当今世界上最大的官方重大科技合作计划，其研究以国际前沿和竞争性科技难点为主要内容，具有研究水平高、涉及领域广、投资力度大、参与国家多等特点。其中，设立了 RFID 和物联网研究项目簇[⑤]

① 资料来源网站：http://www.echinagov.com/index.php?m=content&c=index&a=show&catid=17&id=25954。

② 资料来源网站：http://finance.jrj.com.cn/2010/05/3113587553741.shtml。

③ 资料来源网站：http://scitech.people.com.cn/GB/12377808.html。

④ 资料来源网站：http://scitech.people.com.cn/GB/12377808.html。

⑤ 资料来源网站：http://www.e–gov.org.cn/news/news004/2012–04–15/129305.html。

（续表）

名称	时间	性质	简　介
竞争力和创新框架项目（Competitiveness and Innovation Framework Programme）（2014–2020）	2007.02	资助计划	主要针对中小企业，对其进行融资和相关运作的进行支持。其中，2007—2013 年度预算达到 36 亿欧元。下辖三个具体资助方向：企业创新计划（EIP）、信息沟通技术与政策支持计划（ICT–PSP）以及欧洲智慧能源计划（IEE）（倪炜瑜，2011）
欧洲电信标准协会（ETSI）	1988	组织推进	致力于物联网的标准化工作，将物联网定义为 ETSI 委员会战略政策题目，目前正在制定 M2M 的标准架构
欧洲应用创新实验室（European Network of Living Labs，ENoLL）	2006	组织推进	采用新的工具和方法、先进的信息和通信技术来调动方方面面的“集体的智慧和创造力”，为解决社会问题提供机会⑥。该组织还发起了欧洲智慧城市网络。Living Lab 完全是以用户为中心，借助开放创新空间的打造帮助居民利用信息技术和移动应用服务提升生活质量，使人的需求在其间得到最大的尊重和满足
欧洲物联网项目组（CERP–IOT）	2007	组织推进	原名为 CERP（欧洲 RFID 项目组），随着物联网的发展，又更名为欧洲物联网项目组，研究重点仍为 RFID（工业和信息化部电信研究院，2009）
全球标准互用性论坛（GRIFS）	2008	组织推进	由欧洲委员会资助，于 2008 年成立，目标是提高协作，使全球 RFID 标准互用性最大化。GRIFS 项目发起的论坛，在项目结束后将通过全球在 RFID 领域主要活动的标准组织之间的谅解备忘录继续建设性的工作（倪炜瑜，2011）

表 2　欧洲区域层面主要智慧城市项目平台
Table 2 Regional Project Platform of Major EU Smart Cities

名称	时间	标识	简　介
Covenant of Mayors	2008		Covenant of Mayors 是欧洲地方和区域层面为了推动能源效率和使用可再生能源而形成的一个组织，其使命是协助欧盟达成在 2020 年减排 20% 的目标
Apollon：Advanced Pilots of Living Labs Operating in Networks	2009		隶属于欧洲应用创新实验室，主要目的在于推进国家间应用创新实验室最佳实践的共享，具体包含鼓励中小企业（SME）参与研发，建立终端用户和商业伙伴之间的联系等。项目主要关注四个方面，分别是家庭护理、能源效率、工业制造和 e 时代公众参与。这个项目平台得到了 CIP 的资助，共有 12 个国家的相关机构参与了这个项目
Fireball	2009		欧盟促进智慧城市建设的专门机构，主要工作包括促进相关城市的经验交流，鼓励智慧服务的开发，协调各方行动是其核心角色
Smart Urban Spaces	2009		项目旨在最新移动通信技术的基础上，推广 e–city 服务。在实践中，SUS 项目已经形成了成熟的 e–city 服务设计框架
Open Cities	2010		Open Cities 项目受到欧盟资助，其目的是在公共部门推动开放和用户驱动的方法，这个项目由来自 5 个城市的 5 个研究机构组成：赫尔辛基、柏林、巴塞罗那、阿姆斯特丹和巴黎。Open Cities 的使命在于促进参与城市在开放数据、众包、高速宽带网上的应用

⑥ 资料来源网站：http://www.afzhan.com/news/detail/25000.html。

（续表）

名称	时间	标识	简　介
Code4Europe	2012		Code4Europe 是继 Code4US 之后的一个基于城市服务的应用程序开发项目，欧洲共有 6 个城市参与了这个项目。项目通过公开招募和派遣开发人员，为公共部门创新数字服务管理
CitySDK	2012		CitySDK 得到来自欧盟 CIP-PSP 项目的资助，为期两年，在欧盟的 8 座城市中实施，负责提供通用的技术架构和开发工具，主要关注公众参与、交通和旅游三个方面
Fire	2011		Fire 是 Future Internet Research and Experimentation 的缩写，旨在推动基于下一代互联网的网络基础设施建设和服务开发

2.3　城市实践特征

2.3.1　契合城市发展战略

智慧城市建设被赋予了不同的背景和内涵：并非所有城市都在其城市发展战略中明确提出数字城市、智慧城市等相关概念。不少城市将智慧城市建设实践寓于更明确行动计划之中，其中大致可以分为三类：一是直接提出建设智慧城市及其相关概念的城市，如阿姆斯特、伯明翰、巴黎；二是以智慧城市建设的某个重要领域为切入点为其行动指南的城市，这类重要议题主要包括电子政府和服务创新，如里斯本、赫尔辛基、伦敦；三是以气候变化为切入点，提出涉及智慧城市建设措施的城市，如阿姆斯特丹、哥本哈根（表 3）。

表 3　部分城市与智慧城市建设相关的城市发展战略
Table 3 Some Cities' Road Map to Smart City

城市	行动计划	主要内容	目标年份
阿姆斯特丹	New Amsterdam Climate	在 1990 年碳排放量基础上到 2025 年削减 40%。作为示范，政府部门到 2015 年将实现碳中和	2025
阿姆斯特丹	Amsterdam: A Different Energy - 2040 Energy Strategy	根据 IPCC 规定，发达国家到 2050 年必须实现 80%~90% 的碳减排。为了达到这个目标，阿姆斯特丹预计在 2040 年实现 75% 的减排量。计划分建筑、清洁交通、港口和工业、可持续能源四个部分，有针对性地提出了相应领域的行动目标和措施	2040
伯明翰	Smart City Commission Vision	为了应对当前和未来即将出现的各种挑战，伯明翰市议会在数字伯明翰长达 6 年的实践基础上，发起建立了 Smart City Commission，以应对诸如气候变化、能源危机、社会隔离等迫切问题	—
哥本哈根	2025 Strategy of Copenhagen	哥本哈根有志在 2025 年前成为第一个实现碳中和的城市。要实现该目标，主要依靠市政的气候行动计划——启动 50 项举措，包括推广清洁可再生能源、生物质能，持续普及自行车等，以实现其 2015 年减碳 20% 的中期目标	2025

2.3.2　借力项目实施平台

以项目试点带动技术应用的模式是当今欧洲在智慧城市建设领域的通用做法。实践城市几乎都有一个相应的专职机构主导智慧城市项目的选取和推进。这类平台或由政府的相关职能机构来担任，如里斯本 Lisboa E-Nova 是里斯本市能源与环境局；或是政府与企业合作，之后由具有研究机构背景的组织来居中协调。

如阿姆斯特丹市议会与创新引擎的（AIM）和当地电网运营商利安德公司组成的“阿姆斯特丹智慧城市”（ASC）组织。

表 4 案例城市智慧城市建设项目平台
Table 4 Smart City Project Platforms

城市	项目平台	主要内容	发起时间
阿姆斯特丹	Amsterdam Smart City（ASC）	主要由阿姆斯特丹创新引擎（Amsterdam Innovation Motor）、电网运营商利安德（Liander）以及阿姆斯特丹市（Amsterdam Municipal）共同发起。ASC 在开始阶段主要关注工作（Working）、交通（Mobility）、生活（Living）以及公共空间（Public Space）四个领域，前三个领域几乎各占城市二氧化碳排放量的三分之一，而后一个领域则整合了前三个领域中的不同要素	2009
伯明翰	Digital Birmingham	数字伯明翰的使命在于促进数字和信息技术在所有市民和不同行业之间的应用，以加速地区经济的可持续增长，同时惠及更多市民，提高生活品质。数字伯明翰拥有近 40 家合作伙伴，开展项目分为数字家庭、数字产业以及数字城市三个类别	2006
伯明翰	Birmingham’s Living Lab	2008 年 11 月，伯明翰应邀加入了欧洲应用创新实验室网络，成为其中一员	2008
里斯本	Lisboa E-Nova	Lisboa E-Nova 是里斯本市能源与环境局，其目标在于将不同的利益相关者，比如政治家、企业家以及市民共同组织起来，通过项目推进来促进可持续发展。主要行动领域涵盖里斯本市的城市规划、建设、管理和交通	2007
哥本哈根	State of Green	丹麦计划在 2050 年之前成长为一个绿色经济体，世界上首个不再使用化石燃料的国家。State of Green 集合了丹麦城市中在能源、气候、水以及环境领域的先进实践和专业机构	—
赫尔辛基	Forum Virium Helsinki	Forum Virium Helsinki 通过与赫尔辛基市政府和相关企业合作，以开发新的市民数字服务为主要任务。Forum Virium Helsinki 着重关注以下领域：健康、智慧城市、新媒体、环境的可持续、创新等内容	2005

3 欧洲智慧城市实践主体互动的研究框架

3.1 建立研究框架

社会互动理论认为社会互动是指行为主体相互作用、相互联结而产生的互相依赖性行为的过程。社会互动的发生主要有两方面的原因：主体所占有的资源以及主体互动期望实现的目标 [1]。城市治理相关理论也提出类似的观点，城市各行动主体的思想和行为是基于其各自的利益基础，通过主体间的互动行为实现各自利益的分配和调整，政府、企业和城市公众被视作城市治理的重要主体 [2]。

借鉴社会互动理论与城市治理理论的观点并映射到智慧城市实践，可以将其视作围绕智慧城市的建设，政府、企业以及市民等行为主体基于其各自的利益基础互动以实现各自的利益诉求。因此，本研究将实践主体的研究对象界定为政府、企业与市民三类，主体的互动要素界定为主体的行动、行动满足的功能诉求与技术解决方案三类。形成“政府－企业－市民”三大行动主体、“主体行动－功能诉求－技术方案”三大互动要素的研究框架。

3.2 选取研究对象

针对智慧城市实践的内涵与目标，各研究机构和实践城市普遍存在不同认识，但总体呈现以下共性特征：方法上，智慧城市实践强调创新技术的应用；特征上，强调各城市系统的互联与整合，应用领域宽泛，横跨管理、教育、医疗、交通等城市关键的基础设施和公共服务；目标上，以提升城市整体运行效率为导向。

结合本次研究的可行性与操作性，对本研究智慧城市实践的界定提出三条标准：

（1）实践城市明确提出了建设智慧城市或相似理念的城市实践计划，尤其强调了创新技术的应用；

（2）智慧城市实践在欧洲范围内表现较为活跃且具备较大影响力；

（3）城市实践计划提出了具体的实践项目，具备可研究性。

根据以上标准，本研究选取了12座欧洲智慧城市实践城市，分别为法国伊西莱穆利诺（Issy-les-Moulineux）、法国里昂（Lyon）、阿姆斯特丹（Amsterdam）、丹麦哥本哈根（Copenhagen）、英国伯明翰（Birmingham）、葡萄牙里斯本（Lisbon）、芬兰赫尔辛基（Helsinki）、奥地利维也纳（Wien）、德国科隆（Cologne）、德国腓特烈港（Friedrichshafen）、英国伦敦（London）及意大利都灵（Turin）。梳理案例城市实践计划共312项具体实践项目，作为本次研究对象[3-14]（图1，图2）。

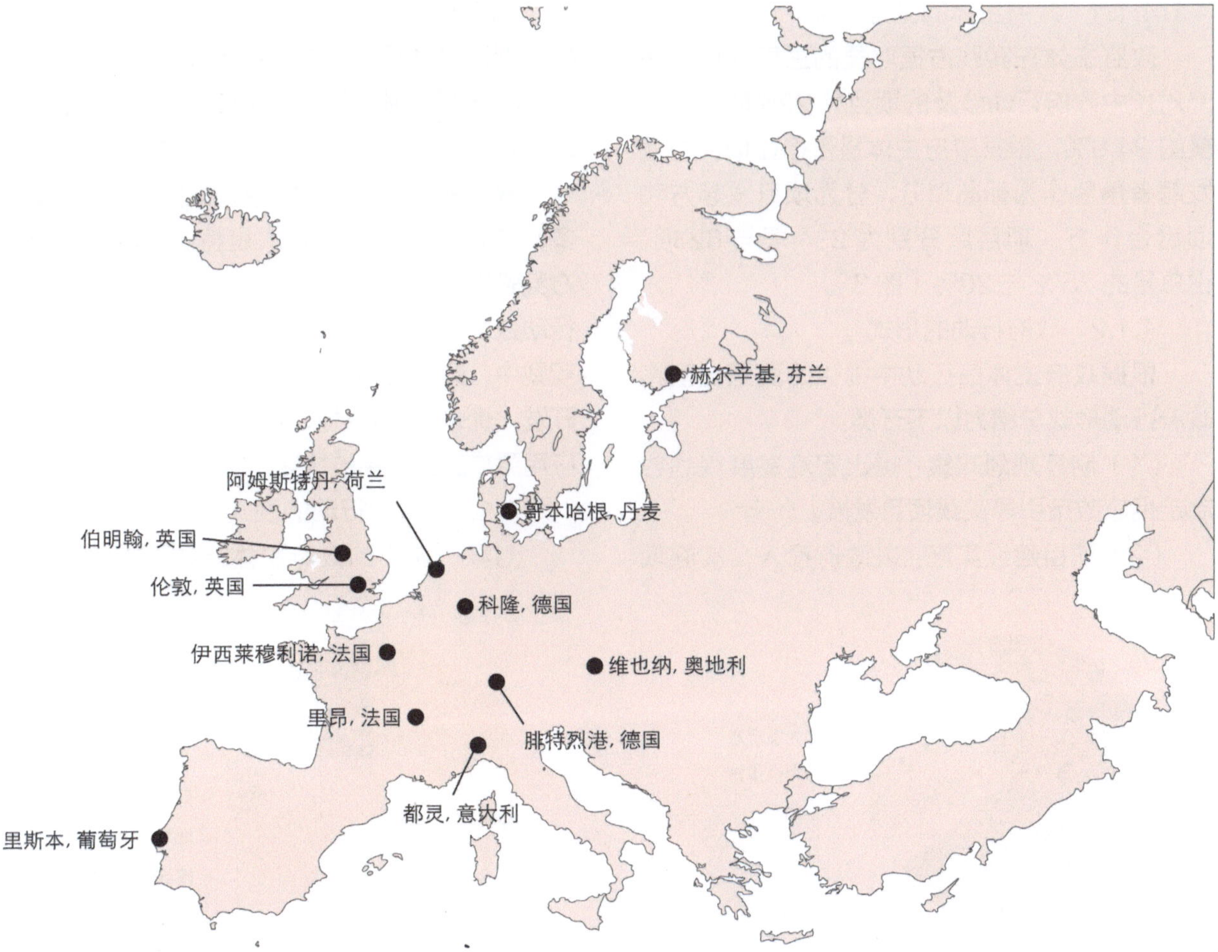

图1 案例城市空间分布示意图
Fig.1 Spatial Distribution of Selected Cities

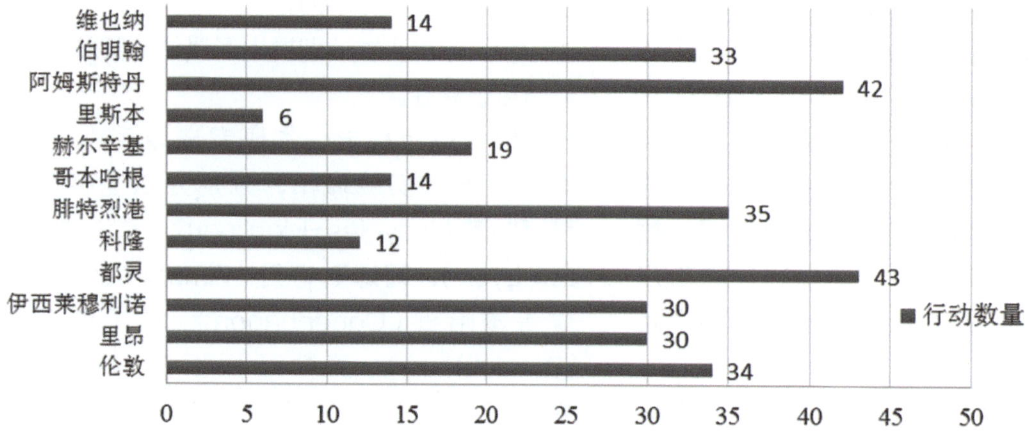

图 2　案例城市实践项目数量
Fig.2 Project Numbers of Selected Cities

4　主体的行动

4.1　政府的行动

4.1.1　政府主体的主导地位

政府主体在实践占据明显的主导地位，研究对象中政府行动涉及的项目共 296 项，占总量的 94.9%。根据政府主体是否担任项目主要发起者角色作为标准划分，分为项目发起方和项目合作方，项目数分别为 234 项与 62 项，占总量的 75% 与 20%（图 3）。

4.1.2　政府行动的形式

根据政府主体在行动中提供的资源类型将政府行动形式总结为以下五类：

（1）制订规划政策：提出宏观发展规划或制定相应政策引导实践项目发展。

（2）项目建设实施：以政府投入，实施项目建设的方式推动项目发展。

（3）提供公共服务：以提供并优化政府公共服务的形式推动项目发展。

（4）地方实验推广：政府作为地方管理机构，促进实践项目在本地的推进和开展。

（5）网络协作交流：以建设协作网络，促进资源交流、共享合作的形式推动项目发展。

政府主体提供公共服务形式的行动数量最多，占总量的 39%；其次是将实践项目进行地方实验推广。相反，政府主体以项目建设形式的行动数量较少。以上分析表明，在欧洲智慧城市实践中，政府主体进行并不一定需要大规模投入开发，优化创新公共服务、进行地方引导推广是应用更广泛也更易被接受的实践形式（图 4）。

4.1.3　政府行动的模式

对案例城市的政府主体行动形式分布进行

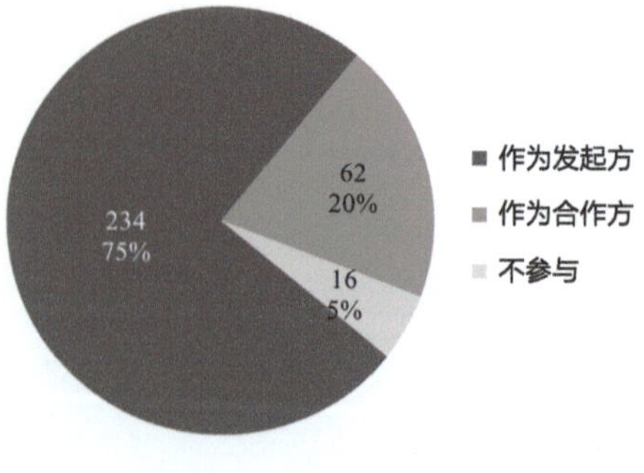

图 3　政府主体承担的角色分布
Fig.3 Distribution on the Role of Government

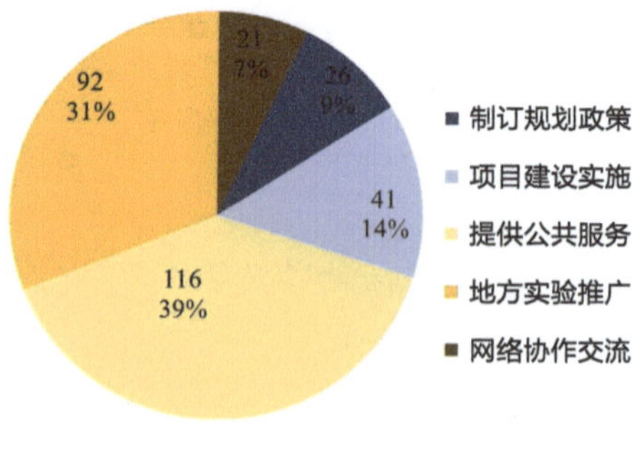

图 4　政府主体的行动形式分布
Fig.4 Distribution on the Action Form of Government

统计分析，呈现出以下四种模式（图 5）：

（1）以提供公共服务为主导：典型城市如伯明翰、赫尔辛基、伦敦及伊西莱穆利诺等，表现形式为政府主体提供公共服务的项目比例超过 50%。以上城市的实践中，政府主体将公共服务优化作为推进智慧城市的切入点，通常较为务实，可操作性强。

（2）以规划建设为主导：典型城市如哥本哈根及维也纳等，表现形式为制订规划政策和项目建设实施的项目占比例高。以上城市的实践中，政府行动通常涉及大量的城市建设与开发项目，智慧城市实践推进的周期长、范围广。

（3）以地方实验推广为主导：典型城市如里斯本、里昂等，表现形式为政府主体的工作

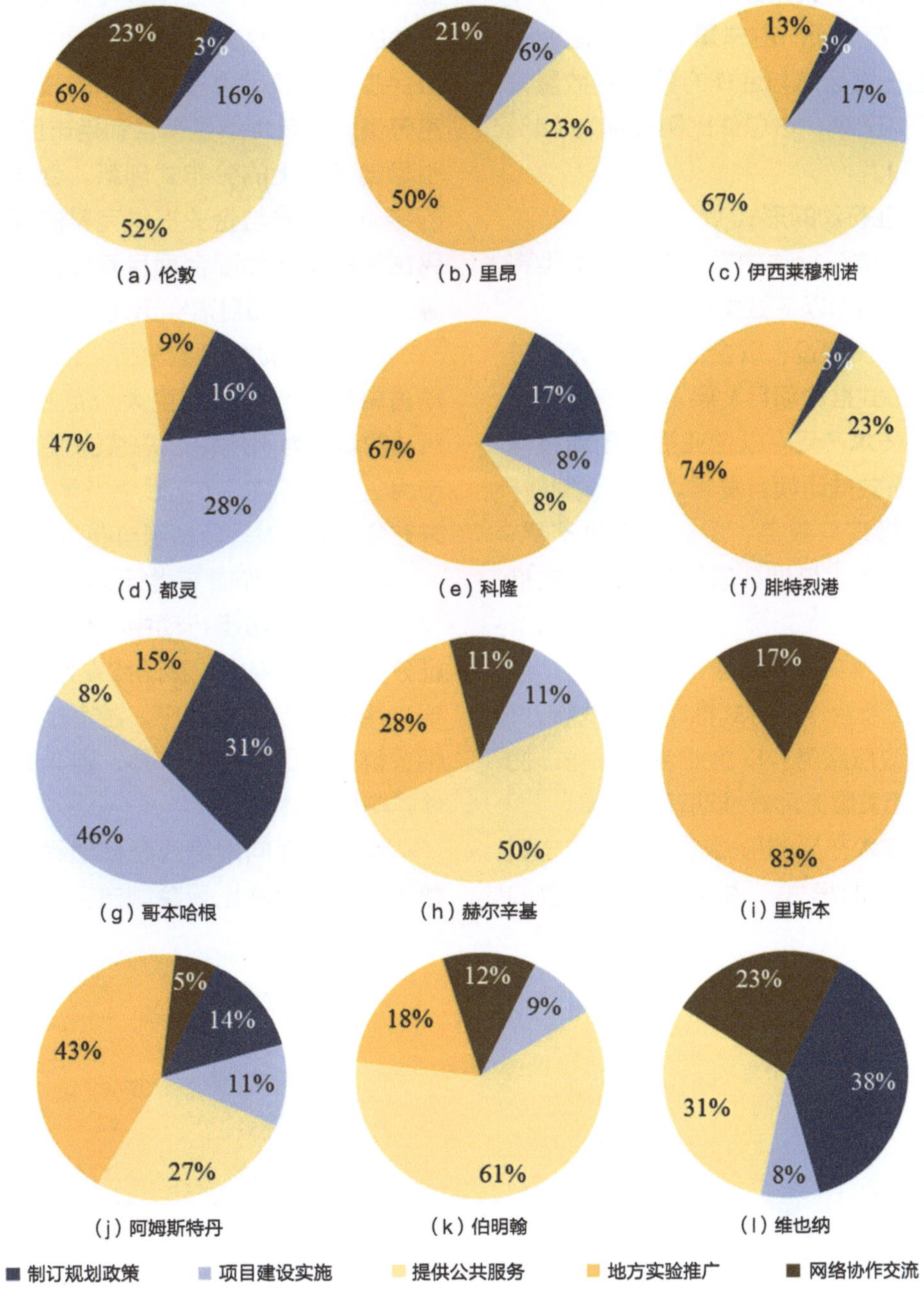

图 5　各城市政府主体的行动形式分布
Fig.5 Distribution on the Action Form of Selected Cities Government

重点是为实践项目在地方落实开展进行引导宣传和推广。

（4）综合型：典型城市如阿姆斯特丹、都灵等，这类城市的政府行动形式较为多元，分布均衡，无显著特征。

4.2　企业的行动

4.2.1　企业主体是重要的实践合作方

相较于政府，企业主体更趋向作为合作方参与项目实践。在研究对象中，涉及企业主体行动的项目共 271 项，占总量 87%。企业主体在项目中担任发起方与合作方的项目数量分别为 74 项与 197 项，占总体比例分别为 24% 与 63%（图 6）。

4.2.2　企业行动的形式

根据企业主体在行动中提供的资源类型将企业行动形式总结为以下五类：

（1）项目投资建设：以企业主导投入、进行项目建设的方式推动项目发展。

（2）提供技术产品：以企业提供创新技术服务与产品的方式推动项目发展。

（3）提供管理与服务：企业不提供产品，而以智力支持、技术培训、项目管理等形式推动项目发展。

（4）网络协作交流：以建设协作网络，进行资源交流、共享合作的形式推动项目发展。

（5）使用政府服务：以企业合作参与，使用政府提供的相关服务形式推动项目发展。

通过提供技术产品的形式企业主体参与实践是最广泛应用的形式，占企业行动总数的 72%，其余四种形式行动的比例相对较少，均未超过 15%（图 7）。

4.3　市民的行动

4.3.1　市民行动的形式

在研究对象中涉及市民行动的项目共 211 项，占总比 68%。市民主体在实践中通常配合实践项目的开展，不作为项目主要发起者。

市民主体的行动依据是否需要投入个人资源分为主动投入和合作参与两类。主动投入类行动的特点是政府与企业推动项目开展过程内，市民主体在项目中投入个体的技术、能力和信息等资源。其优点是整合利用市民信息与资源，引导自下而上的分布式创新。合作参与类行动的特点是政府与企业提供完整的项目基础，市民主体的工作为配合项目开展，几乎不投入资源。其优点是项目落实迅速，实践可操作性强。

从市民行动的数量分析，合作参与类型的行动占总量 52%，比重更大，而主动投入类型的行动数量仅为 48 项，占总量的 16%。由此可见，市民主体在智慧城市实践中仍属于从属地位，尚未充分挖掘和发挥其资源与能力（图 8）。

4.3.2　合作参与类行动的特征

在合作参与类行动中，根据市民主体的特征分为：网络用户、移动终端用户、社区家庭、驾车用户、自行车用户、游客相关群体、学生相关群体、医患相关群体、青年人群、弱势群体与市民群体。

其中，面向网络或者移动网络用户的项目数量最多，反映出智慧城市实践面向市民的大

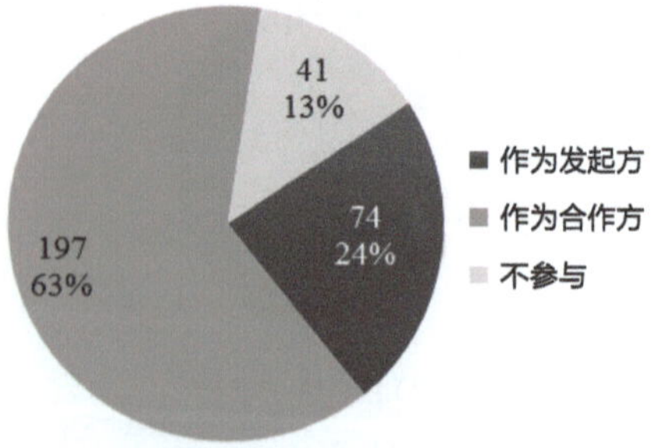

图 6　企业主体承担的角色分布
Fig.6 Distribution on the Role of Enterprise

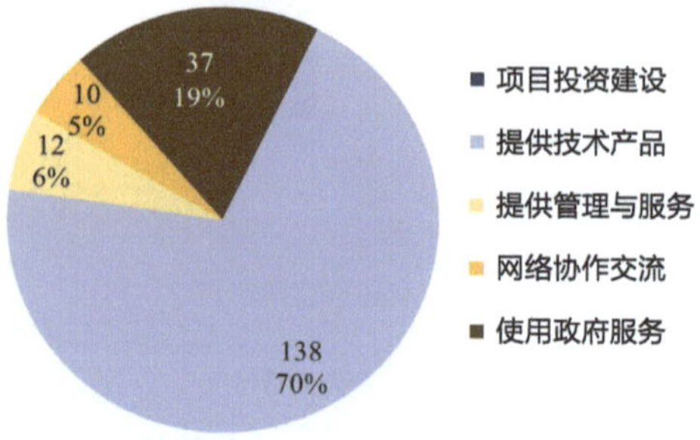

图 7　企业主体的行动形式分布
Fig.7 Distribution on the Action Form of Enterprise

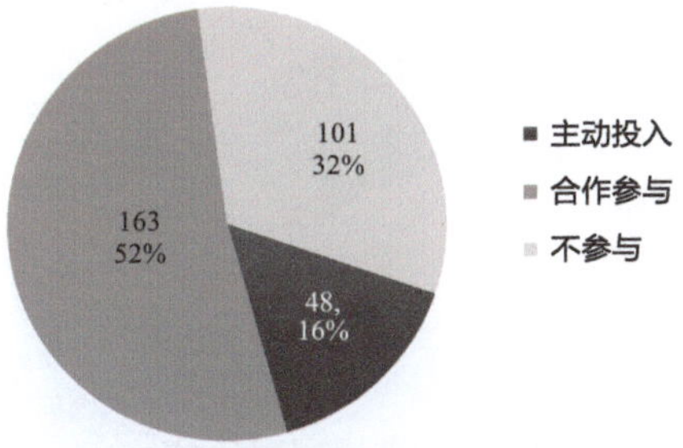

图 8 市民主体的行动形式分布
Fig.8 Distribution on the Action Form of Citizen

量项目是基于网络或者移动网络的形式进行开展。其他较为活跃的对象群体为社区家庭、驾车用户、弱势群体、学生相关群体，分别涉及约 10% 的项目（图 9）。

5 主体行动的功能诉求

5.1 政府主体的功能诉求

5.1.1 政府功能诉求的特征

在智慧城市实践中，政府行动的利益诉求涵盖城市各领域。本研究对政府功能诉求的类型依据城市内系统类别分为十类，分别为：能源系统、管理系统、环境系统、产业系统、商业系统、医疗系统、教育系统、住宅与城市建设系统、交通与基础设施系统与安全防灾系统。

根据各类型诉求所涉及的项目数量分析，目前欧洲智慧城市实践中政府行动最关注的方面是交通与基础设施系统，占总项目数的 22%；其次分别为能源、管理与商业系统，所占比例约 15%，实践项目主要集聚以上四类系统。环境、产业、医疗、教育、住宅与城市建设、安全防灾等系统项目数量所占比例均小于 10%（图 10）。

进一步分析具体的诉求内容，最受关注的功能诉求是“提高能源使用效率”“推广可持续交通方式”与“提高政府服务质量与效率”三类，分别对应 25 项、24 项与 22 项具体项目。在排序前十五位的功能诉求中，交通与基础设施系统占 4 项、商业系统与管理系统各占 3 项、能源系统 2 项、产业、教育与住宅城市建设系统各占 1 项（图 11）。

5.1.2 政府功能诉求的模式特征

对案例城市政府主体的功能诉求分布进行分析，呈现以下五种模式（图 12，表 5）：

（1）聚焦交通与基础设施系统：典型城市如里昂，交通与基础设施系统的比例占 54%，在案例城市中是实践的核心领域。

（2）聚焦商业系统：典型城市如赫尔辛基，商业系统的行动数量占比 53%，是实践关注的核心领域。

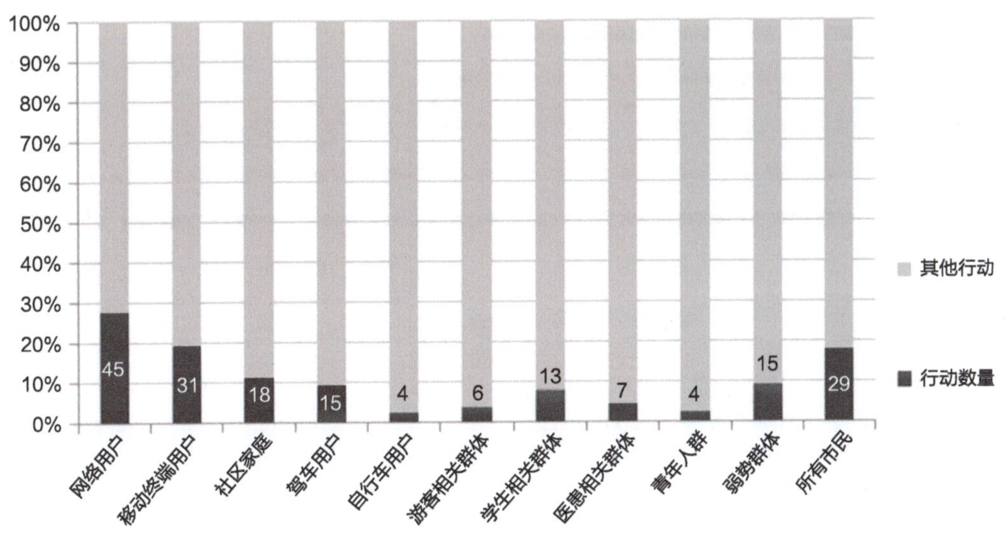

图 9 各对象群体占合作参与类项目总数比例
Fig.9 Proportion of Each Target Group in the Cooperative Participation Projects

（3）以住宅与城市建设系统为主的综合性模式：典型城市如维也纳，涉及行动数量占为36%，在实践中更关注地区开发与城市建设领域的内容。

（4）以交通与基础设施系统为主的综合性模式：典型城市如伦敦、科隆与哥本哈根，交通与基础设施系统的行动项目比例约为35%，其他类型项目数量较均衡。

（5）均衡分布型：各类型诉求分布较均衡，典型城市如都灵、伊西莱穆利诺、腓特烈港与伯明翰。

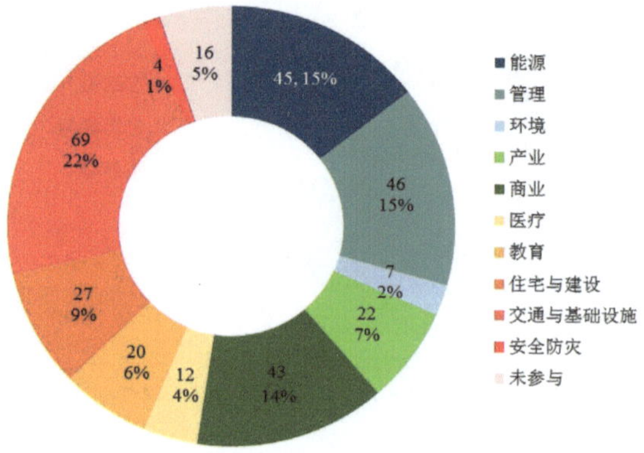

图 10　政府主体的行动功能诉求分布
Fig.10 Distribution on the Functional Claim of Government

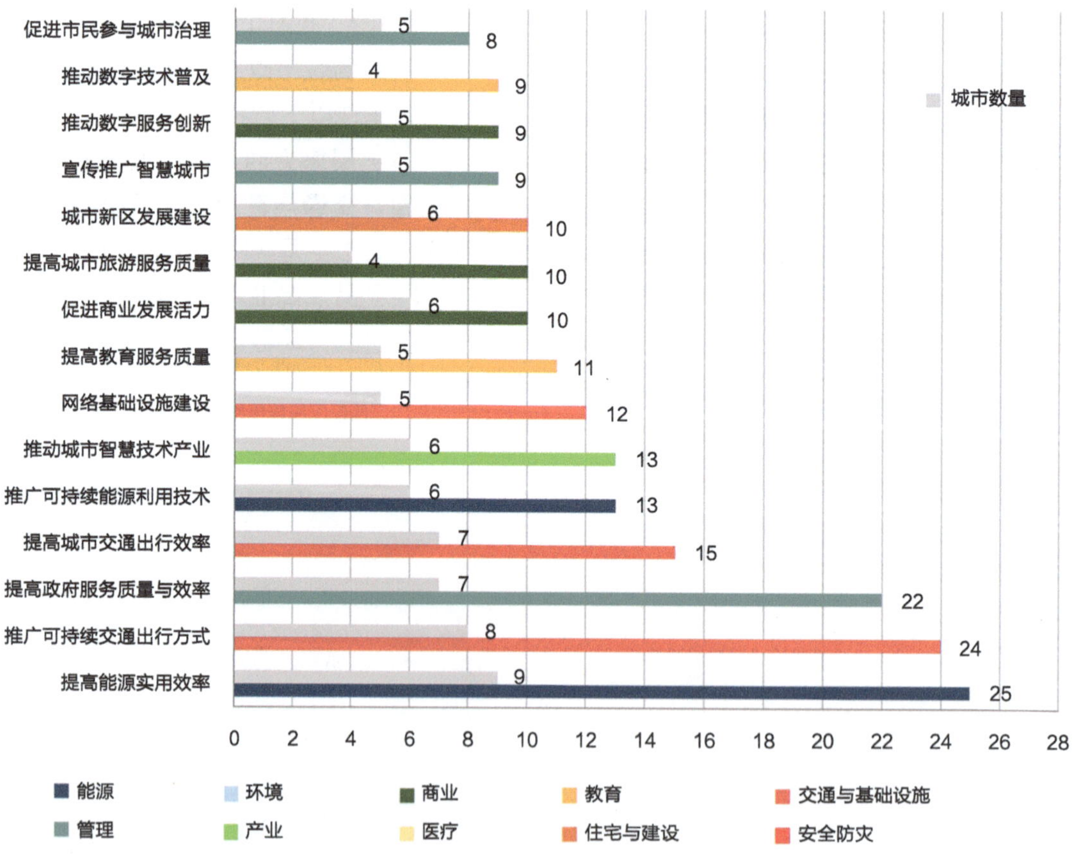

图 11　政府主体的功能诉求重点（按行动数量排序前 15 位）
Fig.11 Key Functional Claim of Government（Top 15 actions）

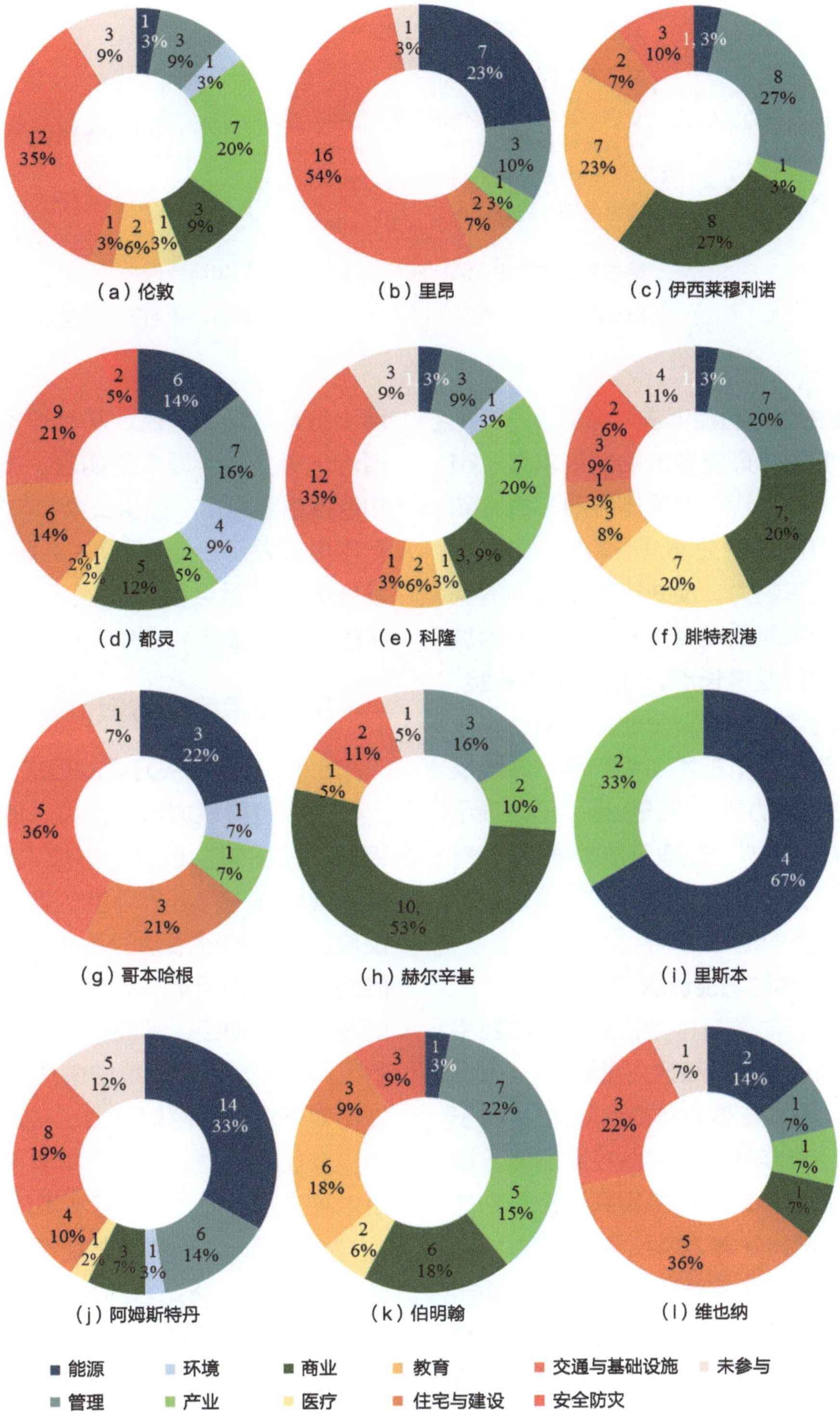

图 12　各城市政府主体的功能诉求分布模式
Fig.12 Distribution on the Functional Claim of Selected Cities Government

表 5　政府功能诉求的模式特征
Table 5 Pattern Features of Government Functional Claim

政府的功能诉求模式	表现形式	案例城市
聚焦交通与基础设施系统	交通与基础设施系统超过 50%	里昂
聚焦商业系统	商业系统超过 50%	赫尔辛基
以交通与基础设施系统为主的综合型模式	交通与基础设施系统比例约 35%，其他系统较平均	伦敦、科隆与哥本哈根
以住宅与城市建设系统为主的综合性模式	住宅与城市建设比例约 35%	维也纳
以能源系统为主	能源系统比例约 35%	阿姆斯特丹
均衡分布型模式	总体分布较为均衡	都灵、伊西莱穆利诺、腓特烈港与伯明翰

5.2　企业主体的功能诉求

实践中企业主体最重要的功能诉求是“市场合作推广”，包括 170 项具体行动，占行动总数比例大于 50%。企业通过市场推广来发展产品，提高企业影响力，反映出智慧城市的实践过程为企业带来新的发展契机，有潜力为城市发展创造新的行业增长点。“技术研发实验”是另一项重要的功能诉求，企业主体借助实践项目平台研发与实验新技术与新产品，共涉及 55 项项目。企业的功能诉求还包括“形象展示宣传”“企业扶植培育”“获取开放数据”“政府公共服务”与“提高企业工作效率”等，在实践中处于相对次要的地位。

5.3　市民主体的功能诉求

依据涉及的行动数量排序，实践中市民主体最重要的功能诉求是“高效交通出行”“降低家庭能耗支出”及“高效政府办公服务”。由于智能电表技术逐渐完善，通过监控家庭能源消耗，逐步改善家庭能耗习惯的实践项目受到广泛认可，9 个城市共开展 24 项“降低家庭能耗支出功能诉求”的相关实践项目。“高效交通出行”诉求主要反映市民对小汽车出行及公共交通出行效率与舒适性优化的诉求，项目普遍应用出行智能规划导航、基础设施优化、公共交通优化等多种手段广泛响应。市民较为主要的功能诉求还包括“提供公众参与平台”“提供创新服务开发平台”“便捷生活服务”“数字基础设施保障”“社会引导”“娱乐休闲服务”与“数字技术能力普及”（图 13）。

6　技术解决方案

6.1　技术解决方案的层次

如果将智慧城市视作拟人的生命体，建立完整的技术架构近似于形成人体的神经活动，即能够对体内与外界环境的各种信息刺激做出反应。人体神经活动的基本过程是反射，反射的结构基础为反射弧，包括五个基本环节：感受器、传入神经、神经中枢、传出神经和效应器⑦。与之类似，智慧城市技术架构的本质是城市对于信息的感知能力、传递能力、判断能力以及反应能力。因此，本研究对项目涉及的技术解决方案分为四种基本类型：

（1）感知层：城市的感受器官，近似于人类神经活动中感受器的功能，包括电子标签、摄像头、红外感应器等一系列城市信息捕获及输入系统。通过在城市中广泛分布的感知技术

⑦ 感受器是动物体表、体腔或组织内能接受内外环境刺激，并将之转换成神经过程的结构；传入神经形容结构间相对的连结，亦称为感觉神经元；将神经刺激由受体或感觉器官传送到中枢神经系统。传出神经指向周围的组织传递冲动的神经纤维。效应器是产生反应的器官。

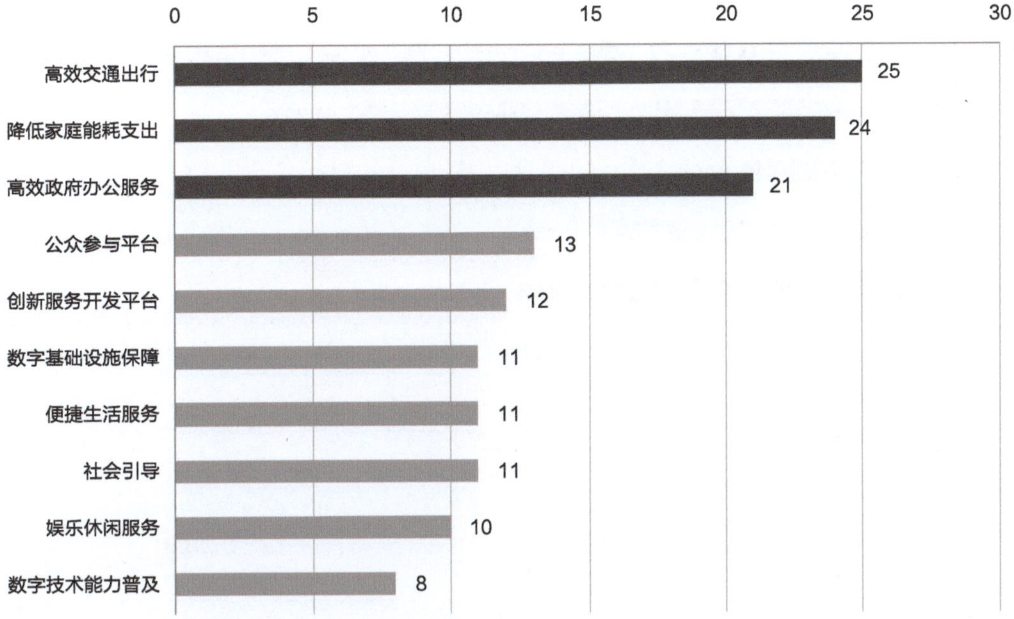

图 13　市民主体的功能诉求重点（按数量排序前 10 位）
Fig.13 Key Functional Claim of Citizen（Top 10 actions）

设备，全面地获取城市各类信息和事件，并将其转化数字信息。

（2）网络层：作用是实现城市间的信息传递，近似于神经活动中传入神经与传出神经的功能。通过互联网、物联网等技术将感知的信息快速准确地传递到城市各具体的点，实现智慧城市的广泛互联。

（3）判断层：包括数据分析预警等技术，使城市实现自主思维决策，近似神经中枢的作用，能够对信息数据进行整合、分析与反应判断。

（4）应用层：数据通过分析整合后的具体应用，近似于神经活动中效应器的作用，利用创新信息技术提供新的业务解决方案。

此外，尽管智慧城市理念的提出与信息通信技术的创新发展背景有紧密联系，但在具体实践中，有大量项目的解决方案基于创新生态技术以及实践发展计划等并不以信息技术为核心，这类项目归入非技术方案类别。

6.2　技术解决方案的分布特征

根据研究对象统计，非技术方案的应用最为广泛，包括约 42% 的实践项目。这表明不以信息技术为核心的项目在开展智慧城市实践中同样起到相当重要的作用。分析非技术方案的具体内容，节能技术（21 项）、技术服务实验计划（20 项）、地区发展计划（15 项）、能源供应技术（13 项）与电力汽车发展项目（11 项）等技术方案都有非常广泛的应用案例。

在其他四个技术层次，判断层的项目数量最少，仅占 9%。判断层的作用近似于城市的决策大脑，其应用数量的缺少表明目前城市智能处理信息与数据的能力还较低，有待于进一步发展（图 14、图 15）。

将技术方案以项目数量进行排序，对技术解决方案的内容进一步分析，应用超过 10 次的共有 17 项，其中感知层 2 项、网络层 3 项、判断层 1 项、应用层 3 项、非技术方案 8 项。应用最广泛的技术方案是传感器技术，网络服务平台与网络信息平台（图 16）。

6.3　实践的技术应用模式

对案例城市政府主体的功能诉求分布进行分析，呈现形成三种技术应用模式，分别为侧重非技术方案应用型、侧重应用层技术方案型与综合应用型三类（表 6、图 17）。

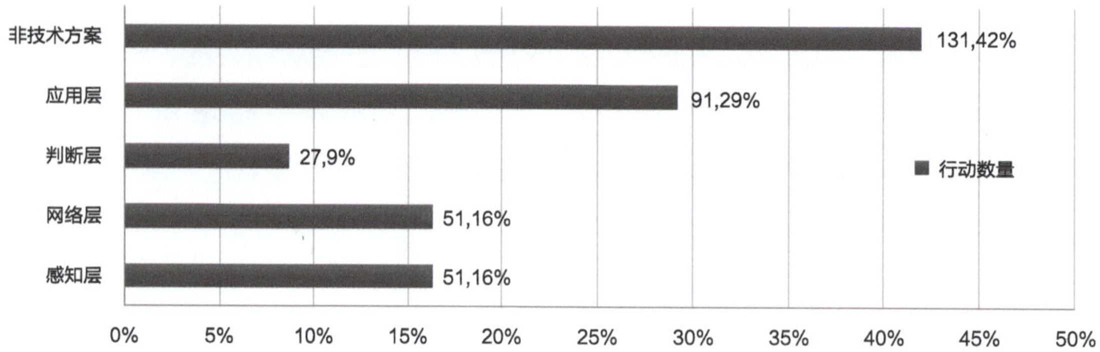

图 14　技术解决方案的层次分布
Fig.14 Hierarchical Distribution on Technical Solution

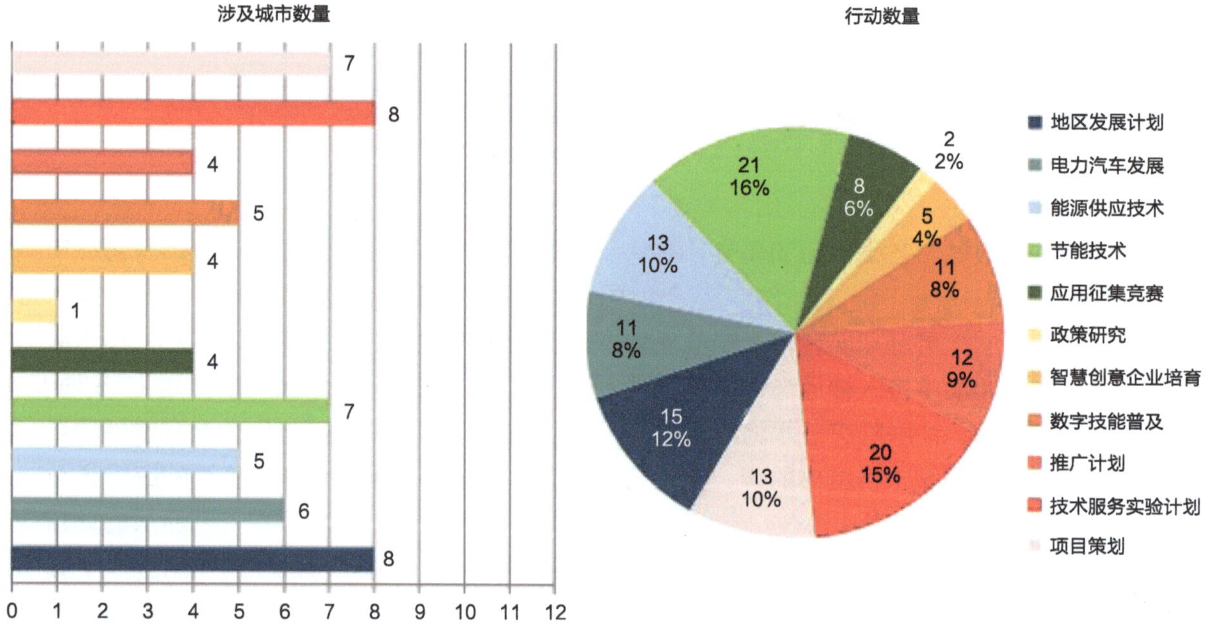

图 15　非技术方案的类型分布
Fig.15 Type Distribution on Non-Technical Solution

表 6　政府功能诉求的模式特征
Table 6 Application Pattern of City Technical Solution

应用模式	表现形式	案例城市
侧重应用层技术方案	非技术方案应用约 10%，应用层技术约占 40%~50%	伊西莱穆利诺、腓特烈港、里斯本
侧重非技术方案应用	非技术方案应用超过 60%	哥本哈根、维也纳与科隆、赫尔辛基
综合应用型	非技术方案占 30%~40%，其他技术应用分布均衡	伦敦、里昂、都灵、阿姆斯特丹与伯明翰

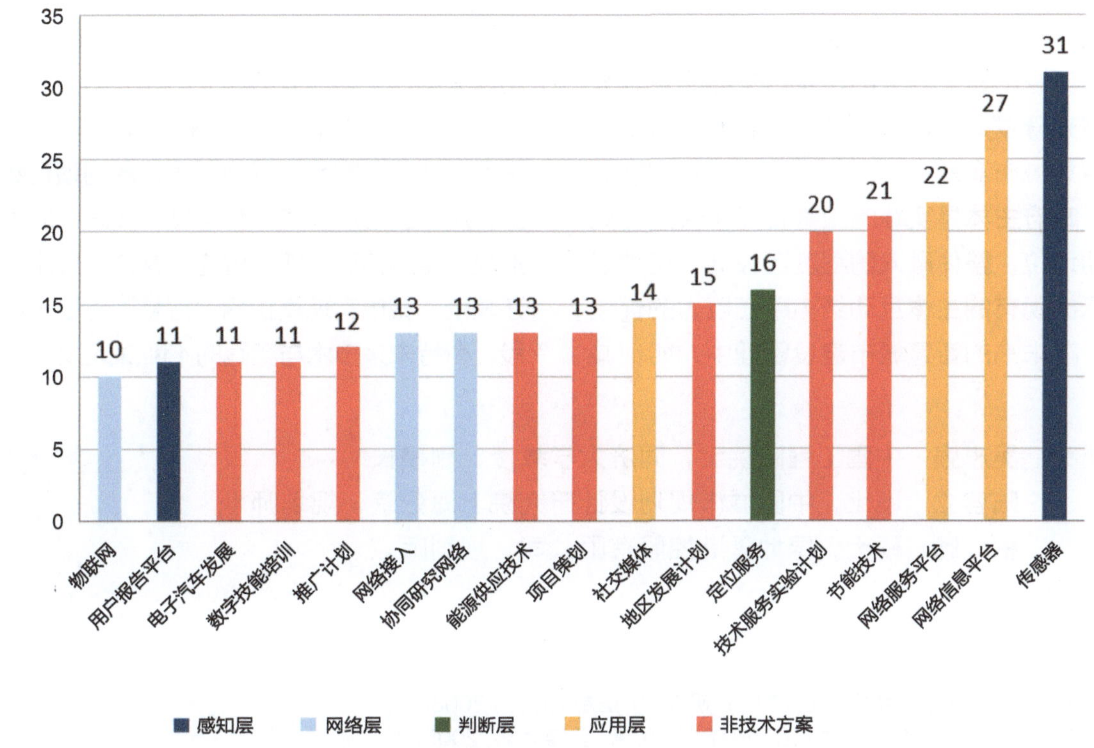

图 16 技术解决方案的重要类型（行动数量大于 10）
Fig.16 Key Type of Technical Solution（Number of actions greater than 10）

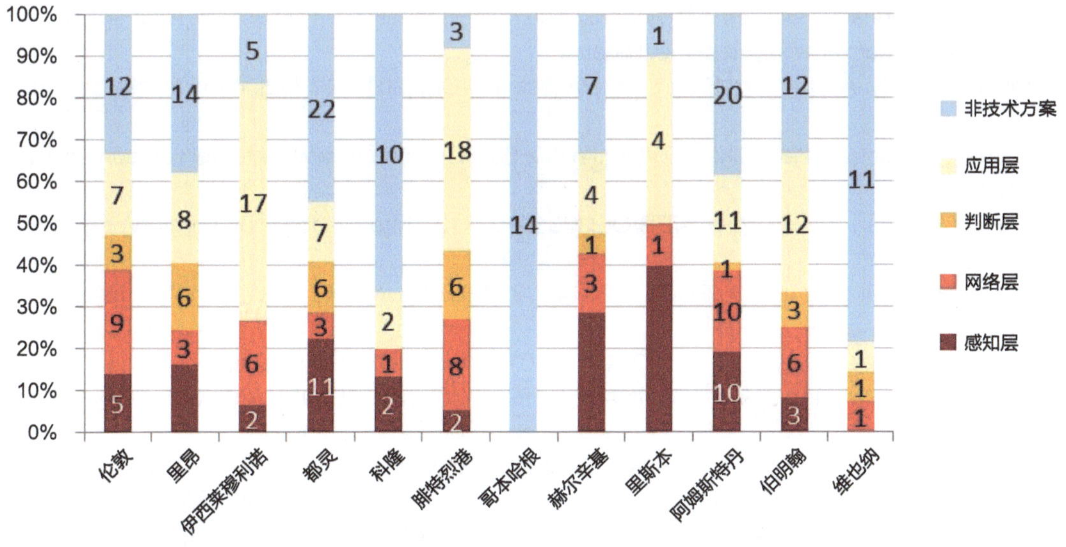

图 17 各城市技术解决方案的类型分布
Fig.17 Type Distribution on Technical Solution of Selected Cities

7 结语

技术创新使城市间更通畅的信息流通、更合理的资源配置成为可能，城市主体的智慧有条件被充分发挥。但本研究结果表明，目前在欧洲智慧城市实践中，主体互动的不对称性仍较强，政府主体是实践的主导者而市民主体处于辅助地位，整体融入的程度还较低。这种现象显示出现有的主体互动结构存在巨大的优化潜力。在未来的智慧城市建设管理中，如何减轻政府的重担同时最大化释放市民的智慧，从自上而下建设智慧城市转变为自下而上不断激发引导城市各主体融入智慧城市实践贡献力量是未来实践的重要议题。

从技术应用的视角分析，实践项目中大量采用非技术方案而应用判断层技术的项目数量最少，反映出当前的欧洲智慧城市实践，城市自身形成完整的信息获取、传递、整合与应用的能力还较低，城市实现真正的“智慧”还处于起步阶段，有待未来技术与实践的不断深入发展。

作者简介：**吴志强** 中国工程院院士，同济大学教授、副校长

陆容立 硕士，中国城市规划设计研究院上海分院，规划师；

柏　旸 硕士，绿地香港控股有限公司，规划师。

参考文献

[1] 凌再阳，周琪．非营利组织与企业的互动研究 [J]. 法制与社会，2008(29):120-121.

[2] 王胜本．利益分析视角下的城市治理研究 [D]. 天津：天津大学，2008: 25-27.

[3] Smart London Board. Smart London Plan[R/OL].[2014-03-02].http://www.london.gov.uk/sites/default/files/smart_london_plan.pdf.

[4] Birmingham City Council. Birmingham's Smart City Vision Final Version 2012[R/OL].[2014-03-02]. http://www.digitalbirmingham.co.uk/city/about/smart-city-commission.

[5] GREATER LYON Economic and International Development Delegation. Lyon smart city: Greater Lyon Smart City brochure 2014[R/OL].[2014-03-02].http://www.business.greaterlyon.com/fileadmin/user_upload/fichiers/site_eco/20140109_gl_lyon_smart_city_metropole_intelligente_plaquette_en.pdf.

[6] Ville d'Issy-les-Moulineaux. Issy-les-Moulineaux, The most innovative City in France[R/OL].[2014-03-02]. http://eu-smartcities.eu/place/issy-les-moulineaux.

[7] Amsterdam Smart City. Amsterdam Smart City Projects[EB/OL].[2014-03-02]. http://amsterdamsmartcity.com/.

[8] State of Green. In Focus Smart Cities[EB/OL].[2014-03-02]. https://www.stateofgreen.com/en/InFocus/Smart-Cities.

[9] Lisboa E-NOVA. Smart Cities Projects[EB/OL].[2015-04-12]. http://lisboaenova.org/en/projects/smart-cities.

[10] Forum Virium Helsinki. Smart City [EB/OL].[2014-03-02]. http://www.forumvirium.fi/en/project-areas/smart-city.

[11] Smart City Wien. Smart City Wien [EB/OL].[2014-03-02]. http://smartcity. wien. at.

[12] SmartCity Cologne. Projekte in der Initiative SmartCity Cologne[EB/OL]. [2014-03-02]. http://www.smartcity-cologne.de/.

[13] T-City Friedrichshafen. Timeline-T-City Friedrichshafen [EB/OL].[2014-03-02]. http://www.t-city.de/en.

[14] Torino Smart City. Torino Smart City [EB/OL]. [2014-03-02]. http://www.torinosmartcity.it/.

[15] 仇保兴．(编) 中国智慧城市发展研究报告 (2012—2013 年度)[M]. 北京：中国建筑工业出版社，2013.

[16] 屠启宇．全球智慧城市发展动态及对中国的启示 [J]. 南京社会科学，2013(1):47-53.

国内外智慧城市理论研究与实践思考*

Analysis & Thinking on the Research and Practice of Smart Cities

王广斌　张雷　刘洪磊

摘　要　智慧城市成为全球城市发展的新趋势，同时面临新的困难和挑战。分析了智慧城市发展的背景和内涵，重新梳理了对ICT、学科交叉与战略意义的再理解，比较了国内外智慧城市在建设愿景、基础设施、战略规划、政府治理与协同、建设模式和评价体系等方面的异同，指出了现阶段理性建设智慧城市的重点。

关键词　智慧城市；可持续发展；战略规划；信息通信技术

进入21世纪，全球城市化进程脚步加快。2011年，发达国家城市化率已超过75%[1]，全球城市化率平均值为51.3%（WBG，2012），而中国的城市化率也已达到51.27%，城镇人口达6.9亿[2]。根据联合国的估测，世界发达国家城市化率在2050年将达到86%，我国城市化率在2050年将达到72.9%（Scientific American，2011；牛文元，2012）。然而全球多数较大城市开始面临气候、环境、食品安全、能源、交通和公共安全等严重问题，经济危机导致城市质量下滑，使城市管理与产业发展逐渐迷失了方向[3]。与此同时，城市仍将继续坚持自由与创新、机遇与财富、低碳与可持续的发展目标（Abdoulleav & Azamat，2011）。在这种背景下，以下一代互联网技术为驱动力代表的智慧城市概念开始逐步萌芽，为解决上述问题提供了可能的愿景和方案。对智慧城市的再定义和未来发展的抉择，需要政府、公众与企业等众多利益相关者共同参与，从而实现高度参与、包容和自治的城市发展模式（Giddens & Orlikowski，2011）。

纵观国内外智慧城市的发展及建设过程，以信息通信技术（Information Communication Technology，ICT）为支撑的基础设施建设是智慧城市的基础条件，但这绝不应成为全部。智慧城市首先应满足公众的需求，是一个系统的系统（system of systems）（IBM，2009），与城市定位及城市规划、建设和运营紧密相关，对政府来讲是一个巨大挑战，需要付出很多努力。毋庸置疑，我国城市化建设取得了巨大的成就，但与国外相比，“工业化超前，城市化滞后”（周其仁，2012）现象突出，智慧城市概念的兴起与发展，在很大程度上是被商业行为所驱动，而非政府主动行为[4]，信息化与城镇化建设仍将是未来政府的工作重点[5, 6]，因此中国城市化进程具有显著的特殊性（王世福，2012）。基于以上认识，本文对智慧城市的内涵进行了重新梳理，明确其基本属性，并对目前国内外智慧城市的相关研究进行综述，比较了国内外多个智慧城市的案例实践，总结智慧城市建设的经验与教训，提出了

原载于《科技进步与对策》2013年第30卷第19期。
* 基金项目：国家自然科学基金项目（71272046）。

我国现阶段理性建设智慧城市的重点内容。

1 智慧城市发展与内涵

智慧城市的概念最早源于20世纪90年代晚期的“新城市主义”（new urbanism）和“精明增长”（smart growth）运动，目的在于解决“城市蔓延”（Peter Calthorpe，1994；Burchell，2004）带来的诸多问题，倡导为城市与区域规划制定新的政策，美国俄勒冈州波特兰市被广泛认为是典型的成功案例。2005年后，智慧城市被一些技术服务公司所采用（Cisco，2005；IBM，2009；Siemens，2004），借助信息通信技术整合包括建筑、交通、电力、教育、水资源分配及公共安全等方面的城市基础设施建设和运营服务，成为“智慧地球”[7]的延伸。在这样的背景下，智慧城市成为“智慧生活”[8]的代名词，关注于智慧人类、智慧环境、智慧治理和智慧流动。在此基础上，依托IT技术和远程通信技术的推动力量，逐渐提出智能走廊（intelligent corridors）[9]、智慧区域（smart region）[10]、智慧社区（intelligent corridors）[9]等类似概念。

从目前的研究成果来看，很多组织或学者都对智慧城市的含义进行过诠释，这其中既有Siemens、Hitachi、IBM、Cisco等世界知名企业，也有智慧城区论坛（ICF）、国际城市管理协会（ICMA）、城市和区域创新研究中心（URENIO）等政府与民间组织，还包括麻省理工学院（MIT）、维也纳理工大学（Vienna UT）等学术研究机构。Forrester、Rudolf Giffinge、Andera Caragliu、J · Domingue及CAaragliu等[11-15]分别从不同角度定义智慧城市，国内学者李德仁院士（2011）、许庆瑞院士（2012）、史璐（2011）、李重明（2011）、杨红艳（2012）、王世福（2012）、袁文蔚和郑磊（2012）分别从信息技术、城市规划、公共管理和技术创新等方面提出了对智慧城市概念的不同理解。纵观上述研究对智慧城市的界定，从中可以归纳出智慧城市的深层次内涵主要表现在以下3个方面：

（1）智慧城市以计算机、IT、互联网等信息通信技术为支撑。城市是人类社会发展的结晶，城市经济、科技、生活方式、人居环境等社会要素的发达程度是一个国家（或地区）社会文明程度的集中体现（Lewis Murnford，1937；傅崇兰，2009）。城市发展先后经历了以“城墙”“集市”“电力广泛应用”和“计算机广泛运用”为标志的历程（邓贤峰、张晓伟，2011），科学技术始终是促进城市发展的重要力量。从数字城市、智能城市、网络城市到以光通信、无线互联网、三网融合、物联网、云计算为主要支撑技术的智慧城市，都是以信息通信技术为基础，将物联网与互联网系统完全连接和融合，把数据整合成为城市核心系统的运行要素，提供智慧的基础设施，通过传感设备将城市公共设施物联成网，实时感测城市系统的运行（李重照，2012），实现全面感知、泛在互联、普适计算与融合应用。

（2）智慧城市是城市发展的高层次阶段。智慧城市是一种参与式治理，主要通过在人力和社会资本、交通、通信设施等方面投资来实现对这些资源及自然资源的科学管理[16]。智慧城市既是新一轮信息技术变革和知识经济进一步发展的产物，又是工业化、城市化与信息化深度融合的产物（杨红艳，2012），既是Cyber-City、Digital-City、U-City的延续，也是城市信息化发展到更高阶段的必然产物（郑立明，2011）。智慧城市不是全新的城市发展模式，而是改变传统发展模式，追求人口、资源、环境与经济、社会协调发展的高层次阶段。智慧城市的核心是“以人为本”，注重清洁生产、低碳经济，追求资源节约型、环境友好性的高效率集约型经济增长。例如，欧盟启动了面向知识社会创新2.0模式的Living Lab计划，巴塞罗那等城市从Fab Lab到Fab City的实践，致力于将城市打造成为开放创新空间，营造有利于创新涌现的城市生态[16]；2007年至今，纽约先后制定 PlANYC[17]、行为设计指南及市长肥胖特别工作组（Kristen Day，2012），目标也是建设一个更绿色（Greener）的纽约。

（3）智慧城市建设过程是一个复杂系统。大多数组织或学者都认为智慧城市的构成是一个复杂系统（Schneider，2007；IBM，2008；Caragliu，2009；Nijkamp et al，2009）。传统城市中信息资源和实体资源被各种行业、部门、主体之间的边界和壁垒分割，资源组织方式是零散的，成为“资源与应用孤岛”。智慧城市的复杂系统主要体现在城市运行系统和参与主体系统等两方面。智慧城市运行系统涉及政府治理、教育、公共安全、环境医疗、生活、交通及公共事业等[7, 11, 12]，需要建立指挥决策、实时反应、协调运作的协同机制，才能真正实现集成化管理。在智慧城市参与主体中，涉及政府、企业、公众、媒体、第三方等相关主体，而且政府管理内部还存在职责重叠、局部利益等问题，参与各方目标差异明显，难以全面系统地推动各方共同发展，所以需要建立利益与风险分配的激励机制，从共同战略规划到具体实施等各个环节，鼓励各方共同参与。

2 智慧城市再理解

（1）ICT 是智慧城市的直接驱动力，贯穿于智慧城市建设的全过程。本文通过研究 ICT 和智慧城市的发展历程，剖析了 13 个国外和 8 个国内智慧城市的案例（图 1），认为 ICT 是建设智慧城市的支撑技术，主要包括智能识别、移动计算、云计算、信息融合、人工智能、数据挖掘以及互联网、物联网等技术，贯穿于智慧城市建设全过程。新一代信息技术的应用推动了创新形态的嬗变，带动了企业、政府以及社会由生产范式向服务范式转变（宋刚，孟庆国，2012），对智慧城市的发展也提出了新要求。

自 20 世纪 90 年代起，各国政府便开始构思如何通过科技应用与当地特色结合连接全球，提升国家竞争优势，因此陆续提出了 Cyber-City、Digital-City、U-City、Smart-City 等推动未来创新城市发展的概念及相关计划。在智慧城市萌芽期（1990—2007），案例城市普遍着眼于信息基础设施建设，大力推动互联网建设，提出现实城市的空间虚拟化，通过优化信

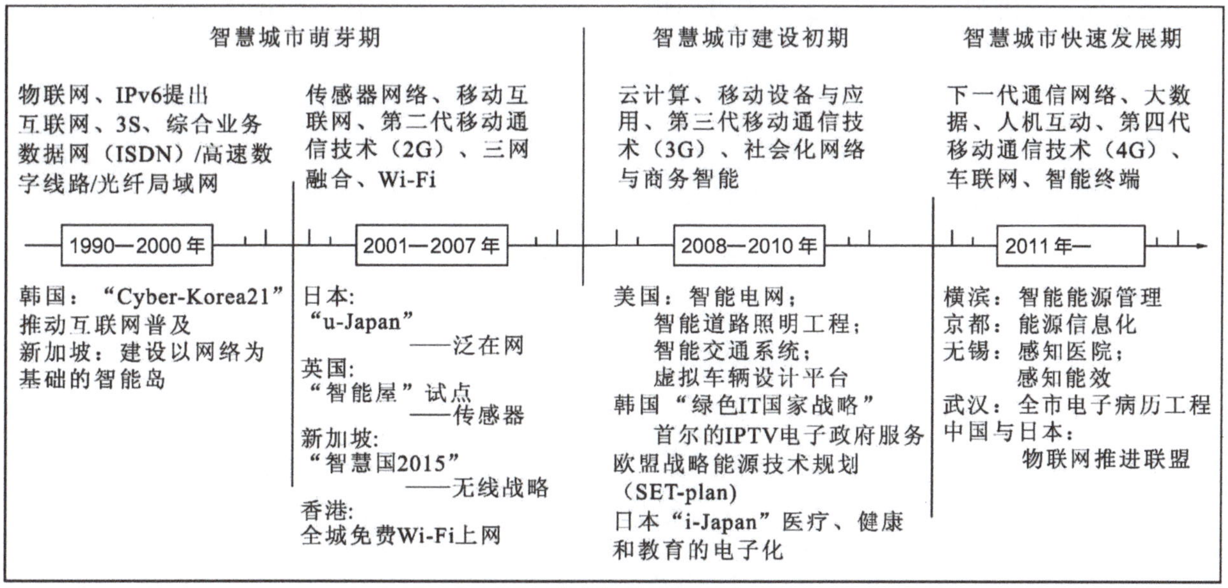

图 1　ICT 与国内外智慧城市建设历程
Fig.1 The development process of ICT and smart city in domestic and foreign

息流促进社会资源优化配置、开发利用和增值，以数字形式获取、存储、管理城市信息；在智慧城市建设初期（2008—2010 年），智慧城市概念被提出，发达城市开始部署智慧化生活解决方案。例如中国台北逐步实施 E-M-U 桃园建设方案，日本提出泛在网建设，出现了全球智慧城市创新奖的评选（ICF，2008），进而引发全球智慧城市的建设热潮；自 2011 年至今，智慧城市进入快速发展期，在以 ICT 为主导的信息服务成为主流的同时，开始思索城市综合发展和系统规划，提出政府组织要适应 ICT 的发展要求，改变组织之间的信息交互模式，建立政府、企业和公众等全社会协同机制。可以预测，未来智慧城市发展将由单一技术驱动转为综合性驱动，由技术层面转为战略层面。

（2）智慧城市研究及实践日益呈现出跨学科、跨组织协作性。本文通过 SCI 数据库对 2008—2012 年“智慧城市”相关论文的关键字按照“城市规划”“公共管理”“计算机科学”和“环境生态学”等维度进行统计（图 2），发现研究数量逐年增加。其中在智慧城市发展初期，很多学者主要从 ICT 对智慧城市的技术支持层面开展研究，侧重于如何通过数据库与信息系统建设、GIS、虚拟空间、智能终端、移动通信、信息流控制等技术创新实现对城市和公众生活的管理，而从管理学、城市规划学、系统科学等其他学科研究智慧城市的文献较少并呈下降趋势。自 2010 年智慧城市进入高速发展期，单纯从计算机技术角度研究的论文比例开始减少，越来越多的研究者开始从管理学与环境生态学角度进行研究。

从国内的研究与实践来看，学术机构、企业和政府成为智慧城市研究的主体，学者所研究的领域大多集中于城市规划、经济学、系统科学、公共管理与信息管理。西门子、IBM 等企业倡导节能环保可持续建设方案技术，国内以三大电信运营商为首的企业积极推广物联网、车载网、城市光网等服务产品，与政府签订合作或战略协议，构建“共建、汇聚、开放”的发展模式，商业行为明显。政府迅速接受智慧城市理念，以经信委、规划设计院为主的主导部门开始与大学、研究所等科研机构合作，着手制定智慧城市发展战略规划和行动纲要，进行顶层设计。随着建设各方投资不断增加，我国智慧城市逐步形成了跨学科、跨组织协作的显著特征。

（3）智慧城市建设已成为各国（地区）的战略选择，战略规划作用凸显。世界各国各地对智慧城市将成为城市发展的必然方向已达成共识，越来越多的城市开始立足自身特

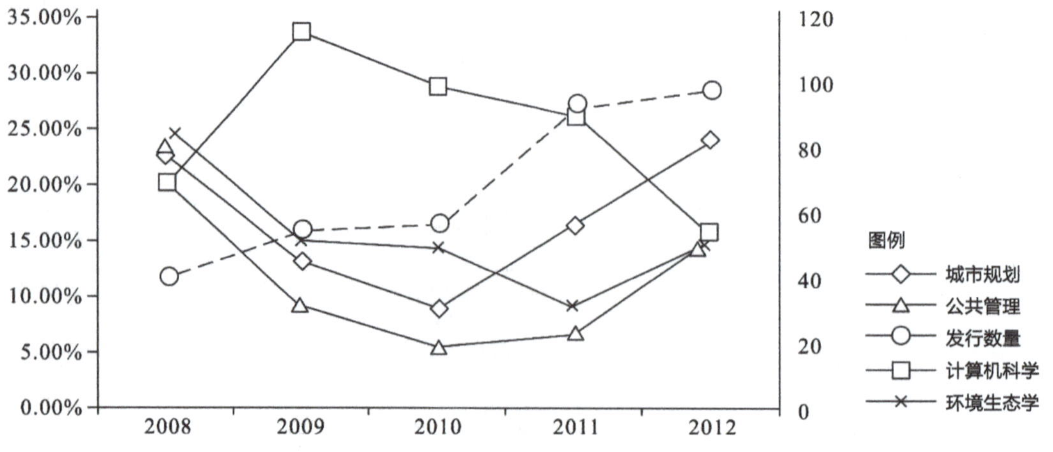

图 2　2008—2012 年 SCI 数据库中与智慧城市相关的论文类别统计
Fig.2 Statistics of papers related to smart city in SCI database from 2008 to 2012
注：数据截至 2012 年 11 月 15 日。

色，制定战略规划与实施计划。目前全球各地大概有200多个智慧城市项目正在实施（中国通信学会，2012），其中在国家或地区宏观层面实施的项目有，2005年7月欧盟正式实施“i2010”战略，并于2010年5月发布了欧洲数字化议程；2009年美国发布《经济创新战略》；2009年6月英国发布了《数字英国》（Digital Britain）计划；2009年5月德国推行“T-CITY”实验；爱尔兰2008年开展“智慧湾”项目；2009年7月日本推出“i-Japan”战略；2004年3月，韩国政府推出“u-Korea”发展战略；新加坡早在2006年就启动“智慧国2015”计划；我国台湾在2008年专门制定《i-236智慧生活科技运用计划》，将“智慧台湾”作为发展政策的重点。与此同时，纽约、巴塞罗那、维也纳、斯德哥尔摩、首尔、东京、台北桃园等城市先后制定出具体战略规划和分阶段行动方案，获得了较大突破。

2006年国务院发布《国家中长期科学和技术发展规划纲要（2006—2020年）》，为智慧城市建设奠定了基础，各地制定了有关物联网、云计算、智慧城市等发展行动方案、建设纲要和行动计划，2010年宁波首先提出系统建设智慧城市，住建部在2012年11月发布了《国家智慧城市试点暂行管理办法》，标志着我国在国家层面上开始智慧城市试点建设。截至2012年2月，我国提出智慧城市建设的城市总数已经达到154个，预计投资规模超过1.1万亿元。“十二五”规划或者政府报告中明文提出要开展智慧城市建设的地级市以上城市共计41个，在国内有22个大中型城市规划文件中明确提出建设智慧城市，其中北京、上海、广州、深圳、杭州、宁波、南京、武汉、厦门等城市已经制定或者开始实施智慧城市发展专项规划（国家信息中心，2012）。

3 国内外智慧城市比较

目前，很多城市已经开始智慧城市建设，主要集中在美国、瑞典、西班牙、德国、法国、新加坡、日本、韩国和中国，大部分国家的智慧城市建设都处于有限规模、小范围探索阶段。但国外智慧城市建设已经进入了快速发展时期，而我国才刚刚起步，在战略规划、行动纲要制定以及以ICT为代表的基础设施建设等方面亟待完善。为了探究国内外智慧城市建设的典型特征，比较它们之间的差异性（表1），本文对国内外21个智慧城市进行了研究，并对部分城市从基础设施建设、远景目标与行动计划、政府治理与协同建设、运营与管理模式、评价指标5个方面进行了对比分析。

表1　部分智慧城市对比
Table 1 Comparison of some smart cities

内容	维也纳	纽约	新加坡	武汉	宁波
建设背景	环境问题	资源问题，设施改善	寻找经济新增长点	打造两型社会	现代化国际港口城市
规划周期	50年规划期	20年规划期	5~10年	5~10年	10年
规划方式	政府与大学合作规划	政府与企业合作规划	政府与市场、公众合作	公开招标政府与企业合作规划	政府与企业合作规划
建设重点	智慧能源	智慧交通	电子政务	13个重点应用领域	10智慧应用
运营模式	政府与运营商合作	政府独立投资建网	政府指导，委托运营商建网	政府与运营商共同投资	政府与运营商共同投资
建设目标	环境保护，能源节约	提升国家竞争力	创造产业价值		

3.1 基础设施建设

不同城市对推进智慧城市建设的工作规划、侧重点、切入点各有不同，但几乎每个城市都强调信息技术的重要性，完善的以 ICT 为主要特征的基础设施建设是智慧城市建设的先决条件。例如，维也纳加大关键数据基础设施投资，将环保数据中心和机构之间的通用数据平台作为智慧决策的工具[18]，该平台涉及集中监控的交通信号和每年的空中摄影、测量。2009 年 10 月，纽约市政府宣布启动“连接的城市”（connected city）行动[19]，包括“311”网络服务、电子健康记录、IT 基础设施服务行动、电邮系统升级改造、商业快递网站、向低收入群体普及宽带服务、智能停车系统等 7 项内容，在电力领域，纽约市现已铺设了长约 14 万 km 的地下电缆，逐步进行智能电网建设。我国各地同样非常重视 ICT 基础设施投资。上海大力推行车载网、4G、四网协同、城市光网等工程，宁波围绕泛在化信息网络、三网融合和信息安全加强智慧城市基础设施建设，广州、深圳、无锡等城市也开始类似的基础设施建设，但仍存在前瞻性不足、重复建设和资源浪费等突出问题。

3.2 愿景、战略目标与行动计划

智慧城市不仅是信息技术在城市管理领域的最新实践，更应被视为城市治理理念的最新突破。技术进步只是实现智慧城市的一个重要前提，如何使技术带给人类更智慧、更美好、可持续的生活，才是智慧城市的核心价值和内涵。智慧城市发展愿景必须以民众工作生活需求为导向、以人为本、关注绿色，即要实现经济、社会和生态的可持续发展（Wright & Steventon，2004；IBM，2010；Kelly，Sirr & Ratcliffe，2004；许庆瑞，2012），如图 3 所示。阿姆斯特丹的“气候街道”工程、斯德哥尔摩的“智能交通”、巴塞罗那的“垃圾收集项目、余热的利用”、奥卢的清洁技术及可以测量能量消耗的系统、马德里里瓦斯的零碳排放等，都是智慧城市建设的战略目标。

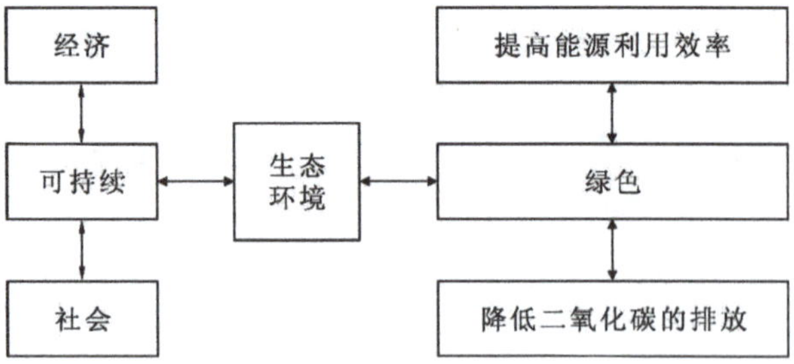

图 3　智慧城市的愿景
Fig.3 Vision of smart city

在明确发展愿景的基础上，各城市因地制宜制定了具体的分阶段行动计划。维也纳在欧盟 SET-Plan 的推动下，设定了 2012—2050 年短中长期项目阶段目标，并将现阶段具体可行的行动计划予以落实。现阶段行动计划主要划分为城市规划与能源环境两大方面，包含数个子项目，其中 STEP05 城市发展计划将城市规划理念纳入智慧城市建设中，特色明显（表 2）。纽约 PIANYC 实施过程中，定期公布阶段性实施情况，2012 年官方出具的施行阶段报告将 2030 年的目标数据与近年实施情况进行了对比分析。早在 1998 年香港智慧城市建设就提出了“数码 21 新纪元”和“公共服务

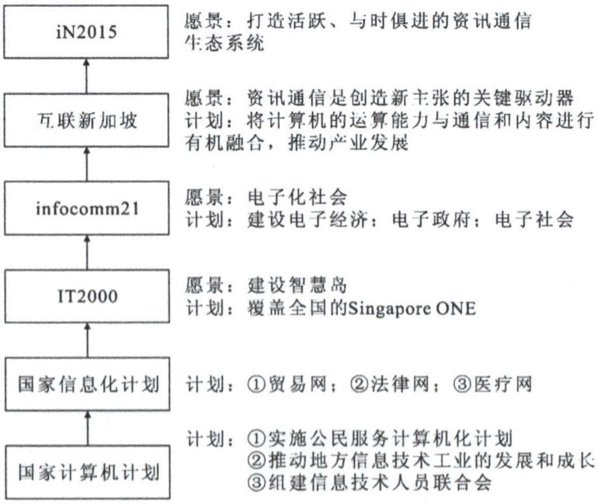

图 4　新加坡 iN2015 行动计划
Fig.4 Singapore-iN 2015-Masterplan
资料来源：Singapore-iN 2015-Masterplan，2006；INFOCOMM DE-V ELOPMENT AUTHORITY OF SINGAPORE. Innovation Integrati on Internationalsation：Reported by the iN 2015 FFFSteering Committee[Z].2006.

电子计划”阶段性目标，要求进行连续性阶段评价。东京“泛在计划”采用泛在的ID识别技术，在智慧交通、医疗、环保、物流、防灾等方面分别制定了行动计划。新加坡2006年提出iN2015战略规划，并制定了相应的实施计划[20]（图4）。在这一方面，国内与国外差异十分明显，我国城市大多将城市规划、智慧产业、产业转型作为重点，很多城市提出智能城市的目的在于吸引新投资，培育物联网和其他相关企业，虽然上海、宁波、武汉、北京等城市也提出了智慧城市建设的2011—2013年行动计划，但大多数城市战略目标定位模糊，阶段性行动计划缺乏操作性，而且政府管理行为滞后于商业行为，缺乏必要的统一协调。

表2 维也纳STEP05行动计划
Table 2 Vienna-STEP05-Masterplan

STEP05计划五大模块（现行）	STEP05计划展望（未来规划）
区域交互发展	成为欧洲标杆城市
空间业务模型	强调区域联合
开放式建筑空间	关注人口结构变化
城市绿色空间规划	协调住房需求
13个目标发展区（其中，该计划最具创新价值模块，将13个发展区根据既定目标划分为3组，即：市中心进一步发展；历史建筑革新；新城区建设）	应对劳工市场瓦解，改革相应法律框架

资料来源：City of Vienna：STEP05 Progress Report，2011。

3.3 政府治理及协同建设

在智慧城市战略行动计划执行过程中，政府发挥关键作用，具体体现在电子政务与参与协同两个方面。其中在电子政务上，纽约市进行了数据资源整合，由信息技术局和通信局牵头，对42个管理部门、55个数据中心进行了整顿，建立了纽约“城市商业快递”网站，覆盖15个行业领域和92%的小企业，可申请31座城市的营业执照等许可证明，工作效率显著提高。香港政府提供以客为本的一站式服务，建立了全球首个电子投标系统，免费提供无线服务，实行新一代政府Wi-Fi计划，开始构建政府云平台及“四网合一”平台，在以行业数据标准通用平台、智能公共服务、智能身份证、e-道为主要内容的智慧商业服务上成效突出。首尔推出IPTV电子政府服务。新加坡在2006年公布iGov2010计划[21]中提出了“从电子政府（e-Government）到整合政府（i-Government）”转变的战略思想（图5）。

在参与协同上，大多采用政府主导、多方参与的协同管理方式，政府角色开始由政策制定者向服务提供者、平台提供者转变。以

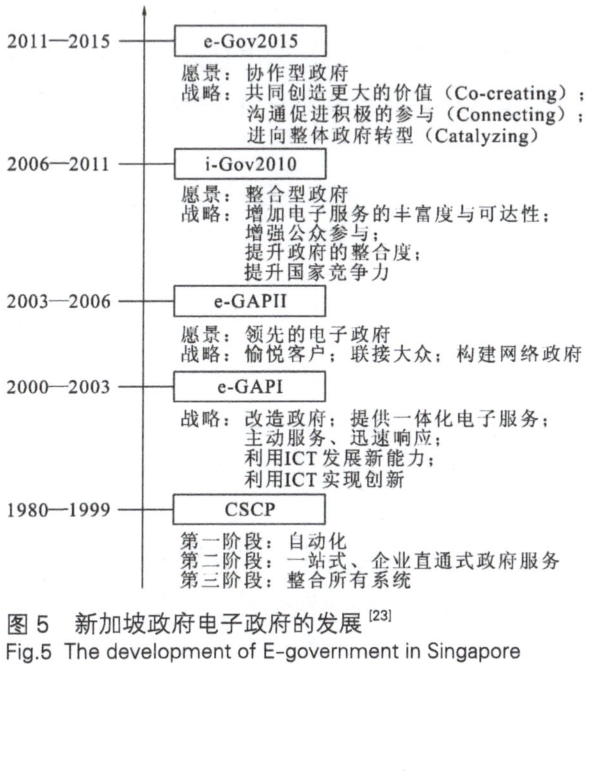

图5 新加坡政府电子政府的发展[23]
Fig.5 The development of E-government in Singapore

美国为例，美国联邦政府引入竞争机制，鼓励民用企业积极参与，进行政策支持，纽约“311”市民服务热线与Apple公司合作，Siemens公司为PlaNYC提出了“Smarter Neighborhoods，Smarter City”解决方案计划，2009年IBM推出业务分析解决方案中心，并帮助纽约建立了预防火灾第一反应系统。此外，首尔、新加坡、中国香港、维也纳、斯德哥尔摩纷纷与私营企业、学术及专业机构在物联网、智能交通、水资源、低碳减排等方面进行合作，在智能城市规划过程中提倡公众广泛参与，以检验各项行动方案的可行性与落实程度，提高智慧城市建设项目的顺利实施。国内城市近几年大力投资电子政务平台建设，发展速度迅猛，价值初显，但软性建设投入不足，民营企业和公众参与较少，市场有待进一步开放。

3.4 运营与管理模式

智慧城市建设投资巨大，资金短缺成为各城市建设的瓶颈。国外智慧城市通常采用以下3种投资方式。一是政府独立投资建网，并负责维护。可将设计、建设和运营外包给专业公司，这种非盈利方式的投资完全用于建设独立于民用的政务专用网络或公共服务，优点是政府对工程的控制和运营监管比较深入，但政府需要具有充裕的建设资金，且有较强的运营管理能力，能够主导智慧城市规划、建设、运营管理全过程，缺点是政府要承担的建设费用和风险过高。

纽约NYC-Win的无线网络服务和马来西亚多媒体超级走廊就是采用这种模式；二是政府主导并负责主要投资，委托运营商建网并提供相关支持，以免费为主，政府结合部分广告、增值服务等给予运营商一定补贴。这种模式的优势是政府对网络监管力度大，运营商可利用已有网络、客户资源、运营经验、人才以及资金优势，降低商务风险，增加首期收益，缺点是政府要承担一定的建设费用和相应的风险，运营商对产品规划和发展的控制不足，不能有效利用设备资源。例如，美国“智能电网”、新加坡“市民、企业、政府”的三方合作建设等模式，这种模式已成为智慧城市的主导模式；三是运营商独立投资，建网运营，完全由运营商提供资金并进行建设，政府对网络没有太多话语权，仅提供有限的基础设施或政策支持。斯德哥尔摩的智慧交通即是以IBM公司为主、政府为辅的建设模式。发达国家智慧城市建设更多的是以某一个项目或某一个方面作为出发点进行建设，比如美国的智能电网建设，投资较小，但是效果显著。而目前我国各地智慧城市项目大多为当地电信运营商、传统信息化服务企业发起并承担建设任务，少数城市在IBM、Cisco等公司提供的解决方案下合作建设，除政府投资外，更多采用BT/BOT的形式，吸引和鼓励民间资本、金融资本、国际资本对智慧城市建设的投入，但仍存在融资模式单一，协同工作相对滞后，市场机制缺失，缺少系统规划、协调机制和统一网络平台建设等突出问题。

3.5 评价指标

可测量性是实现有效管理的必要条件。因此，科学的智慧城市评价指标体系和评估方法显得非常必要。它一方面可以引导拟建和在建的智慧城市，使各系统及子系统的规划、设计和建设更加合理和优化；另一方面使政府、投资方等可以通过城市智慧水平评价更加了解城市。目前该领域已经成为智慧城市研究的一个重点和热点。其中，欧洲从智慧经济、智慧移动、智慧环境、智慧生活、智慧民众和智慧政府6个特征、31个因素及74个观测值对城市智慧进行评估；IBM从智慧的食品、水资源、交通、医疗、电力、教育等方面进行评估；Boyd Cohen（2012）首次以创新型城市、区域绿色城市、生活质量、数字化管理4个大类指标评选出世界十大智慧城市。国内也有多个研究建立了智慧城市评价指标体系。其中，中国智慧工程研究会2011年发布中国智慧城市（镇）发展指数，包括幸福指数、管理指数和社会责任指数，共有86项三级指标和362项四级细分指标；工业和信息化部软件与集成电路促进中心（CSIP）2012 年 2 月提出从智慧设施、智慧应用、智慧产业和智慧保障 4 个一级指标、18 个二级指标和 58 个测评要点对城市的智慧化程度进行总体评价；住建部在 2012 年 11 月公布了《国家智慧城市（区、镇）试点指标体系（试行）》。除此之外，南京、上海浦东、宁波等城市也发布了评价指标体系。

本文对有关评价指标体系作局部比较（表 3），认为国内外关于智慧城市评价指标体系的研究都还处于探索阶段，但各研究关注的内容、评价目的以及指标特点存在较大不同。目前国外的公开资料中，评价指标体系较少，发布者多为企业或非营利性民间组织，指标多关注环境、民生与可持续，具有通用性。而国内评价指标体系相对较多，而且由于各城市在政府政策、经济基础、基础设施、法律法规、人才贮备等方面差异较大，指标设置有很大的不同，而且多为政府行为，更多关注 ICT 等基础设施建设和信息化水平，注重投资价值体现，针对性较强但导向性不足。

4 现阶段我国智慧城市建设重点

4.1 以公众需求为导向，搞好基础设施建设

智慧城市的本质是以人为本，关注绿色与可持续发展，注重民生和公众参与。虽然宁波

表 3 欧洲与国内智慧城市评价指标比较
Table 3 Comparison of smart city evaluation indicators between Europe and China

比较内容	欧洲智慧城市评价指标体系	南京智慧城市评价指标体系	上海浦东智慧城市评价指标体系	宁波智慧城市评价指标体系	智慧城市评价指标体系
评价时间	2007 年 10 月	2010 年 12 月	2011 年 7 月	2011 年 9 月	2011 年 10 月
参与主体	维也纳技术大学卢布尔雅那大学代尔夫特理工大学	南京市信息中心（邓贤峰）	上海浦东智慧城市发展研究院	中国工程院与科学院、浙江大学、市政府部门、中移动分公司	湖北邮电规划设计有限公司（李贤毅、邓晓宇）
关注内容	支撑经济持续增长动力、高质量的人民生活、市民参与性管理	信息技术发展及应用在城市多方面的建设水平	城市信息化水平、综合竞争力、绿色低碳、人文科技	考虑民众的衣食住行等实际需求和对生活的幸福感受	注重于城市智慧化后价值的衡量和比较
评价目标	综合分析比较城市，并明确城市优劣势	对建设项目进行正确评估，确保智慧城市建设快速、健康发展	准确的衡量和反映智慧城市建设的主要进度和发展水平	为城市科技、经济与社会发展的全局性、前瞻性、战略性提供参考	作为智慧城市建设的行动指南，引领、监测指导、量化评估
指标针对性	主要是对城市群的一般性比较评价，具有通用性	针对性较强，但指标范围不全面，关注面比较局限			
指标作用性	侧重现状描述和评价	不仅是智慧城市建设成果的展现与检验，还具有主观指导性，隐含未来的发展方向			
指标操作性	有明确的指标模型及数据处理方式	具体数据来源不够透明、清晰			
指标代表性	从精神、人文、生活质量（幸福程度）、技术基础、经济、政治、教育等角度综合比较评价	更多地从智慧城市建设框架、发展的角度细分评价指标，都十分强调 ICT 及其应用情况			

在 2010 年提出"居民信息应用能力建设"体系，但由于政府"政绩"行为和企业的趋利性，不少城市没有真正把握智慧城市的内涵。国内比较注重智慧城市建设过程中智慧产业的发展，强调促进经济增长，而国外在环境与可持续发展上的关注度较高。2012 年纽约市将减少肥胖作为智慧城市建设研究的内容，并将之推广到中国部分城市（Kristen Day，2012），但我国与国外在理念和实践上仍有较大差距。

2010 年 3 月美国联邦通信委员会（FCC）计划未来 10 年美国宽带速度提高 25 倍，到 2020 年以前，让 1 亿户美国家庭互联网传输的平均速度从现在的每秒 4 M 提高到每秒 100M（Michael R. Bloomberg，2010），新加坡、中国香港、维也纳等城市已经开始推行免费网络计划。而据统计，我国 2011 年过半用户网速不达标，宽带费用超韩国 29 倍（DCCI，2011），截至 2012 年 6 月，我国移动互联网规模同比增长速度超过 100%（CNNIC，2012），但 3G 网速却严重滞后，日韩移动网速是我国的 49.5 倍（GSMA，2012），智慧城市中 ICT 国家标准、信息安全、投入成本、行业人才等瓶颈明显，"信息孤岛"与"智能孤岛"并存。因此，政府部门应从公众需求出发，采取多种融资方式，根据城市特征进行统筹规划，做好 ICT 基础设施建设。但需要注意的是，开放市场比顶层设计更有效，要避免 ICT 依赖性[22]，技术及基础设施只是一种手段。目前我国智慧城市基础设施建设已呈现出单一技术向多学科多体系集成的趋势。

4.2 突出城市特色，制定分阶段实施行动计划

过程性是智慧城市建设的典型特征。智慧城市应按照城市定位、城市规划、城市管理与运营步骤进行，突出城市特色，明确发展愿景，在完善战略规划的基础上，制定智慧城市分阶段实施纲要与行动计划。智慧城市建设是一个复杂自组织过程，涉及经济环境、社会文化、支撑政策等众多因素，业内对智慧城市规划要避免趋同、突出特色已达成共识（杨红艳，2012；宋刚，2012；李亮，2012）。从国外案例来看，多伦多的智能通勤、巴黎的自行车计划、哥本哈根的清洁技术创新、东京的高效节能、柏林的电动车计划、卢森堡的智慧经济已成为智慧城市建设的特色发展模式，而我国宁波的智慧物流和智能交通、无锡的物联网和云计算智慧产业、上海的智能惠民行动等规划的成功提出，为中国在多元化和不平衡的城市发展格局中建设智慧城市，提供了必要的借鉴方案。

随着相关技术的进步和城市不断发展，智慧城市的具体行动计划应具有阶梯性、可实施性。新加坡（iN2015）、纽约（PlaNYC）、维也纳（智能能源展望 2050）等智慧城市制定了长达 50 年的发展规划，规划周期较长，且长中短周期结合，对每个阶段的建设任务做了指标分解和部署，并定期进行总结寻找差距，具有较强的前瞻性。我国于 2012 年陆续出台顶层设计的规划内容，住建部开始部署智慧城市建设试点工作。从目前数据来看，武汉、宁波投入巨资制定了较为完备的智慧城市建设战略规划，并出台了较为详细的行动方案，而大多数智慧城市建设还处于起步阶段，规划期较短，多为 5—10 年，对未来的建设目标及任务亟待细化。在建设重点方面，每个城市各有侧重，但是国外的侧重点较为清晰，多集中于具体项目，而中国城市一次规划建设项目较多，虽然具有协调优势，但多个项目同时规划可能导致操作性不强。此外，智慧城市建设还要考虑区域、城镇与新城、旧城的差异性，规划要有阶梯性，并结合评价指标做好评估工作。

4.3 以政府为主导，建立参与方协同机制

政府智慧是智慧城市建设的重要内容，从国内外智慧城市的实践案例分析中，可以看出政府在智慧城市建设初期和建设过程中发挥着主导作用。首先要继续完善电子政务（e-government）建设。电子政务与区域信

息产业发展水平紧密关联，并开始向互联治理（connected governance）转变，纽约通过与 IBM 合作进行政府业务优化、新加坡的电子公民网站、欧盟的“e-Mayor”行动计划、韩国的国家信息资源管理中心等成为电子政务的典范。据联合国 2010 年的统计资料显示，中国电子政务准备度和电子化参与度分列全球 72 位和 32 位（UN，2010），存在较大差距。因此，为配合智慧城市建设，必须高度重视政府流程重构及应用整合，以政府门户网站整合资源、搭建一站式服务平台，实现业务功能集成化管理。

智慧城市建设需要建立多学科、多专业、多参与主体构成的协同机制，参与方通常包括政府、企业、公众、媒体、研究机构、第三方等，三大电信运营商及技术服务商等企业在智慧产业和智慧基础设施方面发挥重要作用，社会公众及第三方等承担着自身利益代表者、规划过程参与者和监督者多重角色。协同机制应是智慧的集成与集成的智慧，需要各方共同努力。只有这样，才能有效降低社会交易成本，顺利实现智慧城市建设目标。

5 结语

智慧城市是以 ICT 为支撑的数字城市、智能城市发展的新阶段，全球越来越多的城市开始参与到智慧城市建设中。国外城市立足民生，关注绿色和可持续发展，制定了较为完备智慧城市战略规划和行动计划，在基础设施建设、智慧政府、建设模式、评价指标等方面为我国智慧城市建设提供了必要的借鉴。国内智慧城市应立足公众需求，突出特色，明确战略规划和分阶段实施行动计划，切实提高城市管理的信息化水平，顺利实现城市转型。

作者简介：**王广斌**　同济大学经管学院教授，博导；
张　雷　山东建筑大学管理工程学院副教授，博士；
刘洪磊　常熟理工学院副教授，博士。

参考文献

[1] The World Bank. The world bank report 2011(Year in Review).[R/OL][2011][2012-11-15]. http://go.worldbank.org/QDCRD[R/OL]YTRE0.
[2] 中华人民共和国国家统计局 . 中国统计年鉴 2011[M]. 北京：中国统计出版社 , 2012.
[3] Pallagst K, Aber J, Audirac I, et al. the Future of Shrinking cities—Problems, Patterns and Strategies of Urban Transformation in a Global Context[Z]. Monograph. University of California, 2009.
[4] Hollands R G. Will the real smart city please stand up? [J]. City.2008, 12(3) :303-320.
[5] 中华人民共和国住房和城乡建设部 . 关于印发建筑业发展“十二五”规划的通知 [EB/OL]. (2011-7-6)[2012-12-1]. http://www.mohurd.gov.cn/zcfg/jsbwj_0/jsbwjjzsc/201108/t20110818_205893.html.
[6] 胡锦涛 . 坚定不移沿着中国特色社会主义道路前进，为全面建成小康社会而奋斗——在中国共产党第十八次全国代表大会上的报告 [EB/OL]. (2012-11-8)[2012-12-1]. http://news.china.com.cn/politics/2012-11/20/content_27165856.html.
[7] IBM 商业价值研究院 . 智慧地球 [M]. 北京：东方出版社 , 2009.
[8] Anthopoulos L G, Vakali A. Urban Planning and Smart Cities: Interrelations and Reciprocities [J]. The Future Internet Assembly, 2012: 178-189.
[9] Kenneth E, Corey. Intelligent Corridors: Outcomes of Electronic Space Policies [J]. Journal of Urban Technology, 2000, 7 (2) :1-22.
[10] Pastor M, Cruciani G, Clementi S. Smart Region Definition: A New Way to Improve the Predictive Ability and Interpretability of Three-Dimensional Quantitative Structure-Activity Relationships[J]. Journal of Medicinal Chemistry, 1997, 40(10):1455-1464.

[11] Washburn D, Sindhu U, Balaouras S, et al. Helping CIOs Understand "Smart City" Initiatives: Defining the Smart City, Its Drivers, and the Role of the CIO[R/OL]. Forrester Research, Inc. 2010 [2012-12-5]. http://public.dhe.ibm.com/partnerworld/pub/smb/smarterplanet/forr_help_cios_und_smart_city_initiatives.pdf.
[12] The Centre of Regional Science (SRF), Vienna University of Technology. Smart Cities: Ranking of European Medium-Sized Cities[R/OL]. 2009 [2011-12-20]. http://www.smart-cities.eu/download/smart_cities_final_report.pdf.
[13] Caragliu A, Del Bo C, Nijkamp P. Smart Cities in Europe[C/OL]. Proceedings of the 3rd Central European Conference in Regional Science-CERS 2009.2009[2011-12-20]. http://www.cers.tuke.sk/cers2009/PDF/01_03_Nijkamp.pdf.
[14] Domingue J, Galis A, Gavras A, et al. The Future Internet — Future Internet Assembly 2011: Achievements and Technological Promises [J]. LNCS, 2011, 6656 : 431-446.
[15] Caragliu A, Del Bo C, Nijkamp P. Smart cities in Europe[J]. Journal of Urban Technology, 2011, 18(2):65-82.
[16] Schaffers H, Komninos N, Pallot M, et al. Oliveira A. Smart Cities and the Future Internet: Towards Cooperation Frameworks for Innovation[M]// the Future Internet. Heidelberg: Springer, 2011: 431-446.
[17] The City of New York. PLANYC 2030-Greenhouse Gas Emissions Inventory: 2007 Emissions Data[Z]. 2011.
[18] Kurt Hofstetter, Alexandra Vogl. "Smart City Wien": Vienna's stepping stone into the European future of technology & climate[Z]. REAL CORP 2011 Tagungsband, 2011:1373-1382.
[19] The City of New York Mayor Michael R. Bloomberg.a greener, greater New York PLANYC[Z]. 2011.
[20] Infocomm Development Authority of Singapore. Innovation Integration Internationalsation: Reported by the iN2015 Steering Committee[Z]. 2006.
[21] Infocomm Development Authority of Singapore. From Integrating Services to Integrating Government: Reported by the iGov2010 Project Steering Committee[Z].2006.
[22] Ahmad Saiful Azlin Puteh Salin, Zubaidah Zainal Abidin. Information and Communication Technologies (ICTs) and a Smart City in Malaysia[C]. 2010 International Conference on Business and Economics Research.Kuala Lumpur, Malaysia: IACSIT Press.